RUTH MARQUARDT
SANDRA GÜNTHER

WENN LIEBE TOXISCH WIRD

Wie du Warnsignale erkennst, dich aus einer toxischen Beziehung befreist und wieder zu dir findest

GOLDEGG

Umschlagrechte: Kathrin Steigerwald, Hamburg unter Verwendung eines Motivs von Adobe Stock/Sidor Art
Fotorechte: Marquardt/Julia Schambach; Günther/Günther
Copyright Grafiken im Kern: Ruth Marquardt

Hinweis: Alle geschilderten Fälle beruhen auf tatsächlichen Begebenheiten. Zum Schutz der Privatsphäre wurden jedoch alle Begebenheiten, Namen, Personendarstellungen und Details so verändert, dass keine Zuordnung getroffen werden kann.

Der Verlag und seine Autoren sind für Reaktionen, Hinweise oder Meinungen dankbar. Bitte wenden Sie sich diesbezüglich an verlag@goldegg-verlag.com.

Der Goldegg Verlag achtet bei seinen Büchern und Magazinen auf nachhaltiges Produzieren. Goldegg Bücher sind umweltfreundlich produziert und orientieren sich in Materialien, Herstellungsorten, Arbeitsbedingungen und Produktionsformen an den Bedürfnissen von Gesellschaft und Umwelt.

ISBN: 978-3-99060-325-3

Unter den Linden 21 • D-10117 Berlin
Telefon: +49 800 505 43 76-0

Goldegg Verlag GmbH, Österreich
Mommsengasse 4/2 • A-1040 Wien
Telefon: +43 1 505 43 76-0

E-Mail: office@goldegg-verlag.com
www.goldegg-verlag.com

Layout, Satz und Herstellung: Goldegg Verlag GmbH, Wien
Printed in the EU

Wenn Männer sich respektlos verhalten und Frauen sich anpassen, ist es höchste Zeit, destruktive, erlernte Beziehungsmuster zu erkennen und zu verändern.

Wir teilen mit dir in diesem Buch unsere persönlichen und beruflichen Erfahrungen für ein respektvolles und bewussteres Miteinander zwischen Mann und Frau.

Inhaltsverzeichnis

Geleitwort von Svenja Beck

2012 veränderte sich mein Leben schlagartig, als ein Mensch in mein Leben trat, von dem ich dachte, ich könnte ihm grenzenlos vertrauen. Dieses Gefühl gab er mir am Anfang der Kennenlernzeit. Ich fühlte mich wie eine Prinzessin, die ihren Traumprinzen gefunden hat. Meine Persönlichkeit hat damals nicht zugelassen, daran zu denken, dass es Menschen gibt, die grundsätzlich andere Menschen für böse Manipulationspraktiken benutzten. Überhaupt war dieses Denken nie ein Thema für mich. Im Gegenteil, ich war immer eine Frau, die sagte: *»Mir passiert so etwas nicht.«* Das Schicksal überzeugte mich jedoch vom Gegenteil und ich befand mich in einer Gewaltbeziehung wieder, die geprägt war von psychischer und physischer Gewalt sowie zwei Femizidversuchen. Diese Beziehung ging fast fünf Jahre lang und ich dachte zu vielen Zeitpunkten, dass ich diese Beziehung weder emotional noch körperlich überleben könnte. Viel zu groß war meine Angst vor der Trennung durch die seelische Abhängigkeit, aber auch die Angst davor, dass er mich und meine Kinder »beiseiteschaffen« würde, wie er es öfters nannte.

Vielleicht denkst du an dieser Stelle tatsächlich, wie ich damals, dass dir »so etwas« nicht passieren kann. Vielleicht hast du aber auch ein ganz leises Gefühl in dir, das du immer wieder wegschiebst, das dir sagt, dass es dir guttut, jetzt weiterzulesen. Vielleicht hast du eine Freundin im Umfeld, an die du gerade denkst, weil du vermutest, dass in ihrer Beziehung etwas »nicht stimmt«? Ich kann dir nur sagen: Es ist ein schleichender Prozess, toxisch eben. Giftig. Lange merkt man nichts und zu lange sagt man sich: Das wird schon wieder.

Heute bin ich fast sechs Jahre aus dieser Gewaltspirale draußen und ich möchte jedem Menschen Mut machen, diese Gewaltspirale ebenfalls zu verlassen. Viele Momente nach dem 3. April 2017 war ich nahe daran aufzugeben, weil ich meinte, diesen furchtbaren Trennungsschmerz nicht weiter aushalten zu können. Aber da gab es drei Menschen in meinem Leben, die noch viel mehr in mir auslösten als dieser unsagbar tiefe Schmerz in mir: *meine Kinder.*

Meine Kinder haben so lange unter dieser Beziehung gelitten, sollten sie nun auch noch ohne Mutter aufwachsen? Nein, das konnte ich ihnen nicht zumuten! Also hatte ich nur eine Richtung, in die ich laufen konnte, und diese war nach vorne ans Ende des Tunnels, wo letztendlich die Sonne auf uns warten sollte. Jedoch war immer an meiner Seite der tiefe Schmerz in mir, von dem ich dachte, er würde niemals verschwinden.

Nach eineinhalb Jahren, nach wöchentlichen Therapiesitzungen, in denen es um *mich* ging, konnte ich endlich eine Besserung für mich feststellen.

Meine Geschichte teile ich nun mit anderen Menschen, mit dir, um zeigen zu können, wie sehr es sich lohnt auszusteigen. Ich liebe mein heutiges Leben endlos und wünsche mir für alle Menschen, die in einer toxischen oder einer Gewaltbeziehung feststecken, dass sie solch ein Leben ebenfalls leben dürfen.

Ich glaube heute schon
fest an dich!

Ich könnte noch stundenlang weiterschreiben, aber hier geht es nicht um mich, sondern um dich! Dieses Buch soll dir helfen, deine Beziehung aus einer anderen Perspektive zu betrachten, genau hinzuschauen, ob du vielleicht in einer toxischen Beziehung steckst und es gar nicht merkst, oder aus einer Gewaltbeziehung auszusteigen, und dabei kann euch dieses Buch fabelhaft unterstützen.

Ruth lernte ich 2020 bei Marco Schreyl in einer Sendung kennen, ich schätze ihre Arbeit sehr.

Sandra und Ruth sind ein tolles Team, die sich in ihrer hervorragenden Arbeit ergänzen. Wir verfolgen alle das gleiche Ziel, wir möchten Frauen aus toxischen und Gewaltbeziehungen begleiten und ihnen zeigen:

Du bist nicht allein!

In diesem Buch kannst du für dich selbst erfahren, ob du in deiner Beziehung verbleiben kannst oder ob du dich besser aus ihr verabschieden solltest. Was gibt es für Möglichkeiten? Für dich und deine Kinder? Was passiert nach dieser Beziehung? Auf welche Herausforderungen musst du dich in Zukunft einstellen? Wo sind Warnsignale, die ich bis heute nicht gesehen habe? Wo sind meine Grenzen?

Dieses Buch ist dazu da, um dein neues Leben kennenzulernen, es soll dich und dein Inneres befreien, von all der Last, die du seit langer Zeit mit dir herumträgst.

Ich bin dankbar, dieses Geleitbuch für dieses wunderbare Buch schreiben zu dürfen, da es mir so unendlich wichtig ist, jede einzelne Frau aus diesem Alptraum begleiten zu können, deshalb unterstütze ich das Buch und bin sehr stolz, ein kleiner Teil davon sein zu dürfen.

Es dauert seine Zeit, aber ich kann dir versprechen, dass sich jeder Tag lohnt, weil ein neues, wundervolles und vor allem *freies* Leben auf dich wartet.

Viele Herzensgrüße
Svenja Andrea Beck

Mir ist es passiert – Vorwort von Sandra

Ist es ein Zufall, dass ich Rechtsanwältin wurde? Ist es ein Zufall, dass ich mich in meinem Beruf mit toxischen Beziehungen und ihren Folgen beschäftige?

Ich glaube nein. Aufgrund dessen, was ich erlebt habe, der Summe all meiner Erfahrungen, bin ich zu der Person geworden, die ich heute bin. Und mit 47 Jahren hat jede von uns in der Regel schon eine Menge erlebt, Gutes wie Schlechtes. Falls du glaubst, ich schreibe nur über toxische Liebe und kann mich gar nicht in jene Frauen hineinversetzen, die täglich damit zu tun haben, da ich es nie erlebt habe, kann ich dir nur sagen: Falsch! Ganz im Gegenteil: Ich habe selbst nicht nur einmal erlebt, was es bedeutet, sich in einer toxischen Beziehung zu befinden. Heute weiß ich aber auch, dass ich einer Art Muster gefolgt war, und ich kann heute einschätzen, ob bestimmte Dinge möglicherweise auf dem Weg sind, toxisch zu werden. Aber bis dahin war es ein langer, teils leidvoller Weg.

Ich erinnere mich daran, ich nenne ihn hier Leon, oh Mann, was war das für ein Mann! Optisch ein Traum, riesig groß, witzig, charismatisch. Ich lernte ihn in einer Ausstellung kennen und es hatte uns beide irgendwie sofort gepackt. Wir zogen uns gegenseitig an. Ich war damals bereits Anwältin und er studierte. Wir trafen uns immer öfter, draußen und meistens bei ihm. Ich muss dir nicht sagen, dass die Funken jedes Mal, wenn wir uns sahen, nur so gesprüht haben. Er sagte mir Dinge wie: »*Endlich habe ich dich gefunden*«, oder: »*Wo warst du so lange?*« Oder: »*Ich wollte mich nie binden, aber bei dir ist das anders.*« Wir schrieben uns nahezu über den gesamten Tag lang per WhatsApp, waren also immer verbunden.

Ich war total verknallt und ziemlich schnell spürte ich, wie abhängig ich von ihm war.

Dann passierte er, der große Fehler! Ich wollte einer Freundin schreiben, dass ich mich total verliebt habe, und wer hat die Nachricht bekommen? Genau! Leon. Es war geschehen. Mist, dachte ich, damals konnte man Nachrichten noch nicht zurückrufen.

Es kam, wie es kommen musste. Die Nachricht veränderte alles, einfach alles.

Er schrieb mir auf die Nachricht zurück: »Wir müssen reden.« Schluck.

Wir trafen uns und er sagte: »Warum musstest du das schreiben? Du hast alles zerstört. Immer, wenn sich Frauen in mich verlieben, entliebe ich mich.«

Ich war so am Ende, habe versucht, es noch zu drehen, aber keine Chance. Er sagte weiter: »Das mit uns ist toll und so, aber ich werde dich niemals lieben und du wirst nie meine Frau sein.«

Ich fuhr nach Hause, unterwegs im Auto schrie ich und weinte, ich war fix und fertig.

Dann, zu Hause, kam eine WhatsApp von ihm: *»Sehen wir uns am WE? Spazieren am See?«*

Mein Herz machte Luftsprünge. Ja, ja, ja, ja! Und ich dachte: »Aber wenn er mich doch nicht liebt, wieso schreibt er noch?«

Ich kann dir sagen, es kamen nahezu die schlimmsten Monate auf mich zu. Ich befand mich in einem Wechselbad aus: »*Komm her!*«, und: »*Geh weg!*« Immer mehr veränderte er mich, indem er sagte: »*Zieh dir mal andere Sachen an.*« – Ich tat es. »*Schneid dir mal die Haare ab, das steht dir besser.*« – Ich tat es. »*Geh bitte nicht alleine weg, ich mag solche Frauen nicht.*« – Ich tat es. »*Beim Essen am Tisch redet man nicht.*« – Ich schwieg.

Seine Eltern kennenlernen? Auf gar keinen Fall, meine Familie dagegen hatte er kennengelernt. Und immer wieder fiel zwischendurch der Satz: »*Denk aber daran, dass ich dich nicht liebe.*«

Dieser Mann hat mich nicht geschlagen, aber er hat mich psychisch misshandelt, mich ausgenutzt, mich gedemütigt ohne Ende, mich allein gelassen.

Da er mich immer im Wechsel liebevoll und dann wieder ablehnend behandelte, dachte ich stets: »Die Frau, die ihn mal bekommt, kann sich so glücklich schätzen.«

Heute liegt das Problem für mich klar auf der Hand: Er hat mich, wissentlich oder unwissentlich, von sich abhängig gemacht. Es war, und das schreibe ich nicht nur so, die Hölle! Und es hat lange gedauert, bis ich darüber hinweggekommen bin, denn eines Tages hatte er eine andere Frau, die er sein Opfer nennen konnte, und ich war Geschichte.

Körperliche Gewalt habe ich ebenfalls einmal erlebt, in einer anderen Beziehung. Dieser gute Mann war nach außen ein adretter »Saubermann«, ich nenne ihn hier Stefan. Er tat vermeintlich alles für mich, vermittelte mir aber zugleich Gefühle der Unzulänglichkeit, der Ablehnung und des Misstrauens.

Irgendwie lag in allem, was er tat oder sagte, ein Widerspruch. Stichwort: *Gaslighting*. Einmal sagte er, seine beste Freundin habe blonde Haare. Auf einem Foto hatte sie aber dunkle Haare. Am Ende hieß es: »Ich hab doch gesagt, sie hat dunkle Haare.« Oder er erzählte mir von seinem Job, dass er momentan so wenige Autos verkaufe, drei Tage später sagte er: »Ich bin so kaputt von der Arbeit, ich hab in diesem Monat so viele Autos verkauft.« Du denkst nun womöglich: Das ist doch eine Lappalie. Aber nein, die Summe macht es und dies waren nur einige Beispiele, die ich noch über Seiten fortführen könnte.

Als Anwältin von Natur aus neugierig, bin ich natürlich diesen Widersprüchen immer nachgegangen, doch das führte regemäßig zu dem Ergebnis, dass es jeden Tag Stress zwischen uns gab. Der Versöhnungssex danach war exklusiv. Leider wusste ich mit der Zeit, dass danach stets wieder die andere, negative Phase kommt.

Unser Verhältnis gipfelte in einer Nacht darin, dass ich mit meinem besten Freund zu Stefan fuhr, um ihn wieder einmal mit einer Lüge zu konfrontieren. Mein bester Freund wartete im Auto und ich ging hinein.

Es kam, wie es kommen musste, ich weinte, er schrie und dann kam er auf mich zu, fasste mit seinen Händen an meinen Hals, stieß mich aufs Sofa, begleitet von den Worten: »Na, du Staranwältin, was willst du jetzt tun? Niemand hört dich hier!«

Es war so schlimm, ich dachte,
das wars, ...

Ich konnte mich aber mit einem Tritt von ihm befreien, lief die Treppe hinunter, stieg weinend in das Auto meines besten Freundes und bat ihn loszufahren.

Ob ich Stefan angezeigt habe? Nein. Warum ich das nicht getan habe? Ich habe mich damals geschämt. Ich dachte mir: »Dann steh ich als Familienrechtlerin möglicherweise in einem Strafverfahren vor einem Richter, den ich aus meinem Berufsalltag kenne.«

Ich habe Stefan jedoch blockiert und nie wieder gesehen.

Nun weißt du, dass auch ich mich schon in giftigen Beziehungen zu Männern befunden habe. Ich kann mich sehr gut in dich einfühlen und damit in dich hineinversetzen. Und ich weiß:

Es kann jeder von uns passieren.
Niemand ist davor gefeit, in eine
toxische Beziehung zu geraten.

Mit diesem Buch möchten wir dazu beitragen, zu Klarheit zu verhelfen:

- wenn du schon öfter einmal ein leichtes Ziehen, ein Unbehagen verspürt hast, die verschiedene Vorfälle in deiner Partnerschaft betreffen,
- wenn aus deinem näheren Umfeld jemand schon mal angedeutet hat, dass du dich plötzlich »anders« verhältst als sonst, oder

- wenn dir bereits klar ist, dass du mittendrin steckst in einer toxischen Beziehung, aber nicht weißt, wie du dich daraus befreist, oder
- wenn du schon seit Längerem Sorge hast, dass eine Beziehung einer Freundin nicht guttut und du dich informieren möchtest.

Es soll helfen, die richtigen Schritte zu setzen, und es soll vor allem eines tun: Dieses Buch soll Mut machen. Es gibt Wege aus der Krise und eines Tages wirst du oder wird deine Freundin wieder glücklich und zufrieden sein.

Sandra Günther

Es ist genug! – Vorwort von Ruth

Meine Tochter ist gerade achtzehn geworden. Sie und ihr Freund gehen in einen Club – mit weiteren Freunden. Als meine Tochter mit einem der anderen Jungen spricht, schubst ihr Freund sie plötzlich brutal an die Wand und schreit sie an, warum sie sich mit einem anderen unterhält.

Partnerschaftliche Gewalt geschieht oft aus dem Nichts. Sie kennt keine Altersgrenzen. Sie ist unabhängig von Status, Beruf oder finanziellem Background.

Ein Vorfall wie dieser, der meiner Tochter widerfahren ist, ist typisch für eine von Anfang an problematische Beziehung. Der junge Mann Anfang zwanzig hatte mit hoher Wahrscheinlichkeit keine Ahnung davon, was ihn in diesem Moment im Club genau geritten hatte oder wie er mit seinen eigenen Gefühlen von Unsicherheit oder Eifersucht umgehen sollte. Ziemlich sicher verfolgte er keine böse Absicht. Es tat ihm tatsächlich im Anschluss sogar unfassbar leid. Aber er hatte auch keine Idee, *wie* er an sich oder seinem Verhalten mit Erfolg hätte arbeiten können. Meine Tochter hat nach dem Vorfall sofort die Beziehung beendet. Und das war aus meiner Sicht auch gut so.

Dieses Beispiel, das sich bereits im Anfangsstadium einer Liebesbeziehung zugetragen hat, zeigt mir, Ruth, wo wir gesellschaftlich und als Eltern dringend anpacken müssen. Nämlich an den Themen *Gefühlskompetenz, Selbstwert* und *Beziehungskompetenz* – schon ab dem Kindergartenalter. Es betrifft alle, Mädchen, Jungen, binäre wie nonbinäre Menschen. Wir lernen so vieles in der Schule – aber das Schulfach »Leben« mit Lektionen wie »Gefühle aushalten und verwandeln« fehlt völlig. Die Folge:

Wir können oft nur durch Versuch und Irrtum, durch Ausprobieren und Hinfallen lernen, wie nährende Beziehungen gelingen.

Als Erwachsene finden wir vielleicht den Weg in Paarseminare oder zu Therapeuten – aber oft haben wir bis dahin schon viele Wunden aus gescheiterten Liebesbeziehungen davongetragen. Mit Narben, die oft dazu führen, dass wir uns für eine tiefe und verbindende Partnerschaft nicht mehr wirklich öffnen können.

Wäre es nicht viel einfacher, wenn wir schon früh über unsere Emotionen Bescheid wissen? Wenn wir gelernt hätten, dass es möglich ist, unangenehme Gefühle auszuhalten, statt sie durch Streit oder Gewalt in unseren kostbarsten Beziehungen auszuagieren? Wie viel schöner wäre es, offene Gespräche ohne Bewertung über unser Seelenleben führen zu können, voller Liebe und Hinwendung. Unsere Welt wäre um so vieles friedvoller.

In Deutschland und Europa, weltweit, gibt es Frauen, die mindestens einmal in ihrem Leben männliche Gewalt erlebt haben. Verbal, körperlich, psychisch. Und so viele verharren in Beziehungen, die ihnen nicht guttun. Sie ignorieren die leise, aber zunehmend lauter werdende Stimme, wenden sich von ihrem Umfeld ab, das viel früher merkt, dass das Lächeln, das früher immer da war, viel zu oft verschwunden ist, bis es schließlich völlig fehlt.

Frag dich selbst: Lächelst du innerlich, wenn du an deine Beziehung denkst? Oder ist da dieses leise Gefühl?

Es beginnt meistens langsam. Doch die Bandbreite einer ungesunden Beziehung ist groß. Viele Frauen und Mädchen werden bevormundet, unterdrückt, kontrolliert, bewacht oder eingesperrt. Und auch wenn wir das nicht gern sagen, wenn wir nicht gern hinsehen: Es passiert immer noch und zu oft, dass Frauen Gewalt erleiden, psychisch und physisch, dass sie vergewaltigt, zwangsverheiratet, geschlagen, sogar verstümmelt und getötet werden. Warum? Allein aufgrund ihres Geschlechts. Aufgrund alter erlernter patriarchalischer Strukturen.

Mit diesem Buch wollen wir laut werden. Für dich. Mit dir. Für uns alle.

Es wird Zeit für eine Veränderung. Es wird Zeit für eine Beziehung, in der keine Angst vor männlicher Übermacht herrscht. Es ist Zeit für das Ende von Unterdrückung oder Ungleichbehandlung von Mädchen und Frauen.

Diese Zeit ist längst mehr als reif für ein allgemeines Bewusstsein darüber, wie wir durch eigene Veränderung und Eigenverantwortung aus destruktiven Strukturen ausbrechen können und liebevolle und achtsame Verbindungen in all unseren Beziehungen aktiv gestalten können. Damit unsere Welt gesunden kann. Damit wir alle heilen können.

Deswegen wagen wir es in diesem Buch, schon auf kleine erste Anzeichen aufmerksam zu machen.

Und wir wollen dich ermutigen, dem oft Unaussprechlichen in toxischen Beziehungen von Anfang an einen Namen zu geben. Wir richten ein Licht auf das, was uns schwächt, und gleichzeitig so selbstverständlich und gewohnt erscheint, dass es uns im Alltag schon gar nicht mehr auffällt.

In Beziehungen, die toxische Elemente enthalten, geht der Prozess der *Unterdrückung, Demütigung, Abwertung* und *Beleidigung* schleichend vor sich. So berichten es nahezu alle Frauen, mit denen wir gesprochen haben. Du wirst als Frau in der Beziehung ganz langsam daran gewöhnt, dass sich deine Toleranzgrenzen verschieben. Du lässt immer mehr zu. So werden Bevormundungen, Beleidigungen oder Einschränkungen, also etwas, das aus unserer Warte nicht normal sein sollte, zur Normalität. Für dich und für deinen Partner.

Nur, was wir uns bewusst machen, können wir verändern. Nur, wenn wir alle mutig genug sind, für uns und andere gegen Ungerechtigkeit und Verachtung einzustehen, aufzustehen und zu sagen: *»Es ist genug!«*, wenn wir als Gemeinschaft bewusster Frauen *und* Männer Wandel wagen, wird diese Welt sich verändern.

Ob das Zeit brauchen wird? Ja. Wann fangen wir an? Jetzt!

Warum sprechen Sandra und ich in diesem Buch ausschließlich Frauen an, kannst du zu Recht fragen. Wir wissen, dass Männer in gleichem Maße leiden, wenn sie toxische Beziehungen erleben, und wir wünschen auch allen betroffenen Männern, dass sie das eine oder andere aus diesem Buch für sich ziehen mögen. Wir schreiben allerdings für unsere Schwestern, für dich, für alle Frauen, da es einige glasklare Zahlen gibt, denen wir uns als Gesellschaft widmen müssen: Die offizielle Kriminalstatistik des Presse- und Informationsamtes der Bundesregierung zeigt, dass 2020 insgesamt 148.031 Opfer von Partnerschaftsgewalt polizeilich erfasst wurden. Das sind 4,9 Prozent mehr Fälle als im Jahr zuvor. Davon waren die Betroffenen zu 80,5 Prozent Frauen. Die Statistik zeigt außerdem, dass die Zahlen von Partnerschaftsgewalt insgesamt seit 2015 kontinuierlich steigen. Wir alle wissen, dass die Dunkelziffer sogar weitaus höher liegt. Gewalt beginnt früh – und wird meist durch Zusehen im Kindesalter erlernt.

Die Würde des Menschen ist unantastbar. Das Recht auf körperliche Unversehrtheit muss auch und gerade im privaten Raum gewährleistet sein. Denn ein Junge, der eine junge Frau beleidigt oder schubst, wird, wenn dieses Verhalten nicht früh reguliert wird, mit hoher Wahrscheinlichkeit auch als Erwachsener in Beziehungen so ähnlich oder sogar brutaler vorgehen. Es geht darum, diesen Kreislauf zu unterbrechen. Das geht nur, wenn wir das Thema benennen, wenn wir klar aussprechen, was ist, ohne Scham und ohne Schuldzuweisung, aber mit der Entschlossenheit, etwas zu verändern.

Aufklärung darüber ist dringend erforderlich, darüber,

wie wir mit unseren Emotionen umgehen, ohne sie unbewusst an anderen Menschen auszuagieren. Und wir brauchen ein Bewusstsein darüber, dass Frauen nicht weniger wert sind. In unserem Buch werden wir diesen Aspekt immer wieder aufgreifen, denn es scheint nur so, als wären wir Frauen absolut gleichberechtigt. Das ist die Story, die uns erzählt wird, aber wenn wir genau hinschauen, ist es sogar auf gesetzlicher und politischer Ebene vollkommen anders. Eine geringere Bezahlung von Frauen, Jahrtausende erlernter Hilflosigkeit durch Gewalterfahrung, Bedrohung. Schmerz und Frust – Grenzüberschreitungen, die von einer Generation Frauen an die nächste weitergegeben wurden. All das prägt uns auf unbewusster Ebene. Solange es unbewusst bleibt, wird es uns schwerfallen, wirklich etwas zu verändern. In dem Augenblick jedoch, in dem wir Dinge beim Namen nennen und Aufmerksamkeit erzeugen, wird Veränderung möglich.

Wir, Sandra und Ruth, wollen allen Betroffenen Mut machen. Ganz gleich, ob du »nur« verbale Gewalt kennst, abgewertet, bewertet oder angeschrien wirst. Oder ob du bereits intensive Beleidigungen, CatCalling, körperliche Gewalt, sexuelle Übergriffe, Vergewaltigung oder anderes erfahren hast.

Es ist Zeit, deinen Beziehungsstandard auf ein höheres Niveau zu bringen.

Erinnere dich daran, dass du dich nie mehr mit weniger als einem respektvollen Umgang zufrieden geben wirst. *Tu es für dich! Für deine Töchter und Söhne. Für deine Mütter und Großmütter.* Du bist hier auf dieser Welt, weil du die Veränderung mit uns gemeinsam herbeiführen kannst. Schon allein, wenn du dir bewusst darüber wirst, dass du dir nicht sagen lassen musst, was du anzuziehen hast, wie du dich zu schminken hast, mit wem du dich treffen darfst, ist ein wichtiger Schritt getan.

Du bist die Schöpferin deines Lebens. Lass dir das von niemandem nehmen.

Es ist an der Zeit, dass von uns Frauen sowie von mutigen Männern eine bewusste Veränderung zu Begegnungen auf Augenhöhe ausgeht. Dann können wir alle Krisen bewältigen. Gemeinsam – statt gegeneinander. Mit Respekt – statt mit Verachtung. Mit dem Bewusstsein, dass Männer und Frauen nur gemeinsam eine bessere Beziehungswelt und damit eine gute Grundlage für die nächsten Generationen erschaffen können.

Eins ist mir noch wichtig zu sagen: Mir, Ruth, geht es in diesem Buch nicht um Schuld. Dort, wo wir Menschen einen Schuldigen ausmachen wollen, werden wir keine Lösung finden. Schuld und Lösung sind wie Nordpol und Südpol. Sie werden sich vermutlich nie begegnen. Was wir in diesem Buch jedoch tun wollen, ist dich wachrütteln, dich unterstützen, dir aufzeigen, wo in deinen beruflichen oder privaten Beziehungen etwas *nicht so ist, wie es sein sollte.*

Sandra und ich, Ruth, werden euch auch unsere eigenen Geschichten erzählen sowie Geschichten von Frauen, mit denen wir es in unserem Beruf zu tun haben. Ich arbeite regelmäßig mit betroffenen Frauen zusammen. Viele haben den Ausstieg geschafft und männliche Gewalt hinter sich gelassen.

Ihr kennt mich, Ruth, aus dem TV seit 2009. Sehr häufig äußere ich mich vor der Kamera zum Thema gesunde und glückliche Beziehungen. Darüber hinaus berate ich seit mehr als zehn Jahren Paare, mit Kindern und ohne, und gebe ihnen Tipps und Hinweise für das eigene Beziehungsglück. Auch in Unternehmen coache ich seit 2005 Mitarbeiterinnen und Mitarbeiter und Führungskräfte rund um das Thema gelingende Beziehungen.

Ich, Ruth, wuchs selbst in einem Haushalt auf, der heute das Prädikat »Toxisch, extra Gold« bekommen würde. Meine Mutter und mein Stiefvater führten alles – aber aus meiner Sicht keine liebende oder gar verbindende Beziehung. Ist es überraschend für dich, dass es mir als Erwachsene dann selbst passiert ist? Ja, ich geriet selbst in eine toxische Beziehung. Sogar in eine zweite. Wie ist das passiert?

Ich habe meine toxische Beziehung nur durch Glück überlebt.

Damals noch ohne zu wissen, was eine toxische Beziehung überhaupt ist, verliebte ich mich mit Ende zwanzig in einen charismatischen und stattlichen Mann, einen breitschultrigen Ex-Sportprofi mit stahlblauen Augen und einem Lächeln, das mir die Knie weich werden ließ. Und mit verliebt meine ich: die totale Liebe. Noch nie zuvor in meinem Leben habe ich so empfunden. Die Liebe oder was ich dafür hielt, warf mich komplett um. Für diesen Mann hätte ich alles getan. Für ihn habe ich fast alles getan.

Dass ich aus dieser Beziehung lebend herauskam, verdanke ich vielen Schutzengeln und meiner bis heute so liebgewonnenen Elke. Elke hat mir vermutlich das Leben gerettet. Sie ist heute weit über siebzig und war zu der Zeit, als ich zu ihr in die Therapie kam, Lebensretterin für viele Frauen.

Die immer wieder bedrohliche und einschüchternde Beziehung zu einem Mann – nennen wir ihn Lars – hat mich mehr als zwei Jahre meines Lebens gekostet und sie war für mich die, wenn auch bitter erfahrene, »beste« Schule, um heute betroffene Frauen und Männer empathisch, einfühlsam und fachlich begleiten zu können. Ich habe im Rahmen der Beziehung ein Kind abgetrieben, ich habe meinen Arbeitgeber belogen, Gewalttaten verschwiegen, ich habe meiner Familie gegenüber geschwiegen.

Ich habe gelächelt, als wäre nichts, meine Freunde verraten und mir nahestehende Menschen vernachlässigt.

Am Ende der Beziehung stand ich fast alleine da. Ohne Mann, es gab kaum mehr Freunde an meiner Seite, ich war noch jahrelang voller Angst, eingeschüchtert, mit einem Selbstwert nahe null. Aber auch mit voller Rückendeckung meiner geliebten Elke, die die Zeit meiner persönlichen Loslösung unter Einsatz ihres Lebens begleitet hat. Ohne Bewertung, ohne Abwertung, immer liebevoll und geduldig. Sie hat mich beschützt und sie hat für mich daran geglaubt, dass ich das schaffen kann.

In diesem Buch vertraue ich euch nun meine persönlichen Erfahrungen an mit der Botschaft:

Es kann uns alle treffen.
Du bist nicht allein.
Es ist nicht deine Schuld.

Bitte sei mitfühlend, hör aufmerksam zu, lies mit offenem Herzen. Wir berichten von Frauen, die Opfer toxischer Beziehung, von Gewalt geworden sind. Opfer von Einschüchterung, Erpressung, Drohungen. Wir tun dies, damit Menschen, die Gewalt gegen Frauen und Kinder und auch gegen Männer anwenden, immer mehr an Macht verlieren. Je mehr Betroffene darüber wissen, wie sie sich wehren können, je mehr unserer Leserinnen das Prinzip Hoffnung aus diesem Buch mitnehmen und weitergeben, je mehr sich uns anschließen, desto weniger werden Aggressoren es wagen, gegen eine wachsende Wand aus weiblichem Nein, öffentlicher Diskussion, härteren Strafen und klaren Grenzen anzutreten. Wir sind viele. Und wenn wir uns zusammentun, wird nichts und niemand uns aufhalten können.

Mit diesem Buch wollen Sandra und ich aufrütteln und allen Betroffenen Mut zusprechen, die jetzt noch zögern, sich aus Beziehungen voller verbaler oder körperlicher Gewalt zu verabschieden. Wir wollen das Thema in die Mitte unserer Gesellschaft bringen. Denn viel zu viele Frauen haben in ihrem Leben einmal Gewalt erfahren: im Job, zu Hause, sexualisierte Gewalt, Bedrohung aus der eigenen Familie, Bedrohungen aus dem Netz. Es wird Zeit, dass das aufhört!

Dieses Buch ist unser von zutiefst menschlicher Anteilnahme geprägter Ratgeber, in dem wir uns dir als wohlmeinende *Mentorinnen* vorstellen, die deine Situation verstehen, weil wir durch ähnliche Höllen gegangen sind und viele Menschen in dieser Thematik begleitet haben. Wir verstehen deine Situation. Und wir wollen dir anhand unserer gesammelten *Beispiele aus unserem Beratungsalltag* aufzeigen, welche Wege es gibt, um aus deiner scheinbar aussichtslosen Lage wirklich auszusteigen – in *psychologischer und juristischer Hinsicht.* Du wirst *Hinweise auf Frauengruppen* finden, die online Unterstützung anbieten, wir werden dir aufzeigen, *was du für dich tun kannst.* Wenn Kinder im Spiel sind, werden wir dir schonungslos offen verraten, was toxische Beziehungen mit deinem Kind machen. Und natürlich werden wir dir hier auch *Hilfeportale und Telefonnummern* angeben, an die du dich wenden kannst.

Unser Buch ersetzt weder eine Therapie noch eine juristische Beratung. Doch wenn du eine Freundin hast, der du helfen möchtest, oder du selbst es bist, die Orientierung sucht oder die Hilfe braucht, ist es dazu gedacht, dir Informationen an die Hand zu geben. Damit du weißt, welche Rechte und Möglichkeiten es gibt, denn dass es diese durchaus gibt, vergessen wir gern, wenn wir uns in einer bedrohlichen Situation befinden. Und wir erzählen dir Geschichten von Frauen, die diesen Weg schon vor dir gegangen sind und die es geschafft haben.

Unser Credo: Allein ist es schwierig bis fast unmöglich. Aber mit der Gemeinschaft der starken und erfahrenen unterstützenden Frauen – kannst auch du es schaffen.

Deine Superpower ab heute
lautet: Sisterhood!

Ruth Marquardt

SCHMETTERLINGE AUF TOXISCHEN BLUMEN

Es gibt nichts Schöneres als den Beginn einer Beziehung. Alles kribbelt, wir sind aufgeregt, voller Vorfreude, wir fiebern jedem Treffen entgegen. Wir fragen uns, ob er es »ernst meint«. Wir sind wie Schmetterlinge und fliegen von Blüte zu Blüte unserer wunderschönen Blume unter einem strahlenden Himmel und tragen dabei eine rosarote Brille. Wir sind verliebt.

Nach einer Zeit stellt sich heraus, ob aus dieser Verliebtheit mehr wird, und es beginnt die Beziehung. Wir öffnen den Blick für das Dahinter, sehen Dinge, die uns ein bisschen stören. Vielleicht kommt es auch zu ersten kleinen Streitigkeiten. Aber die Versöhnung ist umso schöner. Die Schmetterlinge entdecken ein paar Blüten am Liebesstrauch, die ihnen ein kleines Unbehagen bereiten, doch es gibt ja so viele andere schöne Blüten. Blüten, die für den einen Schmetterling gut und nährend sind, können für einen anderen gefährlich sein.

Vielleicht stellen wir uns insgeheim verstärkt Fragen, ob das »der Eine« ist, ob das eine »gute« Beziehung ist. Aber was ist das überhaupt? Woran können wir es festmachen?

Nun könnten wir an dieser Stelle eine Definition zum Begriff toxische Beziehungen liefern. Wir wollen es genau anders herum beginnen, damit dein Unterbewusstsein, das jetzt schon fleißig mitliest und gespannt lauscht, mitbekommt, dass es gute und nährende Beziehungen gibt. Woran erkennst du also, ob deine Beziehung »gut« ist?

Vor vielen Jahren habe ich (Ruth) an einem Buch meines lieben Kollegen, des Psychologen Markus Klepper aus Freiburg, mitgewirkt. »Liebe lernen«, so der wundervolle Titel. Das kann ich dir auch sehr ans Herz legen. Wir haben vor einigen Jahren gemeinsam Paar-Seminare veranstaltet und mir gefällt seine Definition von Liebesbeziehungen, die etwas taugen, besonders gut:

Eine lebendige Beziehung ist ein sicherer Raum, in dem Menschen aufblühen.

Ist das nicht eine wunderschöne Formulierung? Vielleicht kennst du solche Paare. Sie stimmen sich ganz selbstverständlich miteinander ab, sie unterstützen sich gegenseitig, haben eine gemeinsame Vision als Paar, indem sie sich zum Beispiel zusammen sozial engagieren. Werte wie ein offenes und ehrliches Miteinander sind für sie von zentraler Bedeutung. Sie ringen sich auch einmal durch schlechte Zeiten, aber sie wissen: Wir gehen diesen Weg zu zweit. Für ein größeres Warum. Das kann die Familie sein, ein Unternehmen, ein soziales Projekt. Immer aber steht dabei das Kernpaar im Mittelpunkt. Sie vermitteln: »Ich unterstütze dich in deinem Wachstum und ich sehe, auch du unterstützt mich in meinen Entwicklungsprozessen.« Beleidigungen kommen schlicht nicht vor. Ebenso wenig wie Schuldzuweisungen. Wut, Trauer, Glück – alle Emotionen – ja. Aber ebenso das Entschuldigen bei Fehlverhalten und damit die Übernahme von Eigenverantwortung.

So schaffen zwei oder mehr Menschen miteinander sichere Räume, in denen alle miteinander aufblühen können.

Wenn du dich sicher und geborgen fühlst, wenn ein Streit eure Gefühle füreinander nicht im Innersten erschüttert, befindest du dich in einer sicheren, nährenden Beziehung.

Und wenn es gerade nicht so ist, dann bedeutet das nicht gleich, dass du dich in einer toxischen Beziehung befindest. Viele Paare durchleben Krisen oder gehen wieder auseinander, das ist alles völlig in Ordnung.

Vielleicht liest du das Buch aber, weil du in einer Beziehung bist, von der du spürst, dass sie dich in deinen Grundfesten erschüttert, oder Dinge passieren, die du dir einfach nicht erklären, die du nicht deuten kannst – oder es war in einer vergangenen Beziehung so, die du aufarbeiten möchtest. Vielleicht hast du eine Freundin, bei deren Beziehung du beobachtest, dass etwas grundlegend »nicht stimmt«, dass sie sich zunehmend nicht zu ihrem Guten verändert und du nicht wegschauen möchtest. Vielleicht geht es um eine Arbeitskollegin. Eine Tochter oder Mutter, bei der du den Verdacht hast, dass sie in einer Beziehung lebt, die ihr definitiv schadet.

Natürlich ist es schwierig zu entscheiden, wann du etwas sagen solltest. Denn sich in eine Beziehung einzumischen, kann kontraproduktiv sein. Nur weil es Konflikte gibt, muss es noch keine toxische Beziehung sein.

Streit gibt es in jeder Beziehung. Das ist in Ordnung und menschlich.

Der Unterschied zu toxischen Verhaltensweisen ist: Konstruktive Auseinandersetzungen lassen uns wachsen. Die alles entscheidenden Fragen lauten: Wie gehen beide Partner mit Streit um? Wird er aufgelöst? Gibt es gute Strategien, die beide kennen und anwenden? Ist die Lebensqualität der beiden in Ordnung und können sich beide miteinander in der Beziehung entwickeln? Falls ja, ist das ein gutes Zeichen. Falls nein, dann lohnt sich ein weiterer aufmerksamer Blick.

Erlebst du oder deine Freundin regelmäßig eher andere Muster, wie du sie auch in der Grafik (siehe Seite 35) dargestellt siehst? Hier haben wir es mit einem eher dominanten Partner (linke Seite) zu tun und mit einem Part, der sich meist unterordnet (rechte Seite). Der dominante Part zeigt immer wieder heftige, oft übertriebene oder irrationale Reaktionen auf ein einfaches Verhalten. Schuld und Schuldzuweisungen erfolgen auf völlig unwichtige Anlässe.

DOMINANZVERHALTEN

Frank lässt sich ungern helfen, wenn er Dinge im Haushalt erledigt. Er formuliert dies Sandra gegenüber auch stets, wie sie erzählt. Meist erlebt sie ihn kurz aufbrausend und abweisend. Kürzlich wollte er den Bilderrahmen aufhängen. Als Sandra ihre Hilfe anbietet, herrscht er sie an, mit kaltem Blick: »Ich mache das alleine. Lass mich in Ruhe!« Kurze Zeit später hört sie, wie das Bild auf den Boden knallt, Geräusche von splitterndem Glas. Frank schreit laut »Scheiße«. Sie hat längst gelernt, gerade jetzt nichts zu sagen. Dann vernimmt sie erneut einen lauten Knall. Später sieht sie, dass Frank mit dem Hammer ein Loch in die Wand geschlagen hat. Aus Wut. Wie kann es sein, dass dieser sonst so freundliche Mann immer wieder so ausflippt? Er zerstört in seiner Wut Dinge, schreit sinnlos ihren Sohn an. Alle treten leise – weil Frank seine Wut nicht im Griff hat.

Es ist nicht das Nein zu ihrem Hilfsangebot, das sie immer wieder erschreckt oder verunsichert. Sie ist über sein Aufbrausen, sein Geschrei, seine Kälte und seine Wutausbrüche jedes Mal von Neuem erschrocken. Sie entschuldigt sein Verhalten gegenüber Kindern und Freunden mit: »So ist er eben.« Und sie zieht sich seit Jahren innerlich weiter und weiter zurück. Aus Angst. Was könnte passieren, wenn er seine Wut einmal nicht nur an der Wand auslässt?

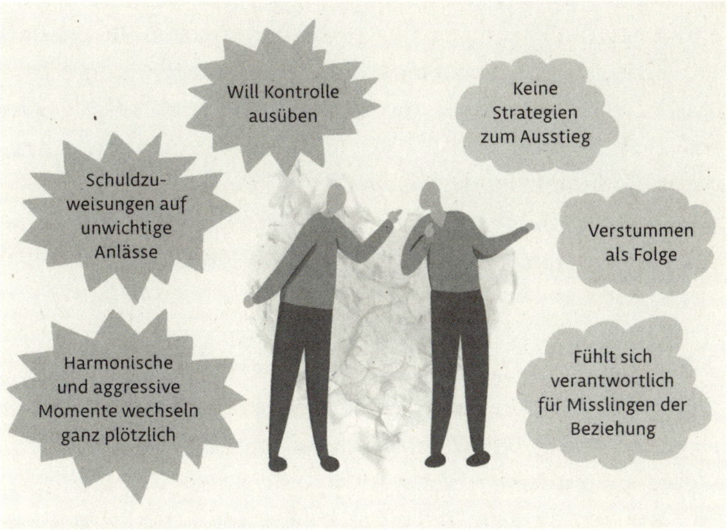

Grafik: Ein dominanter Part, der Kontrolle ausüben will (links) und ein untergeordneter Part (rechts)

Der Begriff der »toxischen Beziehung« ist keine fixe Größe. Es gibt dazu keinen offiziell anerkannten Kriterienkatalog und er findet sich nicht im »International Statistical Classification of Diseases and Reated Health Problems« (ICD 10), der internationalen Klassifikation der Weltgesundheitsorganisation (WHO) zu allen bekannten Krankheiten und Gesundheitsproblemen. Ein einheitlicher diagnostischer Schlüssel existiert also nicht.

Toxisch ist kein biologischer oder medizinischer Begriff, meint aber eine »ungesunde«, eine »giftige« Beziehung, die gesellschaftlich definiert wird oder eben im Einzelfall. Interessanterweise findet sich der Begriff »toxisch« übrigens auch im Aktienmarkt wieder. In jüngster Zeit hat sich das Wort »toxisch« geradezu zum Modewort etabliert. Doch nicht alles, was so bezeichnet wird, ist tatsächlich toxisch. Wir können uns zwar an gewissen typischen Mustern orientieren, aber es kommt immer auf den Einzelfall an und wir alle sollten mit diesem Vorwurf vorsichtig umgehen.

Wann bezeichnen wir einen Menschen als »toxisch« – und wann haben wir es mit einem notorischen Nörgler zu tun? Unsere Definition ist angelehnt an das sogenannte Drama-Dreieck. Dazu liest du später noch ausführlich (siehe Seite 174). An dieser Stelle zur Definition sei dir nur mitgegeben: In diesem Dreieck haben wir es mit drei Positionen zu tun: Täter – Opfer – Retter. Gerade in Streits wechseln die Positionen blitzschnell. Der Täter macht dem Opfer oft Vorwürfe aus dem Nichts oder bricht über Kleinigkeiten einen Streit vom Zaun. Wenn der Streit übermäßig wird, trennt sich der Täter zeitweise. Abwertungen, die den Täter überhöhen und die Unterlegenheit, sind typisch: »Ohne mich bist du gar nichts«, »Was kannst du überhaupt?«. Das Opfer versucht, sich zu rechtfertigen, oder stellt selbst Beschuldigungen auf. Irgendwann trennt sich eine Seite. Beide merken, dass sie ohne einander nicht sein können und der gefühlte Schmerz so groß ist, dass sie wieder zusammenkommen.

Das Spiel beschreiben wir als »Komm her – geh weg«. Diese Paare können nicht miteinander aber auch nicht ohne einander sein. Und das ist toxisch.

Als Rechtsanwältin habe ich (Sandra) meistens nicht mit den glücklichen Beziehungen zu tun, sondern eher mit jenen Menschen, die sich gerade in der Talsohle ihrer Beziehung befinden. Wenn ich meine Mandantinnen das erste Mal kennenlerne, erfahre ich in diesem Gespräch automatisch viel über deren Beziehung. Sie kommen, weil sie sich gerade getrennt haben oder eben rausgefunden haben, dass der Partner sie schon lange betrügt. Sie kommen, weil sie es nach Jahren der Ehe einfach nicht mehr aushalten oder bereits seit Jahren von ihrem Partner gedemütigt und geschlagen werden. Die Gründe sind vielschichtig. Meist sind diese Mandanten verzweifelt und traurig oder aber wütend bis hin zu resignierend.

Ich bekomme natürlich zwingend ein Bild bzw. ich mache mir ein Bild von der Gegenseite. Aber dieses Bild, das dann entsteht, ist natürlich zwingend subjektiv gefärbt: Es gibt immer zwei Seiten der Medaille. Wenn ich einen ersten anwaltlichen Schriftsatz verfasst habe, fällt die Sachverhaltsdarstellung der Gegenseite von ihrer Wahrnehmung in der Regel völlig anders aus.

Was sich bei Partnerschaften, die toxische Muster aufweisen, durchzieht, ist, dass ein Partner eher dominant und der andere eher unterwürfig in der Beziehung ist.

Meist ist es so, dass sich einer eher um seine eigenen Bedürfnisse kümmert, während der andere die Bedürfnisse des anderen erfüllt. (Wir sprechen dabei nie von Beziehungskonstellationen, die unkonventionell sind, in denen sich aber beide sicher, geborgen und genährt fühlen.)

Ich erinnere mich an eine Mandantin, Anke, die sich ihrem Ehemann vollständig hingegeben hatte. Ihr Mann, ein erfolgreicher Geschäftsmann, war nahezu jeden Tag bis spät abends unterwegs, während sie sich um das Haus und die Kinder gekümmert hatte. Während er noch Zeit für seine Freunde und seinen Sport fand, hatte Anke dieses Privileg seit langer Zeit nicht mehr genossen. Wenn sie dies allerdings zur Sprache brachte, entgegnete er: »Sei doch glücklich! Du musst nicht arbeiten, kannst zu Hause sein, hast genug Geld. Ich sehe dein Problem nicht.«

Tja, siehst du das Problem? Ich schon. Und im Laufe des Buchs kommen wir noch darauf zurück. Anke tat mir leid, sie hatte sich selbst verloren. Vor allem aber fand sie keinen Ausweg mehr. Sie steckte in der Beziehung und dem Rahmen, den ihr Mann gesteckt hatte, fest. Darum geht es auch: Nicht sie selbst hat ihre Lebensweise für sich festgelegt. Wir werden später sehen, dass sich hinter solchen Lebenssituationen, die auf den ersten Blick gar nicht dramatisch wirken, besondere Beziehungsmuster stecken können. Von außen betrachtet möchte manch eine von uns vielleicht sagen: »Nun, sie hatte anscheinend keine finanziellen Sorgen, warum hat sie sich das Leben nicht so gestaltet, wie sie wollte?« Genau das ging nicht, wie wir erfahren werden. Es ist, als würdest du einem depressiven Menschen sagen: »Nun reiß dich doch zusammen!« Zwischen Anke und ihrem Mann gab es Diskussionen, doch diese liefen stets darauf hinaus, dass Anke auch noch beschuldigt wurde, *nicht dankbar zu sein. Sie würde immer nur meckern, er habe keine Lust mehr nach Hause zu kommen.*

Anke befand sich in einer schwierigen Lage, da sie zu

diesem Zeitpunkt nicht einmal über ein eigenes Konto verfügte. Sie fühlte sich hilflos ausgeliefert und er fühlte sich rettungslos überlegen.

Ich bin froh, dass ich heute sagen kann, dass Anke glücklich geschieden ist, einen Weg aus dem Dilemma gefunden hat und heute ein selbstständiges und selbstbestimmtes Leben führt. Lange hat sie in ihrer Ehe aufgrund der erlernten Verhaltensmuster keine Strategie gefunden, um ihre Interessen durchzusetzen. Sie verharrte auf ihrer toxischen Blume.

Der untergeordnete Part findet zu diesen Verhaltensmustern keine wirksamen Strategien. Auch fehlten Anke die Mittel, eigene Bedürfnisse durchzusetzen oder zu verhandeln. In toxischen Beziehungen finden sich häufig extrem narzisstische Persönlichkeiten und mit diesen ist Kommunikation auf Augenhöhe oft einfach nicht mehr möglich. (Dazu kommen wir noch in dem Kapitel »Lost im Drama-Dreieck?« auf Seite 174.)

Eine Folge kann sein, dass die untergeordnete Partnerin irgendwann schweigt und sich zurückzieht, sich jedoch gleichzeitig für das Misslingen der Beziehung verantwortlich fühlt.

In toxischen Beziehungen zeigen sich häufig auch abrupte Wechsel zwischen sehr harmonischen Momenten und plötzlich sehr aggressiven und heftigen Episoden.

TOXISCHES WECHSELSPIEL

Rita befindet sich mit ihrem Mann im Urlaub. Sie sitzen im Speisesaal eines wunderschönen Hotels, blicken auf die Strandidylle. Während Rita ihr Essen genießt, fragt Peter: »Sag mal, was ist das, was der Mann dort am Kopf hat?«, und deutet auf einen anderen Gast im Restaurant.

»Oh, ich glaube, das ist ein eingebautes Hörgerät«, erwidert Rita.

»Wie? Das ist doch direkt am Kopf, also am Schädel?«

»Ja, ich glaube, es gibt eine neue Methode, bei der das Gerät in den Knochen eingesetzt wird. Kann ich jetzt nicht so genau sagen. Wenn es dich interessiert, kannst du es ja mal googeln. Oder den Herrn direkt fragen.«

»Ja«, erwidert Peter scharf. »Das weiß ich selbst, dass ich das googeln kann. Und ich werde ihn jetzt nicht danach fragen.« Er steht wutentbrannt auf und verlässt ohne weiteres Wort das Restaurant. Rita bleibt erschrocken zurück. Sie kennt solche Reaktionen von ihrem Mann, doch die Situation überrascht sie regelmäßig. Ob er wohl wiederkommt? Sie bleibt sitzen, isst weiter. Nervös. Gespannt.

Nach ein paar Minuten kehrt Peter zurück, sichtlich noch wütend. Er hält ihr vor, wie unpassend ihre Bemerkung gewesen sei. Er wiederholt, dass er den Herrn nicht fragen würde. Es fallen noch weitere Worte. Rita versucht zu beschwichtigen. Es hilft alles nichts. Peter verlässt das Restaurant – ohne zu sagen, wohin er geht.

Auch das kennt sie. Der Urlaub ist mal wieder gelaufen. Es war bis hierhin ein ganz schöner Tag.

Später sieht sie Peter mit einem Glas Wein an der Bar. Lesend. Auch sie ist jetzt sauer, setzt sich aber dazu und trinkt einen Tee. Beide sprechen kein Wort. Peter macht keinerlei Anstalten, den Streit zu beenden. Rita ist nun ebenfalls alles egal. Sie zahlt und geht aufs Zimmer. Peter kommt erst mitten in der Nacht und legt sich schlafen. An den kommenden zwei Tagen redet er nur das Nötigste mit ihr. Der Vorfall wird nicht besprochen. Rita schweigt. Peter tut, als sei nichts, wechselt aber kein Wort mit ihr. Geht schweigend neben ihr am Strand spazieren. Auf Gesprächsangebote geht er nicht ein. Und schweigt weiter. Zwei Tage lang. Rita wagt nicht zu fragen oder das Thema wieder anzuschneiden. Sie hat Angst vor der nächsten Eskalation. So schweigen beide. Bis sie zu Hause sind.

Wir befragen unsere Klientinnen natürlich sehr genau dahingehend, wie sich die Beziehung gestaltet: Denn ein toxisches Verhalten muss nicht immer körperlich aggressiv und laut sein. Die Geschichte von Peter und Rita zeigt, wie passiv-aggressiv es in einer Beziehung zwischen den Partnern hergehen kann, auch wenn niemand laut wird. Vielleicht kennst du solch ein Verhalten selbst und weißt, wie sehr dieses eisige Schweigen schmerzt.

Natürlich kommen solche Schweigemomente in den besten Beziehungen vor. Ausschlaggebend ist, wie systematisch es eingesetzt wird. Denn Schweigen ist ein sehr hartes »Strafmaß«. Es wird auch als *Silent Treatment* bezeichnet und beschreibt ein Verhalten, bei dem Schweigen eben als Strafe eingesetzt wird. (Mehr dazu in »Die 6. Portion toxische Liebe – Silent Treatment« auf Seite 111) Ein Partner geht hinaus – zieht sich über Stunden oder Tage zurück. Ist nicht erreichbar. Will die Situation nicht klären. Der andere Partner bleibt zurück.

Verhaltensmuster dieser Art sind belastend. So verhärten sich mit der Zeit die »Psycho-Spiele« innerhalb der Beziehung und es kommt zu keinerlei Verhaltensänderung. Diese Paare erleben sich dann oft in einer Dauer-Konfliktsituation. Aus einer toxischen Blume wird ein toxisches Blumenmeer.

Eine dauerhafte Stresssituation wird mit der Zeit sehr wahrscheinlich auch körperliche Symptome hervorrufen. Häufig kommt es zu Schlafstörungen, depressiven Verstimmungen, aber auch zu Angstzuständen, Panikattacken oder körperlichen Symptomen wie Magen-Darm-Problematiken (»Das schlägt mir auf den Magen«, sagt der Volksmund) oder Hautausschlägen (die Haut ist unser Kontaktorgan).

Ich selbst hatte nach einer schwierigen Trennung von meinem Partner vor vielen Jahren in der Ablösephase plötzlich und unerklärlich mit einer schweren Gürtelrose zu kämpfen, die ein halbes Jahr angehalten hat. Als die Trennung endlich durchgestanden war, verschwand auch meine Gürtelrose wie durch ein Wunder.

Die erste Frage, die wir uns als stellen sollten, wenn wir auf unsere Beziehung blicken, ist, was die Beziehung mit uns auf Dauer macht. Nährt sie uns, erfüllt sie uns vorwiegend? Was sagt unser Körper dazu, was unsere Intuition, was unser Herz? Dazu müssen wir vielleicht einen Schritt zurücktreten, sodass wir wie bei einem Bild nicht nur ein Detail aus der Nähe betrachten können, sondern einen freien Blick auf das große Ganze haben.

Love Bombing – diese Liebe ist nicht echt

SETTING: BIG LOVE

»Sarah, wir müssen uns unbedingt sehen. Ich muss dir etwas erzählen! Oh ... Ich hatte so ein geniales Date!« Sarah wird bei dieser telefonischen Gesprächseröffnung hellhörig. Ihre Freundin Inga – verliebt? Nach all dem Mist, den sie in ihrer letzten Beziehung erlebt hat? Ach, das würde sie ihr so von Herzen gönnen!

»Na klar, treffen wir uns. Ist das der Michael, von dem du schon letzte Woche so geschwärmt hast?«

»Ja! Genau! Oh, er ist so sweet!« Inga klingt wie ein kleines Mädchen. Ihre Aufregung steckt an.

»Los erzähl«, fordert Sarah sie beim Treffen in ihrem Lieblingscafé auf und kann selbst kaum ruhig auf dem Stuhl sitzen, so sehr ist sie gespannt auf die Neuigkeiten ihrer Freundin. Inga ist Sarahs beste Freundin. Als die beiden sich in ihrem Lieblingscafé in der Stadt treffen, sieht Sarah es schon von Weitem – ihre Freundin strahlt. Sie hat dieses unwiderstehliche Leuchten in den Augen, das Sarah ewig nicht

mehr bei ihr gesehen hat. Es tut ihr gut, Inga so zu sehen. »Ganz ehrlich – ich bin erleichtert. Ich habe mir wirklich Sorgen um dich gemacht. In letzter Zeit warst du nur noch ein Schatten deiner selbst.«

»Ja, ich weiß. Und ich bin auch immer noch ein bisschen unsicher. Aber ich bin so glücklich, dass ich wieder etwas für einen Mann fühlen kann. Und er ist soooo charmant.«

Inga erzählt von ihrem ersten Date mit Michael. Er ist Geschäftsführer in seinem eigenen Unternehmen. Als junger Typ war er Leistungssportler – und hey, sein muskulöser Körper zeigt das noch immer. Sie leckt sich die Lippen und lacht. Jeden Tag schickt er ihr Nachrichten, er himmelt sie an, sagt ihr, wie schön sie sei. Bringt ihr Blumen mit. Kleine Aufmerksamkeiten. Michael hört zu, interessiert sich wirklich für sie. In seiner Gegenwart fühlt sich Inga leicht und frei.

»Ich kann endlich wieder lachen. Weißt du, wie schön sich das anfühlt? Und er sieht so gut aus.« Inga kommt aus dem Schwärmen nicht mehr heraus. Sie wollen bald gemeinsam mit seinem Wohnmobil in den Urlaub fahren. Wie romantisch! Nach Portugal. Er kennt das Land wie seine Westentasche, hatte dort früher mit seiner Exfrau sogar eine Ferienwohnung. Nach der Trennung haben sie diese verkauft – aber ohnedies ist es viel angenehmer, so mobil zu sein.

Ist es nicht schön, so verliebt zu sein? Manchmal zeigen sich toxische Muster allerdings schon zu Beginn der Beziehung. Die Liebes-Schmetterlinge verhindern nur, dass wir einen klaren Blick haben. Sie sehen nur die betörenden Farben der wunderbaren Blumenpracht.

Wenn Mandantinnen, die in einer toxischen Beziehung gelebt haben, den Weg in meine Rechtsanwaltskanzlei gefunden haben, haben sie in der Regel einen langen, teilweise mehrjährigen Leidensweg hinter sich gebracht. Mich interessiert in der Regel immer, wie die Liebesgeschichte begonnen hat und ob sich bereits zu Beginn abgezeichnet hat, dass die Beziehung keine gute Richtung nimmt.

Es ist nicht Liebe –
es ist Schauspiel!

Nahezu alle Mandantinnen berichteten mir, dass sie zu Beginn ihrer Liebe den »Himmel auf Erden« hatten; dass sie sehr verliebt waren, sich wiedergeliebt fühlten und rasch viele gemeinsame Pläne entstanden.

Aha, da war sie, die *»Love-Bombing-Phase«*.

Love Bombing bedeutet »jemanden mit Liebe zuschütten«. In dieser Phase werden die Betroffenen emotional abhängig gemacht und merken es nicht.

Wie eine Beziehung sich entwickelt, wissen wir nie und in jeder Beziehung können sich natürlich toxische Momente zeigen. Doch wenn sich viele Anzeichen häufen, mit denen eine toxische Beziehung beschrieben wird, dann gilt es, aufmerksam zu sein. Denn in dieser Phase ist es noch einfach, die sich anbahnende Beziehung zu beenden. Häufig hören wir die Frage: Macht er das bewusst – oder ist das Taktik? Wenn mein Partner mich betrügt, nimmt er bewusst in Kauf, dass er mir Schmerz zufügt. Hier haben wir es dann mit Vorsatz zu tun. Dem eigenen Drang nachzukommen, ist für ihn wichtiger als die Konsequenzen für die Partnerin oder die Familie des toxischen Partners. Die Schuld bzw. Verantwortung wird fast immer anderen zugeschrieben: der

Ehefrau – »*Du bist ja selbst schuld, weil du so frigide bist*«. Oder es war die Geliebte: »*Sie hat mich verführt*«, (der toxische Partner schlüpft in die Rolle des Opfers). Oder wir hören in der Beratung Sätze wie: »*So bin ich eben. Ich bin eben impulsiv.*« »*Ich bin eben aufbrausend. Ich bin eben …*«

Die entscheidende Frage für dich jedoch darf ab jetzt lauten: Wo verstößt dieser Mensch in der Beziehung gegen meine Werte und die Form von Miteinander, die mir wirklich wichtig ist? Dazu ist es entscheidend, dass du deine Werte für eine Beziehung kennst und selbst auch ernst nimmst. Was ist für dich ein No-Go? Und wo liegen deine Ansprüche? Was muss ein Partner in einer Partnerschaft zu dir auf jeden Fall mitbringen?

Stopp Toxic Love

Schreibe 10 konkrete Dinge auf, die für dich in deiner Beziehung nicht verhandelbar sind:
Absolute Treue, ehrliche Kommunikation, einmal wöchentlich Paargespräch …

Vielleicht fragst du dich gerade, woran du merken könntest, ob jemand sich in einer Love-Bombing-Situation befindet. Anhand der Erzählungen der Mandantinnen in Sandras Kanzlei gibt es Anzeichen, auf die wir hier beispielhaft eingehen.

Der Love Bomber möchte beeindrucken und dies tut er, indem er *große Gesten* in Form von Geschenken und Komplimenten setzt. Er verspricht viel und zeigt sich dem Opfer gegenüber mehr als großzügig. Doch Vorsicht! Das ist nur der äußere Schein! Das kann in einer gesunden Beziehung nach einer gewissen Phase super sein mit den Geschenken – wer aber direkt wie der »Bachelor« einsteigt, verkauft oft eine schön polierte Fassade. Und vor allem: Es geht nicht darum, dass er seiner »Herzensdame« eine Freude machen möchte. Nein, es geht darum, sie emotional von Anfang an von sich abhängig zu machen.

Außerdem wird ein typischer Love Bomber rasch versuchen, dich glauben zu machen, dass ihr *»Seelenverwandte«* seid, eine *einzigartige Verbindung zueinander habt und immer füreinander bestimmt* wart. Er steht dir in dieser Phase nahezu nonstop zur Verfügung, überschüttet dich mit WhatsApp-Nachrichten und Anrufen und zeigt sich schnell »traurig«, wenn du nicht vierundzwanzig Stunden am Tag sieben Tagen die Woche für ihn zur Verfügung stehst. Viele Frauen fühlen sich gerade davon sehr angezogen, weil sie es mit Liebe verwechseln. Doch Achtung: Es geht nicht um dich in dieser Lage, sondern nur um ihn und sein Ego. Er will dich von Anfang an kontrollieren.

Der Love Bomber malt dir deine *Zukunft in den schillerndsten Farben* aus. Mit ihm an deiner Seite glaubst du, den Sechser im Lotto gewonnen zu haben. Endlich erfährst du die Wertschätzung, die du meinst zu verdienen. Hier ist oft das *»Future Pacing«* – die glückliche Zukunft direkt am Anfang rosarot malen – typisch. Der Begriff »Fulture Pacing« kommt aus dem NLP und ist darauf ausgerichtet, gezielt ein Vertrauensverhältnis mit wundervollen Bildern aus eurer gemeinsamen wundervollen Zukunft aufzubauen. Doch dieses schöne Ausmalen richtet sich wieder nur darauf, dich zu manipulieren. Er will dich heiraten, schnell mit dir zusammenziehen? Vorsicht! Ich kann dir an dieser Stelle versichern:

Wenn du glaubst, es ist zu schön um wahr zu sein, dann ist es das in aller Regel auch.

Es tut uns leid, wenn wir an dieser Stelle sehr ernüchternd auftreten und manch romantische Seifenblase platzen lassen, aber diese Erkenntnis stützt sich auf zahlreiche Beispiele aus dem beruflichen wie dem privaten Bereich. Natürlich gibt es die wahren Liebesmärchen und wir wünschen dir nichts mehr, als dass sich dein persönliches erfüllt. Aber sei aufmerksam – sprich nicht ausschließlich mit den Schmetterlingen in deinem Bauch.

Wenn du merkst , dass du dich gerade in dieser Phase des vermeintlichen Glücks befindest, du aber zugleich ein Gefühl im Bauch hast, das dir sagen möchte: »Stopp, irgendetwas ist komisch«, dann versuch, einen Schritt zurückzutreten. Sprich mit Menschen, die dich kennen. Du musst nicht automatisch darauf hören, was andere sagen, aber sammle Meinungen. Und wenn du merkst, dass all das, was er tut, dir als »zu viel« vorkommt, dann probiere mal, dich von deinem »Traumpartner« zu distanzieren. Du wirst sehen, dass dies gar nicht einfach ist, denn das lässt der Love Bomber in dieser Phase nicht so einfach zu. Entweder er bombardiert dich mit SMS oder er taucht mit Blumen oder Geschenken bei dir zu Hause auf. Wenn er merkt, dass du etwas misstrauisch bist, dann bestraft er dich vielleicht auch mit Liebesentzug und meldet sich eine Zeit lang bewusst nicht, um dich dadurch wieder gefügig zu machen.

Stopp Toxic Love!

- Setz schon früh klare Grenzen!
- Antworte nicht direkt auf jede WhatsApp – wie reagiert er?
- Sag nicht zu allem Ja und Amen – nenne klar deine Bedürfnisse. Nimmt er es cool und gelassen und ist offen für deine Bedürfnisse?
- Er will schneller, als dir lieb ist, mit dir zusammen ziehen? – Lass dir Zeit! Kann er das, was du sagst oder tust, akzeptieren? Wunderbar? Falls nicht? Vorsicht!
- Triff dich auch weiterhin ganz normal mit Freundinnen. Poste schöne Dinge wie gewohnt. Ein cooler Mann wird dir viel Spaß wünschen. Ein Ego-getriebener Mann wird schnell beginnen, mit dir zu diskutieren.
- Er reagiert schnell eifersüchtig. Ist das nicht süß? Nein, ist es tatsächlich nicht. Es ist häufig ein frühes Zeichen dafür, dass er dich einschränken, dich kontrollieren will. Achtung!

Bitte bleib bei dir selbst. Schaffst du es nicht, dich zu distanzieren, dann vertraue dich einem Freund oder einer Freundin an.

Was du aus juristischer Sicht in der Love-Bombing-Phase auf keinen Fall machen solltest, ist, dem Lovebomber Geld zu leihen oder Verträge für ihn zu unterzeichnen. Das würdest du ohnehin nie tun? Das haben schon einige vor dir gesagt. Und trotzdem wurden sie finanziell ausgesaugt. Es waren keine dummen und naiven Frauen, die sich da rauf eingelassen haben, sondern Frauen, die mitten im Leben stehen. Ihr Vertrauen und ihre Sehnsucht nach Liebe und gemeinsamer Zukunft wurden einfach schamlos ausgenutzt und ihre Wahrnehmung hat ihnen einen Streich gespielt.

Wer in einer toxischen Beziehung lebt und die Love-Bombing-Phase lange hinter sich gelassen hat, benötigt meist Hilfe von außen, um wieder klar zu sehen. Wenn es dich nicht selbst betrifft, dann sei die Freundin, die ihr Ohr leiht, selbst wenn du die Geschichte schon tausend mal gehört hast. Wenn du selbst nicht sicher bist, ob du in einer toxischen Beziehung feststeckst, dann such dir Rat. Öffne dich deinen Freundinnen, die dir zuhören. Und hör ihnen auch zu. Sie kennen dich gut, vielleicht haben sie etwas beobachtet, was du in dieser Phase selbst nicht sehen kannst. Fass dir ein Herz und suche eine spezialisierte Therapeutin wie Ruth auf, die dich in psychologischer Hinsicht unterstützen kann.

Wenn du nicht weißt, welche juristischen Auswirkungen deine Situation hat, wende dich an eine Rechtsanwältin wie Sandra, die für dich die juristischen Dinge zu klären weiß. Was es da zu klären gibt, fragst du dich? Neben all den Fragen zu rein finanziellen Ansprüchen bei einer Trennung oder Scheidung gibt es bei Beziehungen, die schon weiter und eskaliert sind, vieles zu klären. Wenn es zu handgreiflichen Auseinandersetzungen gekommen ist, zu Fällen häuslicher Gewalt, dann gibt es auch hier Hilfe. Ein Rechtsbeistand steht dir buchstäblich zur Seite, stellt einen Gewaltschutzantrag und hilft dir, Strafanzeige zu erstatten.

Sandra rät: **SMS-Bombardement**

Wenn du mit jemandem Schluss machst, dann ist es rechtlich nicht so, dass er dir automatisch keine Nachrichten mehr schicken darf, solange er keine strafrechtlich relevanten Dinge schickt, dir zum Beispiel droht. Was du aber tun kannst, für den Fall, dass die Sache eskaliert: Setze ihn klar darüber in Kenntnis, vor Zeugen oder schriftlich, dass du keinen Kontakt mehr wünschst. Und bewahre dir Screenshots auf. Wenn das Bombardement nicht aufhört, suche eine Rechtsanwältin auf und hole dir Rat. Es gibt die Möglichkeit, ein Annäherungsverbot zu erwirken, dann wird per gerichtlichem Beschluss das Verbot ausgesprochen, dich in jeglicher Hinsicht zu belästigen. Auch kannst du Strafanzeige wegen Stalking erstatten.

Aber darauf gehen wir in den weiteren Kapiteln noch näher ein. Wichtig war uns in diesem Kapitel, deinen Blick dafür zu schärfen, ob du dich in einer Love-Bombing-Phase befindest und somit möglicherweise dabei bist, das schleichende Gift in dein Leben zu lassen.

Viele Frauen sind sich unsicher, ob es sich bei den zahllosen Gunstbezeigungen, mit denen sie verwöhnt werden, um Love Bombing handelt oder um eine reine Verliebtheitsphase. Falls dies so ist, empfehlen wir, die neue Liebe gezielt daraufhin abzutesten und früh Grenzen zu setzen, wenn dir etwas nicht gefällt. Gerade zu Beginn einer Beziehung neigen wir dazu, alles positiv auszulegen und Erklärungen für Verhaltensweisen zu finden, die wir unter Umständen sonst nicht tolerieren würden. Liebe macht blind, sagt ein Sprichwort nicht zu Unrecht. Deshalb raten wir dir, dich selbst von Anfang an zu beobachten. Zu Beginn einer Beziehung neigen viele dazu, die Zeit vor allem der neuen großen Liebe zu widmen. Doch nach einer Zeit spielt der eigene Freundeskreis auch wieder eine Rolle. Du willst dich allein mit deinen Freundinnen treffen? Dann sag es ihm höflich, aber klar. Führe dein Leben möglichst so weiter, wie du es auch vor der neuen Beziehung getan hast.

Ein Mann, der dich wirklich liebt, wird deine Grenzen akzeptieren, dein bisheriges Leben, deinen Freundeskreis.

Sollte es hier bereits zu Beginn Verbote geben oder auch nur Andeutungen, was du tun oder lassen sollst, ist es gut, hellhörig zu werden und weiter ganz bei dir zu bleiben. *Sei und bleibe dir selbst wichtig.*

Love Bombing, diese wunderbare Mischung aus Charme und Aufmerksamkeit, gefällt uns Mädels. Natürlich! Und das darf und soll es auch. Wir dürfen es genießen, gut und aufmerksam behandelt zu werden. Allerdings gibt es ein paar Warnsignale, auf die ihr bei euch oder euren Freundinnen achten dürft.

Sind wir mal ehrlich: Du wirst mit Geschenken überhäuft, er schaut dich an, als hätte er noch nie eine schönere Frau gesehen, er schenkt dir hundert Prozent seiner Aufmerksamkeit. Du wirst mit Komplimenten aus der Kategorie der Superlative geradezu bombardiert. Auch spät abends taucht er noch vor deiner Tür auf, fährt extra noch einmal los, nur, um dich zu treffen. Er unterstützt dich bei allem.

Ihr lacht und habt Spaß. Er ist unglaublich charmant und: Auch optisch macht er etwas her, ist also nicht so sehr der unscheinbare freundliche Typ von nebenan. Vielleicht ist er Musiker oder bekleidet eine Funktion, in der er Einfluss nehmen kann. Er hat also einen gewissen gesellschaftlichen Status oder tut so. Alles an ihm drückt aus: *Ich bin jederzeit für dich da und ich kann dir etwas bieten.* Wenn er in den Raum kommt, zieht er alle Blicke auf sich. Er hat eine so gewinnende Art, ist witzig, aber stilvoll, kurzum: Er ist einer, dem kaum jemand widerstehen kann. Der Prinz auf dem weißen Ross? Da ist er endlich! Ja – das ist tiefer in uns verankert, Ladies, als viele von uns glauben. Walt Disney und Co. haben in unserer Erziehung ganze Arbeit geleistet. Und genau hier heißt es: Prinzessinnen, aufgepasst: Wenn es zu perfekt ist, stimmt etwas nicht!

Zu viel von allem – ist zu viel.

Hinter all der Aufmerksamkeit, die ein typischer Love Bomber vermeintlich gibt, steckt allerdings mehr die Aufwertung seines eigenen Egos, der Drang, Kontrolle auszuüben, und ein im Kern geringes Selbstwertgefühl. Die Abstufungen des Verhaltens reichen dabei von unbewussten Verhaltensweisen bis hin zu gezielter Manipulation. Definitiv aber geht es nicht um Liebe.

Love Bombing geschieht Frauen nicht einfach so – es handelt sich bei den beiden Rollen in einer Beziehung oft um eine Schlüssel-Schloss-Situation. Fachleute sprechen von Empathen und Narzissten, andere von Plus-Pol und Minus-Pol. Meist haben wir es mit einem dominanten Part und einem eher verständnisvollen bis unterwürfigen Part zu tun. Wenn wir eine unglücklichen Beziehung hinter uns haben, einen harten Trennungskampf, wenn ein liebloses oder gewalttätiges Elternhaus uns noch immer beeinflusst, sind wir Frauen oft unbewusst so sehr bereit für Menschen, die einfach nur freundlich zu uns sind. Ein Kompliment können wir kaum annehmen und zugleich freuen wir uns, wenn es kommt. Wir verlieben uns, sind glücklich. Und dann geschieht etwas, was ich dir über die Parabel vom Frosch ein wenig näher erklären will.

Dieses Bild, das ursprünglich vom irischen Wirtschafts- und Sozialphilosophen Charles B. Handy stammt, bringt sehr gut zum Ausdruck, wie wir in Situationen geraten, in denen wir dann einfach verharren, weil wir den Zeitpunkt versäumen, an dem wir noch ohne Probleme flüchten könnten. Wir haben diese Geschichte etwas verändert.

Stell dir vor, eine Frau sitzt gemütlich in ihrem Garten vor ihrem kleinen Haus und genießt die Sonne. Auf dem Grill steht eine Topf mit Wasser, mit dem sie anschließend das benutzte Geschirr waschen möchte. Plötzlich hüpft ein grasgrüner Frosch von einem Steinzaun aus direkt in den Topf mit dem heißen Wasser. Doch kaum im Wasser gelandet, springt er in Todesangst mit aller Kraft aus der heißen Wasserfalle und bringt sich im Blumenbeet in Sicherheit. Mit seiner rasche Reaktion hat er sich selbst das Leben gerettet. Die junge Frau ist froh und nimmt sich vor, stets einen Deckel auf den Topf zu setzen.

An einem anderen Tag sitzt die Frau wieder in der Sonne und hat den Topf mit kaltem Wasser auf den heißen Grill gestellt. Kurz denkt sie an den Frosch, als sie eine Bewegung beim Topf sieht. Doch sie ist zu müde, um nachzusehen. Bestimmt war es kein Frosch, sonst wäre er rasch wieder aus dem Topf gesprungen, und das Wasser ist ja noch kalt, beruhigt sie sich und vertreibt den flüchtigen Gedanken.

Doch nach einiger Zeit lässt ihr das Bild keine Ruhe. Was, wenn der Frosch tatsächlich in den Topf gesprungen ist und nicht mehr herauskann? Sie steht auf. Tatsächlich sitzt im sich langsam erwärmenden Wasser des Topfes der Frosch. Er macht keine Anstalten herauszuhüpfen. Die Frau ist erstaunt und beobachtet ihn: Das Wasser wird wärmer. Warum springt der Frosch nicht heraus? Schließlich wird das Wasser ziemlich heiß, doch der Frosch macht keine Anstalten, sich in Sicherheit zu bringen. Die Frau und der Frosch sehen sich an. Plötzlich nimmt die Frau Angst in seinen Augen wahr. Er scheint wie gelähmt zu sein. Weiß er nicht, was er tun kann? »Hilf mir! Ich kann es alleine nicht mehr!«, fleht der kleine Frosch stumm. Die Frau packt einen großen Schöpflöffel und holt das Tier heraus. »Danke«, scheint der Frosch zu flüstern, »danke.« Dann hüpft er unter die Sicherheit der großen Blätter im Blumenbeet.

Auch wenn die Geschichte nur ein Märchen ist, denn ein Frosch würde aus reinem Selbstschutz wohl niemals so lange im heißen Wasser sitzen bleiben, liefert sie uns doch wertvolle Anhaltspunkte. Merken viele Frauen vielleicht selbst lange nicht, dass sie in einer selbst gewählten Falle sitzen, der sie lange Zeit entkommen könnten, wenn sie es nur versuchen würden? Hoffen sie darauf, dass es besser wird, weil der Mann doch zu Beginn so wundervoll war? Bis es endgültig zu spät ist und Angst und Gewohnheit sie zu sehr lähmen, um sich selbst zu helfen?

Wenn du, liebe Leserin, gerade etwas frustriert bist, weil wir dir dein Traumszenario vermeintlich nehmen, dann sei nicht traurig. Wenn du mit diesem Buch durch bist, wirst du nämlich eine Gewinnerin sein. Unsere Anmerkungen, Erfahrungen und Grenzen, die wir hier aufzeigen, basieren auf

Tatsachen und sollen dir helfen, deinen Blick für problematische Konstellationen zu schärfen. Für dich selbst oder für dir nahestehende Menschen.

Die sensibelsten Eintrittstore, durch die Frauen direkt in toxische Beziehungen fallen, sind: Love Bombing, Intelligenz, Future Pacing, heißer Sex, das Heiß und Kalt im Wechselbad der Gefühle, Geld und Geschenke, der Selbstwert.

Du brauchst übrigens deshalb nun natürlich nicht auf deinen Traum von der großen Liebe zu verzichten! Auch wir, die wir bereits vieles erlebt haben, auch Negatives, glauben immer noch an die tolle, große Liebe.

Toxic Love Journal

Toxische Signale

Rückschau – wie habt ihr euch kennengelernt? Was prägt eure Beziehung? Gibt es Signale für Love Bombing, die du übersehen hast?

Zum Beispiel: Gab es übergroßzügige Geschenke? Horche in dich hinein. Kam dir ein sehr teures Goldarmband, das er dir zu Beginn der Beziehung schon schenkte, etwas »zu viel« vor? Raunte eine leise Stimme, dass es ungewöhnlich war? Tritt innerlich einen Schritt zur Seite und bewerte die Situation, wie du es für eine gute Freundin tun würdest, mit etwas Abstand.

Er geht oft einen kleinen Schritt zu weit. Wo liegen deine Grenzen?

Zum Beispiel: Es gibt oft »Überrumpelungsmomente«, die dich direkt oder nachträglich irritieren?

Wo hast du dich ihm untergeordnet, obwohl du gern etwas anderes gemacht hättest?

Beispiel: Er ist ein Sportfreak und isst gesund, du nicht in dem Ausmaß. Machst du trotzdem mit, weil du denkst, er erwartet das? Ist die Balance deiner Wünsche und seiner Wünsche ausgewogen?

Es ist nicht dumm – es kann jeder passieren!

»Wie dumm diese Frauen sind! Mir könnte so etwas nicht passieren. Ich habe mein Leben im Griff. Ich bin eine starke, selbstbewusste und auch intelligente Frau und ich weiß, was ich will!« – Wenn wir manche Geschichten über Beziehungen lesen, in denen Frauen sich geradezu unvorstellbar in Abhängigkeit begeben und sich viel gefallen lassen, sind wir geneigt, solchen Aussagen zuzustimmen. Doch wir können euch versichern: Es kann jeder passieren, wenn sie die Signale nicht deuten kann.

DIE DURCHSTARTERIN IM LIEBESTAUMEL

Marah ist Mitte dreißig und gilt als Durchstarterin im Konzern. Sie hat sich alles hart erarbeitet, ihr Verstand arbeitet blitzschnell. Sie hat sich wiederholt gegen männliche Kollegen durchgesetzt. In brenzligen Situationen arbeitet sie rasch, sicher und sehr lösungsfokussiert. Ihr IQ ist höher als der Durchschnitt und sie stellt hohe Ansprüche an sich selbst und andere, die sich oft davon überfordert fühlen. Wer sie beeindrucken will, muss früh aufstehen.

Dann begegnet sie bei einem der Meetings Jannick. Er ist schlank, sportlich-elegant gekleidet, ein Franzose – mit diesem unglaublich süßen Akzent. Am Wochenende geht er gern segeln, als Ausgleich. Während der Woche reist er von einem Meeting zum anderen. Er gehört zu den Männern, die schnell auf charmante Art die Aufmerksamkeit auf sich ziehen. Jannick ist smart, wortgewandt und seit vielen Jahren in erfolgreichen Positionen des großen Konzerns. Der Blick aus seinen blauen Augen trifft Marah direkt ins Herz.

»Er hat etwas von einem großen Jungen«, erzählt sie. Sie haben gemeinsam große Kundenprojekte gerockt – und

ihre unterschiedliche Art hat sich als gute Ergänzung erwiesen. Ihre Gefühle für Jannick hat Marah lange geleugnet. Er hatte eine Freundin. Aber immer, wenn sie gemeinsam arbeiteten, fühlte sie diesen besonderen Kick.

»Ich konnte mich mit ihm messen. Wir haben uns geneckt. Wir haben uns im Business gebattelt oder beim Kunden Good Cop, Bad Cop gespielt. Ich war die strenge Paragraphenreiterin, er der witzige und smarte Typ. So haben wir in den Projekten bei Kunden immer gut gepunktet und viel bewegt.« Häufig hat Marah ihm nach eigenen Aussagen »den Arsch gerettet«. Sie investiert viel in das, was sie als mögliche Traumbeziehung sieht.

Irgendwann treffen sich beide privat. Sie erzählen sich alles voneinander. Jannick schüttet Marah sein Herz aus, er berichtet bei jedem Treffen von Streits mit seiner Freundin, mit der er seit drei Jahren zusammen ist – on und off. Sie können nicht miteinander, aber auch nicht ohne einander. Marah gibt die verständnisvolle Zuhörerin – und träumt insgeheim davon, wie es wäre, mit ihm zusammen zu sein. Die Gespräche drehen sich fast ausschließlich um Jannick und seine Freundin. Er übernachtet bei ihr. Für Marah gibt es viele Signale, die auf mehr hindeuten. Eines Tages lädt Jannick Marah auf sein Boot ein. Marah schwebt auf Wolke sieben. Zusammensein mit Jannick – von einer gemeinsamen Zukunft träumen. Das ist wunderbar. Zu mehr kommt es zwischen den beiden allerdings nicht.

Wochen später steht Jannick plötzlich vor Marahs Tür. Völlig aufgelöst. Nervlich am Ende. Sie haben sich getrennt, erzählt er ihr. Wer von wem – ist nicht ganz klar. Aber es ist vorbei. Auch jetzt ist Marah für ihn da. Hört zu, kocht, sie trinken Wein, hören Musik. Jannick übernachtet bei ihr. Sie verbringen innige Zeit und Nähe miteinander. Sie schlafen sogar miteinander. Ihr Herz schlägt höher – auch wenn sie es sich nicht zugestehen mag. Aber insgeheim ist das passiert, was sie nicht zu träumen gewagt hat: Ihr Traummann ist endlich frei – frei für sie! In ihrem Kopf malt sie sich die gemeinsame Zukunft aus.

Nachdem Jannick am nächsten Morgen nach einem wortkargen, raschen Frühstück aufbricht, bleiben beide einige Wochen in engem Kontakt, per Sprachnachrichten, WhatsApp, Telefon. Dann auf einmal: Funkstille. Jannick reagiert nicht mehr oder nur kurz angebunden auf Marahs Nachrichten. Marah versteht die Welt nicht mehr. Findet Erklärungen, Entschuldigungen. Er hat sicher gerade kein Netz. Ist am Meer. Hat viel zu tun. Sie fragt immer wieder nach, warum er sich nicht meldet. Höflich. Vorsichtig. Bittet um Rückruf. Macht sich Sorgen. Will wissen, ob es Jannick gut geht. Irgendwann hält sie es nicht mehr aus und fährt direkt zu ihm. Als er ihr öffnet, sieht sie es gleich – er ist erstaunt, aber offenbar gar nicht erfreut, sie zu sehen. Er bittet sie auch nicht herein.

»Was willst du denn hier?«

»Nachschauen, wie es dir geht«, erwidert Marah.

»Ja, aber doch nicht, ohne vorher anzurufen. Ich habe jetzt keine Zeit für dich. Ich habe Besuch.« Als er die Tür gerade schließen will, nähert sich von hinten eine junge Frau.

»Alles okay?«, fragt sie nur kurz.

»Ich komme gleich«, antwortet er. Und zu Marah gewandt: »Ich ruf dich an.« Die Tür fällt vor Marahs Nase ins Schloss. Marah steht unter Schock. Wie im Traum schafft sie es bis zu ihrem Auto. Sitzt wie versteinert. Taub. Von Jannick hört sie danach nichts mehr. Er, der ihr all sein Beziehungsleid jahrelang geklagt hat, für den sie immer ein offenes Ohr hatte, der bei ihr übernachtet hat, der mit ihr geschlafen hat, mit dem sie beruflich durch dick und dünn gegangen ist, hat einfach so eine Neue, die er nie erwähnt hat. Marah kommt sich vor wie in einem üblen Kinofilm. Nur ist sie selbst Teil des Films. In einer Nebenrolle.

Solltest du dich gefragt haben, wie Marah nur so dumm sein konnte, auf Jannick hereinzufallen und ihm noch immer nachzutrauern: Sie ist irre intelligent. Vielen Frauen passiert das: Sie fallen auf einen Typen herein, *weil* sie intelligent sind. Viele intelligente Frauen sehnen sich nach smarten, gewitzten Männern, mit denen sie sich batteln können. Gerade wenn ich (Ruth) mit Frauen in höheren Positionen spreche, erzählen sie mir häufig ähnliche Geschichten – von Erfahrungen mit toxischen Chefs oder toxischen Kollegen, die von diesen intelligenten Frauen zu Liebhabern erkoren wurden. Das ist das Einfallstor, durch das diese Kollegen es geschafft haben. Sie haben sie auch intellektuell herausgefordert, waren »anders«.

> *Für eine intelligente Frau wirkt ein geistiges Duell wie Sex auf mentaler Ebene.*

Ihr seid schon miteinander im Bett, bevor überhaupt etwas passiert ist. Anders ausgedrückt: Du hast dich nicht in einen Menschen verliebt, sondern in die Idee von ihm. Dein Gehirn glaubt, es habe sich verliebt – dabei ist dein Gehirn in Wirklichkeit eher in einem Zustand von *Auf*regung – statt *Er*regung. Beides findet im selben Hirnareal statt. Und kann sich sehr ähnlich anfühlen. Der intelligente Mann ist für viele Frauen ein Sparringspartner in Unternehmen. Endlich haben sie jemanden gefunden, der auf ihrem Niveau spielt. Und dieser Spieltrieb – mit ihm mitzuhalten, sich mit ihm zu messen, besser zu sein, witziger –, all das wurde für Marah zur Sucht.

Marah und Jannick schreiben sich Nachrichten, er ist witzig, herausfordernd, neckend. Wie immer. In Marahs Kopf feuert das Belohnungssystem eine Reihe von Raketen ab. Es macht so viel Spaß! Und sie fühlt sich wie frisch verliebt. Wie lange hat sie sich nicht mehr so glücklich gefühlt!

Viele intelligente Frauen werden von Männern, die sich ihnen nicht gewachsen fühlten, verlassen oder kommen gar nicht erst zu einer Beziehung, weil manche Männer sich durch den Erfolg eingeschüchtert fühlen.

Intelligenz und Status als Herausforderung für Toxic-Profis

Für viele Männer ist es wichtig, dass sie mehr verdienen oder eine höhere hierarchische Position als Frauen einnehmen. Männer, die »mithalten« können, sind oftmals vergeben oder haben von einer privaten Beziehung dann eine andere Vorstellung, vielen beruflich erfolgreichen Frauen ist das nicht klar. Sie erwarten anderes – glücklicherweise gibt es Männer, die diese Erwartungen auch mittragen, doch selbstverständlich ist es nicht.

Dazu gibt es eine Studie der Bertelsmann-Stiftung, die die Rollenverteilung zwischen Mann und Frau in Zeiten von Corona betrachtet. 69 Prozent der Frauen gaben an, dass sie Hausarbeit erledigen – im Vergleich zu diesbezüglichen Angaben von gerade einmal 11 Prozent der befragten Männer. Ähnliche Zahlen finden wir in den Bereichen Kinderbetreuung (13 Prozent) und Homeschooling (15 Prozent). Spannend in dieser Studie ist für uns allerdings, dass auch dann, wenn Männer sich tatsächlich weniger an Hausarbeit und

Kinderbetreuung beteiligen, 66 Prozent der Ansicht sind, die Aufgaben seien gerecht aufgeteilt. Da stellt sich schon die Frage, welchen Einflüssen wir heutzutage noch unterliegen, dass längst überholte Rollenmuster noch immer auf beide Geschlechter wirken?

Es gibt neuerdings Anzeichen dafür, dass Storys bei Instagram oder TikTok viral gehen, die ein veraltetes und sexistisches Frauenbild unterstützen, von manchen Männern absichtsvoll erzeugt werden und viral gehen. Die Kulturwissenschaftlerin und Influencerin Tara Louise Witwer kritisiert solche Beiträge von Männern und Frauen oft sarkastisch, aber nie persönlich beleidigend, die ansonsten unkommentiert viral gehen und der jungen Generation als fragwürdiges Vorbild dienen würden. Dabei geht es um Aussagen von Männern, die sich selbst als »Alpha-Männer« titulieren und ihr Weltbild von Frauen zum Besten geben. Vermutlich geht es in erster Linie um Clickbait, doch die Forderungen danach, dass Frauen »daheim bleiben«, sich dem Mann unterordnen und welche Figur sie haben sollen, lassen schon tief blicken. Viele Frauen stimmen dem zu – wahrscheinlich auch deshalb, um selbst aus der Schusslinie zu geraten.

Dabei scheinen intelligente, gebildete Frauen gerade für Männer mit toxischen Tendenzen eine besondere Herausforderung zu sein. Toxische Männer lieben intelligente Frauen. Für viele bedeutet eine intelligente oder beruflich erfolgreiche Frau eine Frage des eigenen Status.

Wie wahr! Ich (Sandra) habe dies am eigenen Leib schon einmal erfahren, konnte mich aber nach acht Monaten »retten« indem ich die Beziehung beendet habe. *Ja, genau: retten!*

Er war sinnlich, sexy und leidenschaftlich und hat mir die Welt zu Füßen gelegt. Die ersten drei Dates waren geprägt von Komplimenten, Geschenken, abendlichem Essengehen, Hofieren. Ich dachte: »Wow, was für ein Mann!«

Mein Vater sagte zu mir: »Pass auf, denn wenn es zu

Beginn so ist, dann bleibt es in der Regel nicht dauerhaft.« Mein Vater fand, dass das, was ich ihm so erzählte, nicht authentisch wirkte. Recht hatte er!

Dieser Mann, ich nenn ihn mal *Big*, war ein erfolgreicher Angestellter in einem großen Unternehmen.

Alles war perfekt. Zunächst.

Ziemlich schnell äußerte er sich jedoch in befremdlicher Weise über meinen Beruf. Wenn du es so liest, kommt es dir vielleicht nicht besonders auffällig vor, aber im Gesamtzusammenhang, mit Tonfall, Mimik und der Häufigkeit, mit der solche Sprüche kommen, ergeben all diese »unschuldigen« Details ein komplett anderes Bild. Natürlich sah ich das am Anfang auch nicht, aber vielleicht helfe ich dir damit, dich für Aussagen zu sensibilisieren. Er sagte beispielsweise: »Hallo, Frau Anwältin!«, oder: »Oh, man fährt BM-Wichtig«, als er mein Auto gesehen hatte.

All das waren erste Hinweise auf eine Einstellung, wie ich später merkte, die diese Beziehung letztlich in eine Sackgasse laufen ließen. Aber ich war sooo verliebt und dachte nahezu nonstop an ihn. Ich genoss jede Berührung und liebte seinen Geruch. Er war ein Genießer, ein Gentleman. Leider aber zugleich auch so etwas von toxisch, dass ich schon nach etwa drei Monaten mehr weinte als lachte.

Ich glaube, dass es ihm was gegeben hat, mit einer Anwältin zusammen zu sein und gegenüber dieser machtvoll zu sein, in der einen oder anderen Weise.

Als systemische Therapeutin kann ich das bestätigen, liebe Sandra: Genau so verhält es sich tatsächlich. Toxische bzw. narzisstisch agierende Männer lieben an Frauen unterschiedliche Arten von Status: Schönheit, Jugend, vielleicht ist sie eine Celebrity, bekannt aus Funk oder Film. Sie mögen jemanden an ihrer Seite, mit dem sie ihren eigenen Status aufwerten können. Das füttert ihr Ego, das Gehirn badet in einem Cocktail von Belohnungsbotenstoffen wie Dopamin.

Das fühlt sich so lebendig an wie der Kick, den andere vielleicht bei einer Fahrt in einer Super-Achterbahn erfahren.

Und Ähnliches gilt auch für uns Frauen: Wir wollen den witzigen Typen, den gut aussehenden Personaltrainer (sekundäres Statusmerkmal Aussehen), den erfolgreichen Geschäftsmann, den Unternehmer.

Wir sind smart, aber unsere Evolution ist bei der Partnerwahl manchmal smarter.

Der tierische Teil der Partnerwahl läuft doch unbewusst. Das wird dir sicher klar, wenn du mal versucht hast, dich mit Absicht zu verlieben. Schmetterlinge im Bauch auf Kommando? – Funktioniert nicht. Aber zurück zu dir, Sandra. Wie ging es denn weiter?

Es kam öfter vor, dass ich (Sandra) über seine Lügen stolperte. Das Verwirrende daran war, dass es sich dabei um unbedeutende Dinge handelte. Ich kann es kaum in Worte fassen. Es beschäftigte mich, weil es irrational war und ich einfach nicht verstand, warum er das tat. Immer, wenn ich ihn mit Widersprüchlichkeiten in seinem Verhalten konfrontierte, mauerte er, legte den Hörer auf oder verließ den Raum. Nie – bis heute – kam es zu einer Aussprache oder zu einer Aufklärung dessen, was mir seltsam vorkam.

»Du bist doch verrückt« oder *»Typisch Anwalt, du musst immer recherchieren«* musste ich mir anhören. Die Verzweiflung über dieses Verhalten, zu dem mir wohl mein Unterbewusstsein schon klare Signale gesandt hatte, brachte mich in eine tiefe Krise. Alles drehte sich nur noch darum. Dieser Mann hat mich wahnsinnig gemacht und ich stand dem ohnmächtig gegenüber und fühlte mich gequält, missachtet und kaputt gemacht.

Er hat es genossen, Macht über mich zu haben, indem er mich stets im Ungewissen wusste. Der Begriff *Gaslighting,* zu dem wir noch ausführlicher kommen, sagte mir damals noch nichts. Ich war auch viel zu sehr in diese gezielten Verwirrungen verstrickt, um mich sachlich damit auseinanderzusetzen.

Nach Differenzen über seine unverständlichen Aktionen kam es dann in den Versöhnungen meistens zum intimen Austausch. Aber schon kurz danach, wenn er versprochen hatte, Klärung herbeizuführen, ging es wieder los.

Zum Beispiel erzählte er, dass seine Exfreundin in eine Klinik gekommen und nun klinisch tot wäre. Ich dachte, okay, das kann ja sein, aber wieso schmückte er diese Tatsache so dramatisch aus? Später fand ich auf seinem Handy Fotos von dieser Frau, die zum Zeitpunkt, als sie eigentlich klinisch tot in der Klinik lag, offenbar in der Lage war, quicklebendig Fotos von sich zu machen – geschminkt, die Haare frisch gemacht und lachend.

Sandra rät: **Handy**

Um das klarzustellen: Es ist nicht erlaubt, auf fremden Handys heimlich »Spionage-Apps« zu installieren. Auch wenn der Partner eine Wanze oder eine versteckte Kamera installiert und so Gespräche oder Chats belauscht, macht er sich strafbar. Das bloße Lesen auf dem Handy des Partners, wenn es offen daliegt, löst allerdings keine rechtlichen Konsequenzen aus.

Er erzählte auch häufig von einem Neffen, der in einem bestimmten Ort wohnte. Big sagte nahezu jede Woche, wie sehr er sich mit diesem Onkel verstehe und dass wir unbedingt dorthin fahren sollten. Ratet mal: genau! Es ist nie dazu gekommen.

Seine erste Ausrede lautete: »Die Fahrt ist so weit, circa vierhundert Kilometer.« Tatsächlich waren es hundertzwanzig Kilometer. Ich konfrontierte ihn damit und musste mir den Satz anhören: »Du kannst es auch nicht lassen, hinter jedem Busch einen Verbrecher zu sehen.«

Die zweite Ausrede hörte sich so an: »Meinem Neffen geht es zurzeit nicht so gut, er ist krank.« Zu diesem Zeitpunkt hatte Big meine Familie übrigens schon kennengelernt. Okay, dies musste ich so annehmen, dachte ich mir, obwohl ich damals den Neffen zumindest bereits per E-Mail kennengelernt hatte. Der Neffe und ich hatten uns bereits ausgetauscht und er war sehr gespannt darauf, mich als neue Freundin von Big kennenzulernen. Somit war es auch legitim, mit ihm zu schreiben.

Die dritte Ausrede, zu Hause auf dem Sofa, lautete: »Mein Neffe hat so wenig Geld, er kann nicht mal Kaffee und Kuchen besorgen und daher möchte er keinen Besuch.«

Diesmal war ich jedoch vorbereitet und entgegnete: »Komisch, ich habe mit deinem Neffen gestern noch telefoniert und er sagte, dass er sich sehr freuen würde, wenn wir kommen.« Ich kannte seinen Neffen ja bereits vom Telefon, sodass ich ihn auch anschreiben konnte.

Die Antwort von Big darauf: »Du Arschloch, du gehst jetzt besser!«

Dass ich wieder einmal weinend und ohnmächtig nach Hause fuhr, versteht sich von selbst. Zu Hause angekommen, erhielt ich eine der typischen Nachrichten von ihm: »Danke, dass du uns den Abend versaut hast!«

Und nach diesem Schema lief es immer weiter, bis zum Ende dieser Beziehung. Zwar ging es nie um körperliche Gewalt, aber um psychische. Im Nachgang sehe ich klar, dass er wohl einfach das Gefühl genossen hat, eine Anwältin fertigzumachen. Vermutlich, um seine eigenen Schwächen zu kompensieren. Selbst wenn wir uns mit anderen Menschen trafen, hatte er es stets genossen, mich durch die eine oder andere Bemerkung abzuwerten.

Heute und mit Abstand kann ich sagen: gut, dass es zu Ende ging.

Damals war ich psychisch allerdings ganz schön angeschlagen. Im Nachhinein stellte ich mir oft die Frage, wie es so weit kommen konnte. Zu dem Zeitpunkt wusste ich da rauf keine Antworten, aber Ruth erklärt im nächsten Kapitel einen wesentlichen Aspekt dazu.

Du siehst also, auch ich habe meine Erfahrungen mit einem toxischen Partner gesammelt, und ich bin überzeugt: *Es kann jede treffen, ob jung oder alt, schlicht strukturiert oder intelligent.*

Toxischer Hormoncocktail Sex

Liebe Ladies, bei diesem superwichtigen Thema möchte ich mit euch sehr ehrlich sprechen. Und meine Erfahrungen als Beraterin in Liebesbeziehungen mit euch teilen. Untermauert von Statistiken. Denn hier beantwortet sich ein Teil der Frage: Wie kann es sein, dass Frauen bei solchen Männern bleiben, die sie demütigen und beleidigen, ja sogar schlagen? Warum gehen sie diesen bindungsängstlichen oder bindungsgestörten Männern auf den Leim?

Neben dem Love Bombing und der Intelligenz-Falle gehen wir in diesem Zusammenhang auf ein absolut zu wenig beschriebenes Thema ein: guter Sex! Die Betonung liegt auf *guter* Sex.

Er kriegt dich damit, weil er sich verhält wie ein guter und achtsamer Liebhaber. What?, denkt jetzt die eine oder der andere. Ernsthaft? Ja, durchaus! Denn einfühlsame und gute Liebhaber sind auf dem Liebesmarkt schwer zu finden. Und hierin sind toxische Partner oft unglaublich geschult: Nicht, weil sie der Frau etwas Gutes tun wollen und sie dabei tatsächlich im Mittelpunkt steht, sondern weil es den Toxic-Lover selbst bestätigt. Und da Sex zu *den* Belohnungszentren in unserem Gehirn gehört, wollen und brauchen wir davon mehr!

Ja, Ruth, das kann ich aus der juristischen Beratung

in meiner Kanzlei bestätigen: Auch meine Mandantinnen haben oft davon berichtet, dass der Sex in der Beziehung einen hohen Stellenwert hatte und der Partner die Künste der Verführung wie kein anderer beherrscht hat. Da wurde mal eben so der Kamin angeschmissen, der gute Rotwein herausgeholt, Barry White eingespielt und die Stimmung war perfekt. Die perfekte Verführung, vermeintlich. Denn: In der Regel stellt sich heraus, dass diese Verführer das alles nicht für die Frauen taten, sondern für sich. Sie warfen sich so ins Zeug, um sich zu beweisen, wie toll sie sind. Und sie setzten alles daran, sich auf diese Weise unentbehrlich zu machen. Oft möchten diese »Verführer« am Ende noch unbedingt wissen, *wie sie waren.*

Warum ist guter Sex so ein krasses Einstiegstor in die Welt toxischer Beziehungen? Es geht um nichts Geringeres als unsere freie Lust, unsere weibliche sexuelle Kraft und Energie. Es geht damit auch um unseren wundervollen weiblichen Körper, den wir jeden Tag feiern sollten – weil er wunderschön ist, das Wunder neuen Lebens erschaffen kann und der großartigste Körper ist, den du jetzt hast. Doch wie viele Frauen kennst du, die ihren Körper so in all seiner Fülle annehmen? Ist es nicht eher so, dass wir alle mit unseren vermeintlichen kleinen Makeln hadern? Drehen wir nicht das Licht ab und diskutieren, wie er all unsere kleinen Dellen findet oder ob das Bäuchlein ihn abturnt, statt unsere Figur zu feiern?

Und genau an dem Punkt, an dieser Schwäche, setzt dein Toxic-Lover an. Er betrachtet dich und deinen Körper, wie es noch nie ein Mann getan hat. Er findet die richtigen Worte, um vor allem auch die Kurven in den Himmel zu loben und zu liebkosen, die du an dir selbst vielleicht gar nicht magst. Und damit steigert er zunächst dein eigenes Gefühl von Selbstwert. Und nicht nur das, in uns Frauen findet sich beim Sex so viel wieder, das uns unbewusst hemmt: uralte Verwundbarkeit, Verletzungen unserer Ahninnen, Vergewaltigungen unserer Mütter im Krieg, antisexuelle Dogmen der Kirche und die gesellschaftliche Ächtung von Sex schleppen wir genauso mit uns herum wie #Metoo, Bodyshaming, CatCalling, die unachtsame Untersuchung beim Gynäkologen, das Sich-Zusammenziehen der Vulva, weil etwas beim Eindringen wehtut, und sei es nur der Sex mit deinem geliebten Partner: Wenn sich unser Körpersystem im Sex entspannen kann, ist das für die meisten Frauen nichts Normales, sondern eine Ausnahmeerfahrung, die vielleicht wirklich nur wenigen zuteilwird.

Zugleich sprechen wir vom verletzlichsten Bereich unseres Körpers: unsere weiblichen Genitalien, also Brust, Vulva, Vagina. Wer von uns Frauen kennt wirklich die Bedürfnisse unseres Körpers und kann sie in einer Liebesbeziehung offen kommunizieren? Was ich (Ruth) in zahlreichen Frauenkreisen, die ich geleitet habe, immer wieder gehört habe, sind Sätze wie: »Ich habe da etwas mit mir machen lassen«, oder: »Es war ein One-Night-Stand«, oder: »Er hat das, glaube ich, erwartet.«

Wusstest du, dass nur ca. 18 Prozent aller Frauen einen Orgasmus durch Penetration bekommen können? Das ist normal. Normal ist nicht, dass sich die Mehrheit der Frauen schlecht fühlt und dass auch in der Literatur und von sogenannten Experten oft thematisiert wird, woran das wohl liegen kann.

Worüber wir nicht sprechen: Weiß »Mann« eigentlich, was seiner Frau Lust bereitet? Weißt du das selbst? Seid ihr im Gespräch dazu? Ich habe mit Ende dreißig für mich erfahren, was es wirklich braucht, um mich sicher zu fühlen, aufgehoben. Welche Facette von Liebesspiel in welcher Situation, an welchem Tag. Ob ich Sex mit einer Frau anders genießen kann als mit einem Mann – und warum? Viele der Frauen, die ich berate, erfahren das frühestens mit Mitte vierzig. Manche über Tantra-Seminare oder Frauenkreise. Ganz viele gar nicht!

Und dann kommt einer – der kann's einfach. Oder es fühlt sich für den Moment so an. Was du erlebst, ist dann so, als wärst du dein Leben lang mit Augenbinde in dieser Wüste unterwegs gewesen. Plötzlich ist da der Hüter der Oase und er führt dich an den sinnlich reich gedeckten Tisch. All you can eat – das ist dein Buffet!

Der Toxic-Lover kennt sich auf diesem Gebiet in aller Regel besser aus als die Mehrheit der Männer. Und das überzeugt. Er spürt, was du willst oder brauchst – und ist zu Beginn bereit, dir genau das zu geben.

Das ist das Geheimnis: Du willst mehr und mehr und mehr.

Wir wollen dir hier auf keinen Fall deine neue Liebe vermiesen, liebe Frau, Schwester im Herzen. Wir bitten dich nur: Gib dir mindestens sechs Monate Zeit, diesen Menschen wirklich kennenzulernen, bevor du dich tiefer einlässt. Nach ca. sechs bis zwölf Monaten lassen die Hormone der Verliebtheit nach. Partner, die wirklich etwas für dich empfinden, *dich meinen* und als Partnerin wollen, werden dann immer noch liebevoll an deiner Seite sein.

Wenn du aus einer gesunden und nährenden Beziehung kommst, hast du zumindest schon einmal die Erfahrung gemacht, wie es sich anfühlen kann, eine Partnerschaft auf Augenhöhe zu führen. Damit sinkt dein Risiko, auf einen Menschen mit toxischen Verhaltensmustern hereinzufallen.

Ich habe beides erlebt als Frau – eine erfüllende Sexualität mit einem Partner, aber auch Sex, der einfach nur dem unterdurchschnittlichen Rein-Raus herkömmlicher Sexportale entspricht. Frauenentwürdigender, Männern unwürdiger Sex.

Na ja, denke ich dann hin und wieder. Woher soll das Wissen über nährende und erfüllende Sexualität auch kommen? Ich (Ruth) schreibe darüber, weil mich guter Sex durchaus wie eine Droge in Beziehungen gehalten hat, aus denen ich hätte aussteigen wollen, aber ich konnte es nicht. Und umgekehrt gab es Beziehungen in meinem Leben, in denen die Menschen gepasst haben, der Sex aber meiner inneren lustvollen Feuerfrau nicht die Ehre erweisen konnte. Nicht, weil diese Partner mir Böses wollten, sondern weil wir alle Opfer einer einerseits sehr sexualisierten Gesellschaft sind, die andererseits keine Ahnung von dem heiligen Miteinander zwischen Mann und Frau hat. Wir haben es nicht gelernt.

Liebe Frauen, wenn ihr noch in Beziehungen seid oder euch die nächste herbeisehnt, ich wünsche euch, dir, liebe Leserin, und mir, dass wir unsere eigene Sexualität feiern, unsere Körper, die das Wunder unserer Kinder erschaffen können, unsere vibrierende, lustvolle Weiblichkeit, das Feuer des Lebens. Unsere weibliche Sexualität ist die Quelle unserer Potenziale, unserer Kreativität, unseres Gefühls von Unbesiegbarkeit. Die Welt steht uns offen.

Einer der Schüssel, wieder mehr zu wagen, liegt in der Anbindung an unsere ureigene Lust und Kraft. Unsere Verbindung mit der göttlichen Quelle der Liebe.

Dafür ist es aus meiner Erfahrung mehr als wundervoll, sich im Kreis großartiger Frauen auszutauschen. Das findest du überflüssig? Blöd? Peinlich? Ja, dann hat die Gehirnwäsche einer sehr männlich geprägten Gesellschaft wunderbar funktioniert. Wir wurden über Jahrhunderte als Frauen gedemütigt, sexuell verletzt, sollten keine Lust empfinden, während das Männliche freien Zugang zu Lust und Gewalt in Lust haben konnte. Wir wurden dazu erzogen, brav stillzuhalten. Das Schlimmste daran: Das musste uns niemand sagen. Die meisten von uns haben es hingenommen. Den Schmerz beim Sex, das eine kleine Gefühl, wenn es doch unangenehm ist. Aus vielen Gründen. Scham und Schuld, Unsicherheit, mangelnde Vorbilder. Den anderen nicht verletzen wollen.

Und gerade unsere weiblichen Körper sind so empfindsam. Alles zieht sich sofort zusammen bei Verletzung, bei zu schnellen Bewegungen, der Finger, des männlichen Penis. Bei Bewegungen, die mechanisch sind.

Gerade, wenn wir dann schon einmal sexualisierte Gewalt erfahren haben, ist unser Körper noch verletzlicher, sind unangenehme Begegnungen mit Männern oder Frauen nicht nur in unserem Gedächtnis gespeichert, sondern vor allem auch in unserem Körper.

Ich selbst habe sexualisierte Gewalt erfahren. Es war ein langer Weg für mich zu meiner Lust, die ich fand und wieder einstellte, verlor, vergaß, nicht wichtig nahm, für die ich keine Zeit fand. Aber mein Körper erinnert sich jedes Mal, wenn ich im Yoga bin und es Übungen zur Hüftöffnung gibt, dass hier richtig etwas los ist. Ein Gefühl von – ich explodiere gleich, aber eher unangenehm, kaum aushaltbar. Manchmal laufen mir einfach die Tränen – ohne dass ich sagen kann, woher genau das kommt. Und doch kann ich es fühlen, denn das ist mein Körper, der zu mir spricht. Das ist das Trauma, das mein Körper gespeichert hat. Noch immer. Es ist okay. Ich kann es zulassen. Kann es regulieren. Spüren. Dem Lauschen. Und es ist noch da. Mein Kopf weiß nicht mehr, was das genau war. Mein Körper, jede Zelle, erinnert sich. Ein Hinweis, der mir sagt:

Sei liebevoll mit dir. Lass nur achtsam mit dir umgehen.

Ach, am liebsten würde ich jetzt mit euch ums Feuer sitzen und Geschichten darüber austauschen, wie du, wie ich, wie wir alle unterschiedliche Formen der körperlichen Liebe erfahren haben. War es gut? War es sanft? Hat es dir gefallen? Kannst oder konntest du dich wirklich tief berühren lassen?

Mein persönlicher Heilungs- und Lustweg hat mich auch in die Tantra-Szene hier in Deutschland gebracht. Das war für mich gut, denn ich konnte meine Persönlichkeit und meine Sexualität als Frau ganz neu entdecken. Dabei geht es nicht nur um den von den meisten so hochgelobten Orgasmus – und ich feiere Orgasmen! Ehrlich! Aber der Weg dahin kann so unterschiedlich sein.

Ich weiß ziemlich genau, was ich mag und was nicht, wer oder was mir guttut. Wie ich berührt werden möchte. Das habe ich geübt und ausprobiert. Aber ich weiß auch, dass ich das nicht immer kommuniziere. Je nach Partner. War und ist das Vertrauen groß – kann ich mich wunderbar einlassen und fallen lassen. Aber das ist notwendig.

Und weißt du, was es dafür für mich braucht? Eine vertrauensvolle Atmosphäre von Spaß, nicht alles zu ernst nehmen und dazu ein offener Austausch von Herz zu Herz. Menschen, die nicht über ihre von Herzen empfundenen Gefühle sprechen können, erreichen mein Herz nicht. Und wenn ich meine Herzensangelegenheiten nicht teilen kann – verspüre ich auch keine Nähe. Keine Lust auf Nähe.

Sprechen, das Leben teilen durch Erzählung, Geschichten, das ist unsere Natur, liebe Frau und Schwester. Hierüber können wir feststellen, ob es sicher ist. Wir fühlen uns willkommen und gesehen – wenn das geschieht, darf auch bei vielen von uns mehr Körperlichkeit sein.

Ja, ich weiß, manche f**en einfach drauflos, mit sogenannten »F*boys«. Ehrlicherweise bin ich bei solchen Erzählungen, auch von Prominenten, mit denen ich gesprochen habe, oft erschrocken. Es klang nicht nach einer echten Begegnung im Sex, sondern mehr nach Leistungssport, nach Fassade. Dabei haben Männer und Frauen gleichermaßen so ein großes Bedürfnis danach, sich fallen zu lassen. In Sicherheit miteinander das größte Geschenk der Menschheit zu feiern.

Warum? Im Sex, im Orgasmus, im sinnlichen Miteinander stehen unsere Gedanken still. Wir sind eins mit der Existenz. Mit der großartigen Schöpfung. Dieses Eins-Sein habe ich mit dem einen oder anderen Partner erlebt. Es war für mich so unglaublich bereichernd, erfüllend. Nährend. Es hat mich gestärkt.

Und es hat mich sogar in einer toxischen Beziehung gehalten. Damals wusste ich das nicht.

Das war das Toxische:
Der Mann, der mich später mit einem Messer bedrohte, war auch der Mann, der es verstanden hatte, meinen Körper so zu feiern, dass ich mich vollkommen hingeben konnte.

Wir hatten auf dieser Ebene ein wunderbares Wechselspiel. Tragisch war: Ich war wie auf Droge. Ich war tatsächlich abhängig geworden. Erst von diesem wunderbaren Gefühl, das ich mit ihm zum ersten Mal auf diese Weise gefühlt hatte, mit Ende zwanzig. Okay, immerhin. Das Tragische war eben, dass er sich mir gegenüber verhalten konnte, wie er wollte – ich habe ihm alles verziehen. Ich wollte nur noch einmal mit ihm sein, ihn spüren, diesen Rausch erleben, dann war alles gut. Für diesen Moment. Bis zum nächsten Drama, das bald folgte.

Heißer Sex – der Rausch der Hingabe und Erfüllung – dann wieder Streit, Demütigung, Brainwash. Es war wie eine Choreografie, die sich in unsere Beziehung eingeschlichen hatte. Und ich folgte ihr blind. Weil ich dachte, ich sei in diesen Mann unsterblich verliebt. Dieser toxische Hormoncocktail war die Ursache dafür, dass ich insgesamt zweieinhalb Jahre blieb. Auch nach unglaublichen Ängsten, nach Todesangst, die ich ausgestanden hatte, nach blauen Flecken. Nach irrwitzig gefährlichen Verfolgungsjagden, Demütigungen vor Freunden. Die Hormone haben mich all dies immer wieder vergessen lassen.

Wenn du das kennst, wenn du dich hier wiederfindest, dann klingelt vielleicht gerade ein Glöckchen bei dir? Lass dir eins gesagt sein: Es fühlt sich an wie Liebe. Aber merk dir auch:

Wenn es dich verletzt,
ist es keine Liebe.

Toxic Love Journal

Lost in Love

Welche Punkte könnten dich oder dir nahestehende Personen anfällig für einen Toxic-Lover machen?

Welche Punkte aus den Kapiteln haben dich angesprochen? Wo könntest du dich wiederfinden? Oder siehst du Punkte, die auf eine dir nahestehende Person zutreffen?

____

____

____

____

____

____

Lass dir Zeit – achte auf Details. Wonach bist du gerade hungrig?

Ist deine Beziehung kraftraubend? War eine Trennung heftig? Was brauchst du von einem Mann?

____

____

Wie stehst du zu deiner Familie?

Dein Partner und du – ihr streitet ununterbrochen. Du weinst viel und weißt, du müsstest gehen. Was hält dich?

Nach außen wirkst du stark und selbstbewusst: Wie fühlst du dich abends auf dem Sofa?

Deine aktuelle Beziehung plätschert vor sich hin. Du hast dich arrangiert. Wonach sehnst du dich in der Tiefe?

Du hast einen gut bezahlten Job. Du bist anerkannt und willst die Welt weiter erobern. Dein Partner ist stehen geblieben, während du dich weiterentwickelt hast. Was ist passiert? Welche Ebene möchtest du für dich oder für euch neu beleben?

Wie steht es um dein Sexualleben?

Hat dir ein Mann schon pure Lust schenken können? Kannst du für dich absolute Lust empfinden?

Du hattest noch nie einen richtigen Orgasmus beim Sex. Kannst du dich im Bett wirklich fallen lassen? Was fehlt dir?

Wenn du gehst, bring ich mich um!

Wenn Liebes-Schmetterlinge ihre Situation erkennen und ihre toxischen Blumen schließlich verlassen wollen, wird ihnen das oft sehr schwer gemacht. Es kommt zu Streitigkeiten und zu emotionalen Erpressungen, die sie daran hindern weiterzufliegen.

PSYCHOSPIELE BEI DER TRENNUNG

Die Trennung von ihrem Expartner Bernd ist noch nicht lange her. Sie hatte Inga viel Kraft gekostet. Er drohte mit Selbstmord, als sie ihrem Mann sagte, sie werde ihn verlassen.

»Ich bin einfach aus der Beziehung herausgewachsen«, erzählte sie. Ob es jemand anderen gebe, fragte ich damals neugierig.

»Nicht direkt – aber ja, ich habe einen netten Kollegen in meiner Spanischgruppe. Der zeigt mir, dass mein Herz noch schlägt. Das mit Bernd war nie wirklich die große Liebe. Wir kannten uns seit der Schule. Dann waren wir mit sechzehn ein Paar – und irgendwie sind wir eben zusammengeblieben.«

Inga fasste sich eines Tages ein Herz und sprach ehrlich mit Bernd. Sie sagte ihm klar, dass sie ihn nicht mehr liebte und sich scheiden lassen wollte. Diese Unterhaltung hatte sie sich einfach vorgestellt, gehofft, auch er wäre von ihrer Beziehung ohne Gemeinsamkeiten gelangweilt. Was er für ein »Theater« machte, hatte sie überrascht. Immer wieder rief Inga ihre Freundin Sarah an, erzählte von Psychoterror, der tagelang stattgefunden hatte. Auch nächtelang.

»Wir beide gehören zusammen, für immer«, sagte Bernd. »Schließlich hast du mir bei unserer Hochzeit ein Ver-

sprechen gegeben. Ein Eheversprechen. Bis dass der Tod uns scheidet!« Wie er auf diesem Satz herumritt. Inga war erst irritiert. Dann merkte sie – er meinte das so. »Bis dass der Tod uns scheidet«, er wiederholte es häufig.

»Wenn ich allein ausging, fuhr er heimlich hinter mir her. Er hat mich überwacht, ausgefragt und kontrolliert. Und mir wieder und wieder gesagt, ich könne gar nicht gehen, das sähen seine Eltern auch so.«

Inga nahm stark ab, konnte nicht mehr schlafen. Immer wieder sprachen Sarah, die Bernd auch schon seit der Schulzeit kannte, und Inga über Bernd, es schien kaum ein anderes Thema zu geben.

Sarah redete auf ihre Freundin ein: »Du musst gehen. Du MUSST!«

»Aber er wird sich etwas antun, er sagt, ich wäre schuld an allem.«

»Ja, und wenn?«, antwortete Sarah. »Außerdem glaube ich echt nicht, Inga, dass er das wirklich durchzieht.«

»Aber wenn doch – ich wäre schuld. Ich hätte ein Leben auf dem Gewissen!«

Also blieb Inga bei ihm. Noch zwei lange Jahre. Sie versuchte alles. Gefühle für Bernd hatte sie keine mehr. Das Vertrauen war – bei all der Kontrolle, den Drohungen – längst nicht mehr vorhanden. Angst war ihr ständiger Begleiter geworden. Angst um Bernd. Angst vor Auseinandersetzungen. Sie glaubte, es niemals schaffen zu können. Außerdem konnte sie ihm die Trennung irgendwie nicht antun. Wenn er ihr sagte, dass sie nicht gehen durfte, dass sie zusammengehörten, hatte er doch auch irgendwie Recht, oder?

Eines Abends, nach einem heftigen Streit mit Bernd, zog Inga es dann doch durch. Sie packte ihre Tasche und übernachtete bei Sarah. Und blieb schließlich für zwei Monate. So lange, bis Bernd endlich selbst aus der gemeinsamen Wohnung, deren Mieterin Inga war, auszog.

Ein Szenario wie dieses hier kommt gar nicht selten vor. Eine will die Beziehung verlassen und sieht sich plötzlich mit einer emotionalen Erpressung konfrontiert. Das ist nicht einfach. Doch wenn du es willst, findest du einen Weg. Es gibt Hilfe! Und es wartet viel Schönes auf dich.

Schmetterlinge, die fliegen wollen, finden einen Weg!

Darf ich trotzdem gehen?

Was spielte sich bei einer Frau wie Inga ab? Die langjährige Beziehung war gescheitert. Bernd drohte Inga immer wieder mit Selbstmord. Diese Aussage ist die schlimmste Form emotionaler Erpressung.

Inga erzählte, wie es in dieser Zeit in ihr aussah, dass sie nicht mehr schlafen konnte. Jedes Mal, wenn das Handy klingelte, zuckte sie zusammen. Hatte er sich etwas angetan? Ging es ihm gut? Alle Gedanken drehten sich nur um ihn. Was, wenn er sich wirklich etwas antat und sie Schuld daran hatte? Wie sollte sie jemals seinen Eltern wieder unter die Augen treten? Wie sollte sie ihr eigenes Leben weiterführen? Gleichzeitig aber ekelte sie sich vor ihm. Die Gespräche waren nicht mehr wie früher. Bernd machte Druck. Zog sie an sich, schaute ihr tief in die Augen: »Du gehörst zu mir. Für immer.« Am liebsten wäre sie schreiend weggelaufen, aber sie fühlte sich wie gelähmt. Die Verantwortung, ein Gefühl von Ohnmacht, hielten sie fest im Griff.

Was Inga nicht bewusst auf dem Schirm hatte: Wer sich wirklich das Leben nehmen will, wird Wege finden. Wer bei einer Trennung mit Selbstmord droht, verwendet diese Drohung meist als Erpressungsmittel wie eine emotionale Fußfessel für sein Opfer. In diesem Augenblick bist du nicht mehr die Partnerin. Ihr habt die Augenhöhe längst verlassen. Nun bist du sein Erpressungsopfer. Diese Erpressung kann viele Gesichter haben und mit Stalking, sogar mit Gewaltandrohung oder Gewaltanwendung einhergehen. Deine Gefühle, dein Verantwortungsbewusstsein, deine Schwächen, deine Ängste und Stärken werden in die unfaire Gleichung miteinbezogen. Sogar Kinder werden in die erpresserische Haltung miteinbezogen.

Dein Partner ist dir gegenüber zum Täter geworden. Spätestens jetzt ist es an der Zeit, dir aktiv Hilfe zu suchen. Das ist die oberste Empfehlung die wir geben können.

Es geht um dich!

Stell dir die Frage: Wie wird dein Leben aussehen, wenn ihr so zusammenbleibt – in einem Jahr, in zwei Jahren? In fünf Jahren? Und was werden eure Kinder von euch darüber lernen, wie Beziehung funktioniert? Sie beobachten euch unbewusst und schauen ab, wie Beziehung geht. Sie spüren die Stimmung zwischen euch. Wie sehr glauben sie dir, wenn du sagst, es sei alles in Ordnung? Was glaubst du, wie eure Kinder später ihre eigenen Beziehungen leben werden? Wo verhalten sie sich vielleicht jetzt schon anders, als du es dir wünschst? Wo haben sie bereits gelernt, leise zu treten oder extrem auffällig zu reagieren?

Wenn Liebe zum Monster wird

Auch ich hatte es endlich geschafft, mich getraut, meinem damaligen Freund zu sagen: Ich verlasse dich. Ja, es geht um mich selbst, Ruth, meine Geschichte mit einem damaligen Freund.

Er hatte mich an einem Abend mit dem Messer bedroht – aus Eifersucht. Eine halbe Flasche Vodka und er waren zu einer gefährlichen Mischung geworden. Als ich nach dem Sport zu ihm kam, reagierte er wütend und gereizt. Ich zog meine Jacke an, wollte gehen. Es war kalt draußen. Winter. Schneller, als ich gucken konnte, schnitt er mir den Weg zur Tür ab. Schloss ab. Steckte den Schlüssel ein. Packte mich, zerrte mich ins Wohnzimmer. Schrie mich an. Was dann passierte, daran erinnere ich mich nicht mehr genau.

Die nächste Erinnerung ist: Jemand schreit. Ich (!) schreie. Ich liege auf dem Boden, er kniet über mir, in seiner Hand ein langes Brotmesser. Er umfasst das Messer mit beiden Händen, setzt es auf meinen Brustkorb und drückt zu. Das war's, denke ich. Schreie wohl noch immer. Schreie um Hilfe, um mein Leben.

Irgendwann lässt er los. Zieht mich hoch. Redet auf

mich ein. Keine Ahnung, was er sagt. Es ist, als würde ich nichts hören. Nur Rauschen in meinen Ohren. Was ist passiert? Ich lebe noch.

Später verstehe ich: Meine dicke Jacke hat mich gerettet. Ein Knopf auf Höhe meines Brustbeins. Der blaue Fleck schmerzt noch Tage später und erinnert mich daran, dass dies kein böser Traum war.

Ab jetzt wechseln sich stundenlange Psycho-Talks und Telefonterror ab. Wenn ich ihm aus dem Weg gehen will, verfolgt er mich. Ich erlebe wilde Verfolgungsjagden durch die Stadt – ich auf dem Fahrrad, er im Auto hinter mir her. Er hämmert wiederholt an meine Haustür in einem Mehrparteienhaus. Weil mir das peinlich ist, öffne ich immer wieder. Lasse ihn immer wieder in meine Wohnung. Warum? Ich weiß es damals nicht. Zu dieser Zeit lebe ich in einer WG. Als meine Mitbewohnerin auszieht, aus Angst vor ihm, erkenne ich, dass es wirklich ernst ist.

Damals wusste ich nichts von Selbsthilfegruppen, Therapie oder toxischem Verhalten. Ich war eine junge ahnungslose Frau, die nicht verstand, wie sich die Liebe ihres Lebens in ein solches Monster verwandeln konnte.

Die Therapie, die ich in dieser Zeit begann, hat mein Leben gerettet – und dauerhaft verändert.

Wie findest du die Kraft, eine Trennung durchzuziehen?

Inga hat emotional die Kraft gefunden, sich von ihrem Freund zu distanzieren. Das ist nicht leicht, vor allem, wenn der andere alles daransetzt, um eine Trennung zu vermeiden oder aufzuhalten.

Für manche Frauen braucht es einen einzigen Moment der Erkenntnis, dass es genug ist. Diese Aha-Momente kommen vielleicht in einem offenen Gespräch unter Frauen, mit einer Freundin, weil du dich in Svenja Becks Selbsthilfegruppe angemeldet hast und Geschichten wie deine immer wieder liest.

Meist braucht es ein positives Beispiel oder ein Vorbild anderer Frauen. Wieder anderen hilft es, Freunde an ihrer Seite zu haben, die sie nicht verurteilen, weil sie es noch nicht schafft zu gehen. Eine Reihe von Frauen hat es geschafft, weil sie für ihre Kinder eine bessere Zukunft wollten. Andere haben eine neue Beziehung zu einem »Fluchthelfer« angefangen. Das kann gut, aber auch riskant sein. Und du?

Was brauchst du für eine Veränderung?

Am Ende geht es um deinen Selbstwert. Je eher du diesen wieder findest, je klarer du weißt, was in einer Beziehung für dich akzeptabel ist und was nicht, je mehr du das vor allem fühlst – desto mehr Kraft und Entschlossenheit wirst du aufbringen, um ein neues, ein freies Leben zu beginnen.

Was kannst du tun, um die Trennung durchzusetzen?

In rechtlicher Hinsicht habe ich im Falle einer solchen Trennung als Anwältin einiges zu tun. (Du findest weitere Tipps zur Trennung ab Seite 262.)

Zunächst einmal ist es mir persönlich wichtig, Mandantinnen auch emotional aufzufangen. Wenn Frauen in dieser Situation zu mir kommen, sind sie meistens verzweifelt, gedemütigt, ängstlich oder wütend, enttäuscht oder sie haben resigniert. In einem ersten Gespräch lasse ich sie erzählen, was sich innerhalb der Beziehung abgespielt hat. Dies ist wichtig, um ein Gefühl dafür zu bekommen, welche rechtlichen Schritte ich einleiten kann.

Sandra rät: **Trennungsberatung**

Die Bandbreite bei Trennungen ist sehr groß. Über die Klärung von Mietrechtsfragen, Unterhaltsangelegenheiten bis hin zu umgangsrechtlichen Fragen oder sorgerechtlichen Problemen kann alles dabei sein. Bevor du auf ein halbwissendes Umfeld hörst, hole dir lieber eine fundierte Rechtsmeinung. Und keine Angst vor den Kosten. Es findet sich immer ein Weg. Es gibt für Geringverdiener die Möglichkeit, dass die Kosten für das Verfahren von der Landeskasse übernommen werden.

Bleiben wir beim Beispiel von Inga. Inga ist nach der ersten Trennungsphase in der vormals gemeinsam bewohnten Wohnung geblieben. Wenn Bernd sich geweigert hätte auszuziehen, hätte ich einen Antrag auf Wohnungszuweisung während der Trennungsphase beim Familiengericht gestellt.

Sollte es nachweislich häusliche Gewalt geben, geht ein derartiger Antrag in der Regel ohne Weiteres durch.

Wichtig war in diesem Fall, dass Inga die Mieterin der Wohnung war. Dies machte es natürlich noch einfacher zu erreichen, dass Bernd auszieht. Wenn sich Eheleute trennen, sollte stets daran gedacht werden, dass der Hausrat untereinander aufgeteilt wird. Es sei denn, es wird in Gütertrennung gelebt. Gütertrennung muss notariell vereinbart werden, während die Zugewinngemeinschaft mit Eingehung der Ehe per Gesetz besteht.

Für den Fall, dass Bernd die Trennung nicht akzeptiert hätte und Inga immer weiter beobachtet, gestalkt und ihr das Leben schwergemacht hätte, gibt es die Möglichkeit, ein Gewaltschutzverfahren einzuleiten. Dies ist insbesondere wichtig, wenn körperliche Gewalt im Spiel ist.

Mit einer Anwältin können Betroffene den Antrag so stellen, dass der Antragsgegner (sprich der Expartner) es unterlassen muss, sich dem Anderen in einem Umkreis von zweihundert Metern zu nähern. Wenn gegen einen solchen Antrag verstoßen wird, kann ein Zwangsgeld oder ersatzweise Zwangshaft verhängt werden.

Vielleicht sagst du jetzt: »Das ist zu wenig.« Aber es gibt diese Hilfen. Und aus meiner Erfahrung als Anwältin mit solchen Angelegenheiten kann ich dir sagen, diese Möglichkeiten vorzugehen sind in der Regel wirkungsvoll.

Bernd hat Inga nicht erheblich beleidigt oder sie körperlich angegriffen, aber in anderen Fällen kommt das vor: Hätte er dies getan, wäre konsequenterweise eine Strafanzeige zu stellen. Nun sagst du dir vielleicht: »Na toll, was nutzt mir die Strafanzeige, wenn er weiterhin auf freiem Fuß ist?« Das ist eine berechtigte Frage. Generell ist es so, dass die Polizei einen Wohnungsverweis aussprechen kann. Wenn er weiterhin schwerwiegende Bedrohungen ausspricht, dich beleidigt oder gar körperlich angeht, kann die Polizei auch eine Gefährderansprache machen.

Sollte es sich um Delikte wie Vergewaltigung handeln und diese öfter vorkommen, kann sogar beantragt werden, den Gefährder in Untersuchungshaft zu bringen.

Ich rate meinen Mandantinnen, die sich in so einer Lage befinden, stets, diese Schritte einzuleiten, um von der anderen Seite überhaupt ernst genommen zu werden. Häufig ist es nämlich so, dass Partner nach einer Trennung meinen, dass diese Trennung nicht endgültig ist. Dass es möglicherweise einen Weg zurück gibt. In dieser Phase probieren insbesondere toxische Partner die verschiedensten Wege aus; sie weinen, sie bombardieren mit SMS, sie drohen mit Selbstmord, sie schellen Sturm an der Haustür, sie rufen im Minutentakt an, sie werden aggressiv und bedrohen.

Diese Phase ist für meine Mandantin oft die Schwierigste, da sie absolute Standfestigkeit verlangt. Andernfalls kann sich so eine Trennung zu einer Never-ending-Story werden.

Also, zusammengefasst für dich, die dies gerade liest und Hilfe benötigt: *Lass dich nicht manipulieren. Reagiere nicht mehr auf ihn. Blockiere ihn auf allen Kanälen. Diskutiere nicht mehr mit ihm und lass dir keine Schuldgefühle einreden.* Am besten ist es, dass du absolut keinen Kontakt mehr zu ihm hast. Lass dir auch von Freunden oder deiner Familie nicht erzählen, wie es ihm geht und was er macht. Er wird sich nämlich bei ihnen melden, in der Hoffnung, dass sie Infos an dich weiterleiten. Bestehe darauf, dass du über ihn nicht mehr sprechen willst und auch absolut nichts von ihm hören möchtest. Schütze dich in dieser anstrengenden Phase!

Sandra rät: **Top 10 der ersten Trennungsschritte**

- Trenne dich – und hol dir Hilfe. Trau dich! Du bist nicht die Einzige!
- Wenn er nicht geht, lass ein Wohnungszuweisungsverfahren einleiten.
- Sammle Beweise, die du beim Familiengericht einreichen kannst.
- Wenn er dich bedroht, dann stell einen Gewaltschutzantrag.
- Teile den Hausrat auf. Alles, was du vor der Ehe gekauft hast, ist dein Eigentum, und alles, was er vor der Ehe gekauft hat, gehört ihm. Was ihr während der Ehe angeschafft habt, müsst ihr aufteilen, da ihr beide Eigentümer dieser Sachen seid.
- Nenne ihm schriftlich drei Termine, an dem er seine Hälfte der Möbel abholen kann. Nimm dir am Abholtermin Zeugen hinzu.
- Blockiere ihn, wenn erforderlich, überall – telefonisch und auf allen Social-Media-Kanälen.
- Reagiere nicht auf ihn!
- Bei körperlicher Verletzung, Bedrohung oder bei Stalking erstattet eine Strafanzeige.
- Reagiere nicht auf Drohungen wie z. B. »Ich bringe mich um!«. (Diese Aussage stellt im Übrigen keinen Straftatbestand dar.)

Wieso ziehe gerade ich immer wieder solche Typen an?

»Ich fasse es nicht, dass ich schon wieder auf den gleichen Typen hereingefallen bin.« »Egal, was ich mache, irgendwann entpuppt er sich doch wieder als Narzisst.« »Ich glaube, ich bleibe lieber allein, ich habe kein gutes Händchen bei Männern.« »Es ist, als würde ich toxische Männer magisch

anziehen.« Solche Sätze hören wir oft von Frauen, deren Beziehungen nach einiger Zeit immer in dieselbe Richtung abzudriften scheinen und die sich nicht erklären können, wie das passiert. Ist es also reiner Zufall, ist es einfach nur Pech in der Liebe?

Um diese Frage zu beantworten, lohnt es sich oft, einen Blick in die eigene Vergangenheit und die Beziehung zu den Eltern zu werfen. Toxische Beziehungen gibt es nämlich nicht nur zwischen Frau und Mann, sondern sie spielen auch immer wieder in Umgangsverfahren eine Rolle, wenn es um die Beziehung zwischen Mutter, Tochter und Enkel geht. Dabei bedeutet Umgangsverfahren ein Verfahren, in dem geklärt wird, wer wann Kontakt zu den in Rede stehenden Kindern oder Enkeln hat und wie lange.

Stell dir vor, du hast ein Kind zur Welt gebracht. Eigentlich ist die Welt in Ordnung. Wäre da nur nicht deine bereits seit Jahren bestehende, toxische Beziehung zu deiner Mutter, somit der Großmutter des geborenen Enkels. Oft hält auch dieses Muster schleichend Einzug. Die Großmutter bietet sich an, auf den Enkel aufzupassen, tut dies aber nicht aus Selbstlosigkeit, sondern, um ihre eigene Einsamkeit auszufüllen. Der Enkel wird schnell zum Partnerersatz. Da deine Mutter weiß, dass es vermeintlich eine große Hilfe für dich ist, wenn sie den Enkel öfter zu sich nimmt, weil du so mehr Raum für dich hast, nimmst du zunächst diese »Hilfe« dankend an.

Aber mehr und mehr dringt die Großmutter in das Verhältnis zwischen dir und deinem Kind ein. Wenn du, dein Kind und deine Mutter gemeinsam Zeit verbringt, wird dies besonders deutlich. Sie mischt sich ein. Und zwar immer und immer wieder. Dein Kind bemerkt dies und verhält sich entsprechend.

Deine Mutter gibt dir mit ihrer Art mehr und mehr das Gefühl, als Mutter zu versagen, das Kind nicht richtig zu erziehen. Wenn du dein Kind tadelst, schüttelt deine Mutter vehement den Kopf, sodass dein Kind signalisiert bekommt: Das, was du machst, ist falsch.

Wenn du sagst, dein Kind soll um sieben Uhr abends ins Bett gehen, meint deine Mutter, dies wäre zu früh. Wenn du deinem Kind gesunde Ernährung beibringen möchtest, torpediert deine Mutter dein Vorhaben, indem sie deinem Kind stets Süßigkeiten mitbringt, begleitet von dem Satz: Ein Kind braucht auch mal eine kleine Freude. Wenn du deinem Kind auf dem Spielplatz Freiraum gibst, um sich auszutoben, meint deine Mutter, du seist zu nachlässig. Du bittest und flehst, dass deine Mutter dich als Mutter respektiert, aber sie geht darüber hinweg, missachtet dich und deine Bedürfnisse.

Dein Kind bemerkt dies schnell und befindet sich irgendwann in einem Loyalitätskonflikt, den du bemerkst. Die Lage mutiert für dich zu einem »Horrortrip«; du läufst ständig wie »auf Eiern«, um nicht ständig in den Mutter-Tochter-Konflikt hineinzutappen, wenn es um dein Kind geht.

Es ist so wichtig, was wir unseren Kindern vorleben.

Insbesondere im Alter zwischen der Geburt bis zu zehn Jahren ist der denkende Teil noch nicht so stark ausgeprägt. Alles, was die Kinder sehen, fühlen, erleben, wird direkt über ihr Gefühl aufgenommen und auf der inneren Festplatte gespeichert. Wir kennen sicher von uns selbst, welche Auswirkungen das frühkindlich Erlernte auf uns im Erwachsenenalter hat. Gerade in der Schwangerschaft fiel mir auf, welche Macken und Verhaltensweisen ich auf einmal an den Tag legte, von denen ich merkte: so wollte ich nie sein. Ich verhielt mich so oft wie meine Mutter, wurde auf einmal bevormundend, ungeduldig. Die Hormone haben einiges zutage gefördert! Und auch in meinen Beratungen, wenn ich direkt mit Frauen spreche und mir diese von ihrer oft bedrückenden familiären Situation erzählen, frage ich: Woher kennst du das aus deiner Herkunftsfamilie? Und fast immer gibt es Parallelen zum Verhalten des Vaters oder der Mutter, in Ingas Fall war es die Großmutter.

Die Personen, die uns im Aufwachsen begleiten, beeinflussen uns durch ihr Vorbild. Wir lernen als Kinder durch das Beobachten unserer Vorbilder. Hinterfragen wir das? Nein, so wie die meisten Menschen nicht hinterfragen, ob die Erde kugelförmig ist. Wir werden mit bestimmten Konzepten groß und halten sie für richtig. Darauf bauen wir dann unser Weltbild und unser Verhalten auf. Immer wieder spreche ich mit Frauen, die von toxischen Müttern berichten. Sie erzählen von aufbrausenden uneinsichtigen Elternteilen. Der Umgang mit erlernten Verhaltensweisen im Erwachsenenalter ist dann abhängig davon, wie bewusst ich mir dessen bin.

»Und warum ist es bei mir immer der gleiche Typ Mann?«, fragen mich viele. Wenn du dich das ebenfalls fragst, dann knüpfen wir hier gleich einmal an. Natürlich ist das ein Thema, das im Einzelfall einer gründlichen Aufarbeitung bedarf. In Coachings erkläre ich es meist so:

Wir lieben, was wir kennen.

Wenn ich als Kind gelernt habe, dass es normal ist, wenn meine Grenzen überschritten werden, ist das möglicherweise etwas, das mir in meiner Paarbeziehung als Erwachsene immer wieder begegnet.

BESCHWICHTIGUNG: ES WAR JA NUR EIN MAL …

Ein typischer Fall in der Praxis: Lara kam zu uns, weil ihr Sohn in der Schule auffällig wurde. Sie suchte Hilfe, um ihn besser zu unterstützen. Es stellte sich heraus, dass Lara mit ihrem neuen Freund Bastian zusammenwohnte. Er war zu ihr gezogen. Am Anfang war alles fein, irgendwann, unter Alkoholeinfluss, gab es den ersten vieler folgender Streits. Lara berichtete, dass er sie eines Tages auf das Bett warf und ihr die Kehle zudrückte. Ihr Sohn Yannick, damals elf Jahre, wurde Zeuge dieser Situation.

Lara rechtfertigte in der Beratungssitzung Bastians Verhalten. Das sei »ja nur ein Mal vorgekommen«. Er habe sich danach auch dafür entschuldigt. In späteren Gesprächen berichtete sie, dass sie Monate später schwanger von ihm war und das Kind früh verloren hatte. Unter Tränen berichtete sie ihm davon. Als sie das Kind verlor, befand Bastian sich geschäftlich auf Reisen. Seine knappe Antwort: Sie solle sich »nicht so anstellen«. Das sei ja noch ganz früh gewesen.

So und ähnlich ließ Lara immer wieder zu, dass Bas-

tian ihre Grenzen überschritt; durch Abwertungen, Streits, Vorwürfe, Gefühlskälte. Erst als wir in der Beratung über ihre Herkunftsfamilie sprachen, wurde Lara bewusst, dass sie bis heute kein gutes Verhältnis zu ihrem Vater hatte und wie dies möglicherweise mit der Wahl ihres Partners zusammenhing. Ihr Vater war Trinker. Irgendwann reduzierte sie den Kontakt zu ihm. Aber in ihr gab es einen Teil, der das Alte noch nicht verarbeitet hatte. Es gibt in fast jedem Menschen verletzte kindliche Anteile, die geheilt werden wollen.

Lara entschied sich, eine intensive Therapie zu machen, in der sie lernte, sich gut um sich selbst und ihre Bedürfnisse zu kümmern, klare Grenzen für sich zu etablieren und diese genauso klar zu kommunizieren. Privat, beruflich, im Freundeskreis.

Sie verstand, dass es wichtig für sie selbst, vor allem auch für ihren Sohn, war. Mittlerweile hat sie gelernt, nicht alles stillschweigend hinzunehmen und sich dabei ständig schlecht zu fühlen. Sie lernte außerdem, mit ihren Schuldgefühlen umzugehen und Yannick eine Stütze zu sein.

Wenn wir wollen, dass unsere Kinder stark und selbstbewusst durch ihr Leben gehen, ist es unsere Aufgabe als Eltern oder nahe Verwandte, ihnen starke, liebevolle und selbstbewusste Vorbilder zu werden. Nur so geben wir ihnen den Raum, selbst zu starken, selbstbewussten und liebevollen Menschen heranwachsen zu dürfen. Ob wir dazu perfekt sein müssen? Auf keinen Fall. Das wäre ein anderes Extrem – unperfekte Eltern, die ihre Fehler geradebiegen, sich entschuldigen können und aus ihren Fehlern lernen, sind unserer Auffassung nach ein Geschenk für ihre Kinder.

So es ist wichtig, dass wir uns auf den Weg machen und Verantwortung für unser Leben, unser Tun und unser Unterlassen erlernen. So gewinnen wir mehr Sicherheit und Selbstsicherheit für uns selbst und werden zu einem Geschenk für unser Umfeld. Das ist der Weg in die Freiheit, den wir alle uns doch so sehr wünschen.

Lara hat das für sich verstanden und geht diesen Weg geduldig weiter. Im Übrigen macht auch Bastian mittlerweile eine Therapie. Er hat sich einer Selbsthilfegruppe für gewaltbereite Männer angeschlossen. Und Laras Sohn Yannick ging eine Zeit lang ebenfalls zu einer Psychologin und hat nach einigen Sitzungen entschieden, das nicht mehr zu brauchen. Ist das gut so? Ja. Sobald Eltern die Verantwortung für ihr Leben übernehmen, müssen Kinder nicht mehr auffällig werden. Sie spüren dann, dass etwas in ihrem Leben sicherer wird.

Solltet ihr also »verhaltensauffällige« Kinder haben, könnt ihr euch liebevoll die Frage stellen: Gibt es in unserer Familie etwas, auf das wir genauer schauen sollten? Gibt es etwas, womit wir ehrlicher umgehen könnten – zum Wohle aller? Und wie könnten wir das mit einem ersten Schritt in die Tat umsetzen? Indem wir genau hinsehen und unsere Beziehungen betrachten: Denn gesunde Beziehungen sind ein sicherer Raum, in dem alle Beteiligten miteinander aufblühen können.

Barbara Schäfer (eine Kollegin im Kinderschutzverein MitMenschlichkeit) sagte einmal:

»Es ist kein Verbrechen, sich in einer beschissenen Situation zu befinden«

Und genau diesen Satz möchten wir dir ans Herz legen. Oder dir empfehlen, ihn deiner Freundin weiterzusagen, die sich in solch einer Situation befindet. Es kann schlicht jeder passieren, dass sie wie unser Frosch einfach übersieht, dass der Zeitpunkt, ohne Blessuren abzuhauen, überschritten ist. Doch es bleibt immer noch Zeit zu handeln.

Das Leben ist nicht vorbei, nur weil du einmal eine Ausfahrt am Highway des Lebens verpasst hast!

Toxic Love Journal

Beziehungskompass

Bewusstheit über das, was geschieht, ist dein Schlüssel zum Ausstieg aus toxischen Verbindungen.

Daher haben wir dir eine Checkliste vorbereitet, die du gern selbst erweitern kannst. Wenn du ehrlich eine Bestandsaufnahme machst, welche der nachstehenden Punkt kannst du für dich ankreuzen? Und bedenke: Es geht hierbei nicht um Schuld, nicht darum, dass du dich für irgendetwas schämen müsstest. Ganz im Gegenteil.

Deine Checkliste – typische Merkmale von Frauen, die in toxische Beziehungen gelangen:

- Du sehnst dich nach einer verlässlichen Partnerschaft. Du hast wenige gute Erfahrungen mit nährenden, sicheren Beziehungen gemacht.
- Du hast ein gutes Herz und willst andere nicht verletzen.
- Du kannst dich gut auf andere einstellen und nachvollziehen, was in ihnen vorgeht.
- Du nimmst dich oft zurück und passt dich an.
- Klare Grenzen zu setzen, Nein zu sagen, fällt dir eher schwer.
- Scham und Schuld sind Gefühle, die du gut kennst.
- Dein Selbstwert liegt zu Beginn einer Beziehung auf einer Skala von 1 bis 10 bei unter 5.
- Du hast anfangs gar nicht gemerkt, wie er dich abwertet oder dir Vorschriften macht. Dann ist es irgendwie zur Gewohnheit geworden.

- Du hast bereits Gewalt in deinem Leben kennengelernt: emotionale Gewalt, Mobbing, Abwertung oder körperliche Gewalt bis hin zu sexualisierter Gewalt.
- Wenn du Kinder hast: Du glaubst, deine Kinder bekommen nichts von all dem mit.

Fällt dir noch etwas ein, das dich an deine Beziehung erinnert? Etwas, von dem du jetzt sehen kannst, dass es wie eine Eintrittskarte gewirkt hat?
Worauf wirst du in Zukunft möglicherweise nicht mehr direkt anspringen, weil du erkannt hast, dass es ein altes unbrauchbares Muster ist?

11 PORTIONEN GIFT – KREISLAUF DER TOXISCHEN BEZIEHUNG

»Du wirst deine Freunde nicht mehr treffen!« Ich (Ruth) erinnere mich noch, wie mein damaliger Freund Bernd das so unumstößlich und selbstverständlich zu mir sagte. Ich schaute ihn erstaunt und irritiert an. Hatte er das gerade ernsthaft gesagt? Wie konnte der Mann, in den ich mich so unsterblich verliebt hatte, dieser wunderbar charismatische und weltoffene Mann, das von mir verlangen? Wie war es so weit gekommen?

Das toxische Gift schleicht sich in verschiedenen Varianten in das Beziehungsleben. Meist sogar ziemlich rasch, doch die Anzeichen übersehen wir oft. Im Gegenteil: Wir verwechseln sie sogar mit Beweisen für besondere Liebe. Häufig wird in toxischen Beziehungen eine Art Reihenfolge angegeben, innerhalb derer sich eine immer giftiger werdende Beziehung äußert. In diesem Kapitel stellen wir dir elf Portionen des heimtückischen Gifts vor.

Die 1. Portion toxische Liebe – Love Bombing

Der Himmel hängt voller Geigen. Dein Partner ist charismatisch, aufmerksam, zuvorkommend. Er himmelt dich an und tut alles für dich. Du wirst auf Händen getragen. Niemals hättest du dir in deinen schönsten Prinzessinnen-Träumen vorstellen können, so einen tollen Mann abzubekommen. Womit hast du ihn nur verdient?

Diese Phase des *Love Bombing* kann Wochen andauern, manchmal auch Monate. Wir haben über diese erste Phase bereits ausführlich gesprochen (siehe Seite 42).

In dieser Phase hast du noch alles in der Hand. Genieße die Aufmerksamkeit, aber schau genau hin, mit wem du es zu tun hast!

Die 2. Portion toxische Liebe – Speed kills, alles geht so schnell

Schnell bekommst du erste große Geschenke. So etwas hast du noch nie erlebt. Wow! Du bist ihm so viel wert! Vielleicht drängt er schon nach kurzer Zeit auf ein Zusammenziehen. Ihr verreist – er zeigt sich großzügig. Nach außen hin ist alles perfekt. Da ist er endlich – dein Prinz auf dem weißen Ross. Du bist glücklich wie noch nie in deinem Leben. Du würdest alles für ihn tun.

Deine Freunde siehst du jetzt eher selten. Aber ist das nicht normal, in dieser Phase der Beziehung? Und im Grunde sind sie wahrscheinlich eifersüchtig, weil sie vor ihm warnen.

Du willst jeden Augenblick dieses Traums genießen. Ihr verbringt intensive Zeit zu zweit. Du fühlst dich ihm emotional sehr nah und verbunden. Das hast du dir schon so lange gewünscht. Eine so intensive Liebe und tiefe Seelenverwandtschaft. Er meint es ernst! Endlich einer, der Zukunftspläne schmiedet, bei dem du dich nicht so anstrengen musst, um es ihm recht zu machen. Er liebt dich so, wie du bist. Und wie er liebt! Du kannst gar nicht genug von ihm bekommen. Du siehst ihn praktisch Tag und Nacht, es geht von null auf hundert. Wie im Märchen. Wie im Film. Du bist Pretty Woman und das Wunder gibt es doch!

Da ist ein leiser Ton irgendwo tief in dir? Tritt einen Schritt zurück! Was würdest du deiner besten Freundin sagen?

Die 3. Portion toxische Liebe – Der erste Knall

Es passiert ohne Vorwarnung: der erste Streit. Du verhältst dich an einer Stelle nicht so, wie er es will. Er reagiert wie aus dem Nichts mehr als aufgebracht.

Der Anlass kann eine Kleinigkeit sein, mit der du überhaupt nicht gerechnet hast: Du willst mit einer Freundin ein paar Tage ohne ihn verreisen. Das lässt er nicht zu. Ihr seid schließlich ein Paar. Ihr verreist auf jeden Fall gemeinsam. Du postest Bilder auf Instagram oder TikTok, die er »zu sexy« findet. Er erklärt dir, dass nur er dich so sehen darf. Er fragt dich, warum du *schon wieder* den Zucker nicht dorthin gestellt hast, wo er hingehört. Er nörgelt an dir herum. Kritisiert dich für Dinge, die eigentlich nicht nennenswert sind. Du hörst Sätze wie: *»Antworte einfach auf meine Frage!« »Wieso fragst du mich das jetzt?«*

Es kann sein, dass ihr in dieser Phase streitet, dass du dich verbal zur Wehr setzt. Du bist schließlich eine moderne, emanzipierte Frau. Du hast deine Prinzipien. Es geht hin und her: »Du hast …« – »Nein, aber du! …«

Wenn Sex in dieser Phase ein wichtiges Bindeglied zwischen euch ist, dann habt ihr entweder vor dem Streit intensiven, heißen Sex – oder der Versöhnungssex hinterher glättet die Wogen wieder.

Aber ein Streit ist doch normal, sagst du. Woran erkenne ich, ob es sich um einen »normalen« Streit handelt oder um einen Toxic-Lover-Streit? Nach einem normalen Streit kann sich dein Partner für sein Verhalten entschuldigen. Streiten ist wichtig in einer Beziehung, weil so Grenzen klar werden – damit bin ich einverstanden, mit etwas anderem nicht mehr. Dann geht es darum, das zu verstehen und miteinander zu verhandeln. »Normale« Paare können so etwas besprechen. In toxischen Beziehungen gibt es keine Lösung.

Meist weist ein Partner dem anderen die Schuld zu, es wird laut, manchmal sogar körperlich aggressiv. Selbstreflexion – Fehlanzeige. Immer wieder berichten Frauen aus ihren Beziehungen: Der toxische Partner hat *immer* Recht. Wir listen dir hier ein paar typische Merkmale für Streits mit einem toxischen Partner auf.

Typisch für einen toxischen Streit sind folgende Merkmale:

- Ein Gespräch eskaliert aus dem Nichts – über alltägliche Kleinigkeiten. Du bist beim ersten Mal noch völlig erstaunt. Mit der Zeit gewöhnst du dich daran und bemerkst es kaum, dass das dein neues »Normal« ist.
- Du hast immer wieder das Gefühl, er macht alles richtig, du machst alles falsch – und er sagt dir auch jedes Mal, was genau du falsch machst und was an dir falsch ist. Dein Selbstwert geht in den Keller.
- Dein Partner sieht nur sich, seine Wahrheit. Du erlebst ihn als absolut uneinsichtig. Du hast das Gefühl, dagegen kommst du nicht an. Du zweifelst an dir und deiner Wahrnehmung. Du fängst vielleicht an, Dinge aufzuschreiben, weil du so verwirrt bist nach jedem Gespräch.
- Schuld sind immer die anderen. Wenn es keine anderen gibt, ist die Gesellschaft schuld, äußere Umstände. Es fehlt die Übernahme von Eigenverantwortung. Du hörst wiederholt Du-Botschaften: Wenn du nicht so wärst, wäre alles in Ordnung.
- Deine Grenzen werden immer wieder überschritten: Wenn du ihn bittest, etwas nicht zu tun, wird er mit den besten Rechtfertigungen nur das tun, was er für richtig hält. Deine Meinung wird dabei übergangen, immer wieder. Vielleicht reagierst du wütend – und ihr geratet in einen weiteren Streit, den er beendet. Er straft dich danach mit Schweigen.

- Silent Treatment: Er straft dich mit Schweigen. Nach einem Streit geht er aus dem Kontakt, läuft einfach weg. Schweigt, meldet sich nicht. Oft tagelang. Wenn ihr nicht zusammen wohnt, antwortet er nicht auf Nachrichten von dir. Dieses Verhalten laugt dich aus. Du weinst, trauerst. Fühlst dich ohnmächtig. Hilflos. Auf jedes kleine Lebenszeichen reagierst du aufgeregt! Endlich! Er meldet sich wieder.
- Emotionaler Druck und Erpressung. Er sagt dir, warum du ihn nicht verlassen kannst. Du hörst, dass du es ohne ihn nicht schaffen wirst. Ihr gehört zusammen, bis dass der Tod euch scheidet. Du wirst es finanziell nicht hinbekommen. Wovon willst du leben? Er droht damit, dir die Kinder wegzunehmen, und vieles mehr. Er droht mit Selbstmord, damit, das Haus anzuzünden. Du stehst dabei unter permanentem Druck, schläfst aus Angst schlecht. Malst dir all die Horrorszenarien im Kopf aus und fühlst dich verantwortlich.
- Er erzählt Lügen über dich in eurem Freundeskreis. Isoliert dich mehr und mehr sozial. Du fühlst dich einsam, schämst dich.
- Kontrolle. Er kontrolliert dein Handy, mit wem du dich triffst, was du anziehst, welche Bilder du bei Instagram postest, was du sagst, wie du dich schminkst. Du hast das Gefühl, dich ständig rechtfertigen zu müssen.
- Ganz wichtig zum Schluss: Es gibt keine Lösungsfokussierung. Er hat Recht – du bist im Unrecht. Er redet dich schwindlig. Stundenlang. Du hast argumentativ keine Chance. Du fühlst dich unterlegen, klein. Resignierst. Gibst ihm Recht und tust alles, damit endlich Ruhe einkehrt.

Ob dir eine Beziehung guttut, findest du heraus, indem du dich fragst: Fühle ich mich sicher? Fühle ich mich mit diesem Menschen gut aufgehoben? Kann ich die sein, die ich bin?

Ein Streit in einer Beziehung ist okay.
Bist du okay?

Die 4. Portion toxische Liebe – du senkst Beziehungsstandards

Der erste Streit war furchtbar. Doch dann war es wieder schön. Bis zum nächsten Streit. Nach den ersten Auseinandersetzungen nimmst du dich zurück.

Du fängst an leisezutreten, Sätze zu vermeiden, die ihn auf die Palme bringen könnten. Du telefonierst nur noch heimlich mit deinen Freundinnen oder Freunden. Alles, wirklich alles, versuchst du, um es ihm recht zu machen. Damit es nicht wieder eskaliert zwischen euch. Du schweigst, statt zu widersprechen. Leider regt ihn das meistens noch mehr auf. Oder du gibst Kontra – und lernst ihn dann so richtig kennen. Er fasst dich grob an. Oder er ignoriert dich völlig. Schweigen. Über Tage. Das *Silent Treatment.* Dann redet ihr nicht mehr darüber.

Es wird zur Gewohnheit. Deine Freundinnen sagen dir vielleicht schon lange, dass das nicht okay ist. Vielleicht fühlst du dich unverstanden. Oder du hast ein schlechtes Gewissen. Egal, wie sehr du dich anstrengst, von Glück ist jetzt nicht mehr viel zu spüren. Du hast dich an die Stimmung in eurer Beziehung gewöhnt. Dabei ist dir das meistens nicht einmal bewusst.

Und manchmal, ganz kurz, ist er ja auch wieder so wie

früher. Er nimmt dich in den Arm. Vielleicht hörst du Sätze wie: *Nur wir zwei. Wir schaffen das*. Währenddessen trittst du weiter leise, versucht, alles zu tun, um Auseinandersetzungen zu vermeiden. Du denkst Sätze wie: Wenn *ich* mich nur mehr anstrenge ... dann schaffen wir das.

Dreht sich dein Denken nur noch um ihn? Denkst du bei allem, was du tust, darüber nach, wie er es bewertet? Hast du Angst, dass etwas an dir ihn stören könnte?

Die 5. Portion toxische Liebe – Gaslighting

Du merkst es kaum, wie er dich manipuliert und verunsichert. Die Temperatur im Kochtopf steigt. Irgendwie weißt du längst nicht mehr, was richtig und was falsch ist. In Diskussionen fühlst du dich unterlegen. Er hat das letzte Wort. Immer. Seine Argumente punkten. Immer. Danach fühlst du dich verwirrt, traurig, hilflos, niedergeschlagen, hast sogar ein schlechtes Gewissen oder Schuldgefühle. Du fühlst dich verunsichert. Jeden Tag mehr.

So oft hast du nun gehört, dass etwas an dir falsch ist, wie du sprichst, was du sagst, was du falsch verstanden hast, dass du selbstsüchtig bist, egoistisch. Was er alles für dich getan hat. Für deine Kinder. Er selbst nimmt sich hingegen wie selbstverständlich alles heraus, kann reden und dich bewerten oder abwerten, wie er will. Er stellt sich vielleicht selbst als Opfer dar – weil du etwas tust, das für ihn verletzend ist. Es fühlt sich für dich so an, als hätte er alles im Griff und du nichts. Er bekommt am Ende stets seinen Willen. Was er mit dir tut, nennt man Gaslighting. (Ab Seite 133 liest du mehr davon.)

Eure Gespräche drehen sich im Kreis. Sie gehen oft über Stunden. Du versuchst, dich zu erklären, zu rechtfertigen. In deinem Kopf herrscht Nebel. Alles in dir fühlt sich irgendwie erschöpft an. Du weißt nicht mehr, was du gesagt oder gehört hast. Du fühlst dich jedes Mal mehr verunsichert. Aber du willst es immer noch hinbekommen. Es hat schließlich einmal so schön angefangen. Du erinnerst dich an die wundervolle Zeit zu Beginn eurer Beziehung.

Etwas in dir denkt: Er ist doch eigentlich ganz anders.

Die 6. Portion toxische Liebe – Silent Treatment

Schweigen nach einer Diskussion, einer Meinungsverschiedenheit wird von ihm wie eine Waffe benutzt. Du wirst nach einem Streit wortlos stehen gelassen. Du bist anderer Meinung. Du hast eine Idee oder sogar eine Forderung geäußert. Dein Partner verlässt daraufhin das Haus. Du weißt nicht, wann er zurückkommt – oder *ob* er zurückkommt.

Er spricht stundenlang oder tagelang nicht mit dir. Das Schweigen zermürbt dich. Irgendwann hört es auf – als wäre nichts gewesen, geht es einfach weiter im Text. Es ist eine Möglichkeit, dich als Partnerin nachhaltig zu verunsichern. In der Psychologie wird diese Vorgehensweise als passiv-aggressives Verhalten bezeichnet. Begleitet wird es oft von einem versteinerten Gesicht, einer abweisenden Körperhaltung. Kompletter Emotionslosigkeit. Die finale Steigerung dieses Verhaltens ist das *Ghosting* – der vollständige Kontakt- und Kommunikationsabbruch. Du versuchst an ihn heranzukommen – er zieht sich nur noch mehr zurück.

Viele Frauen beschreiben Silent Treatment als etwas, das sie schier verrückt gemacht hat: nicht zu wissen, wie es weitergeht, die Situation nicht zu klären. Das Gefühl der Isolation. Die fehlende Bereitschaft oder das fehlende menschliche Vermögen, einen kleinen Streit auch wieder beizulegen.

So führen viele solcher kleinen Momente in der Ansammlung dazu, dass sich ein Partner, oft sogar beide, in einer solchen Beziehung nicht mehr wohlfühlt. Fehlende Streitlösungskompetenzen zerstören kurz- und mittelfristig jede noch so große Liebe. Es kann sein, dass beide mit der Zeit kein realistisches Gefühl mehr dafür haben, was hilfreich ist und was nicht. Und diese Strategien von »Kommher-geh-weg« ziehen sich oft durch Beziehungsmuster. Viele

Menschen gehen sogar immer wieder Beziehungen ein, wo sich jedes Mal das Gleiche abspielt.

KOMM HER – GEH WEG

Peter und Rita haben sich gestritten. Peter packt seine Tasche und geht. Beide besitzen ein Ferienhaus. Ein Streit eskaliert mittlerweile alle ein bis zwei Wochen. Jedes Mal packt Peter seine Tasche und geht. Er sagt, er kommt wieder, aber nicht, wann. Nach zwei Tagen des Null-Kontakts steht er dann in der Tür. Rita hat das Gefühl, er tut so, als sei nichts gewesen. Sie hat Angst, mit ihm darüber zu reden, weil sie fürchtet, dass dies gleich wieder zu Streit führt. Das ist die Dynamik der beiden, aus denen sie keinen Ausweg finden. Rita spricht das Thema immer wieder an, macht Vorschläge. Für Peter sind diese uninteressant – vermutet sie, denn er reagiert auf keinen der Vorschläge. Rita fühlt sich ausgegrenzt, ausgebremst und hilflos. Wenn Peter mit ihr Sex will, hat sie keine Lust mehr. Sie wünscht sich Freundlichkeit und emotionale Nähe. Er wünscht sich körperliche Nähe. Sie fühlt sich bedroht, er fühlt sich unbefriedigt und ungeliebt.

Ist Schweigen bei euch ein Beziehungsmuster?

Die 7. Portion toxische Liebe – du bist schuld

Egal, was zwischen euch schiefläuft, du bist schuld. Jetzt nicht mehr ab und zu – sondern *immer*.

Einer meiner Partner sagte mir (Ruth), nachdem ich die Trennung bereits ausgesprochen hatte: »Du hast so viele rote Rabattmarken in dein Heftchen geklebt und es mir nie gesagt.« Er wies also klar allein mir die Schuld am Scheitern der Beziehung zu. Er meinte damit, dass ich ihm nie gesagt hätte, was mir in der Beziehung nicht passte. Und glaube mir, zu der Zeit war ich schon lange als Paarberaterin mit großer Erfahrung tätig. Diese Beziehung war ich bewusst eingegangen und hatte schon viel über mich und toxisches Verhalten in meinem Leben gelernt. Ob es der Alkohol war, den er in zu großen Mengen und sehr regelmäßig trank, kann ich nicht mit völliger Sicherheit sagen. Oder eine frühkindliche Bindungsstörung, die sein Therapeut ihm diagnostiziert hatte – es kann vieles sein. Es gibt viele Gründe in unserem Leben, warum wir plötzlich in destruktiven Mustern unterwegs sind. Das ist an sich nicht schlimm – solange wir bereit sind, diese Muster zu sehen, anzuerkennen und verändern zu wollen.

Bei ihm verhielt es sich aber so, dass er sein Verhalten nicht reflektierte, sondern mir sagte, was bei mir nicht stimmt. Offenbar hatte er keine Erinnerung daran, dass ich Dutzende Male mit ihm über die gleichen Vorfälle gesprochen habe: Streits, die eskalierten. Alkohol, den er regelmäßig trank. Den er auch weitertrinken wollte, wie er deutlich machte. Vielleicht einmal während einer Trainings-Diät-Phase nicht. Er war supersportlich und ernährte sich sehr bewusst. Aber Alkohol war sein ständiger Begleiter. Ein guter Wein ist ja gesellschaftlich akzeptiert. Leider. Zwei bis drei Gläser Wein in der Mittagspause zum leichten Salat waren Standard. Am Abend, am Wochenende mehr. Wein trank er wie Wasser. Was ich erst bewusst feststellte, als wir schon zusammengezogen waren.

»Du und ich und Alkohol – werden nicht gemeinsam unter einem Dach leben«, sagte ich ihm sehr klar. Also unter Druck setzen lasse er sich von mir sicher nicht, machte er klar. Wenn ich deswegen die Beziehung aufgäbe – dann würde ich ja meine Prinzipien über alles stellen. Unglaublich fand er das! Und deswegen trug ich aus seiner Sicht die Schuld für das Ende unserer Beziehung. Das war für ihn glasklar. Dass ich ihn gebeten hatte, mir zu sagen, was er beitragen wolle, damit wir unsere Beziehung retten – mehrfach, auch schriftlich: Fehlanzeige. Ich hatte ihm angeboten, ihn dabei zu unterstützen, wenn er einen Entzug machen wolle. Das war keine Option, denn er »hatte kein Problem«. Er stritt oft mit mir und verschwand dann für Tage in sein Ferienhaus – ohne mit mir zu sprechen *(Silent Treatment)*. Ich bat ihn, mit mir in Kontakt zu bleiben, sich zu melden, mir zu sagen, wann er wiederkäme.

Süchte sind übrigens oft Bestandteile von toxischem Verhalten. Jemand, der Drogen konsumiert, ist schnell nicht mehr in der Lage, liebevoll, achtsam oder reflektiert zu handeln. Meist wissen toxische Partner sehr genau, dass ihr Verhalten nicht angemessen oder sogar extrem unangemessen ist. Jede Sucht befeuert toxisches Verhalten.

An viele verletzende Dinge hatte er keine Erinnerung. Seine Beschimpfungen meiner Person, auch an unserem Jahrestag, seine massiven Beleidigungen, ständige Kritik – nichts davon durfte Gesprächsstoff sein zwischen uns. »Darüber will ich nicht reden. Lies mal das und das …« Er gab mir einen Buchtipp und referierte dann darüber, was es in einer guten Paarbeziehung braucht. (Mehr dazu findest du im Kapitel »Lost im Drama-Dreieck?« auf Seite 174: Genau diese Dynamik wurde hier aktiv.)

Was will ich damit sagen? Die Ablehnung der Verantwortung für das eigene Handeln oder Unterlassen ist ein typisches Gift in Beziehungen. Eigenverantwortung und Reflexion finden nicht statt. Ob bewusst oder nicht – stattdessen findest du in dieser Phase Schuldumkehr (Nicht er hat etwas falsch gemacht, sondern du hast dich falsch verhalten.)

Halte kurz inne: Wie laufen Streitigkeiten bei dir ab? Gibt es ein Muster? Bist du aus Prinzip schuld? Immer?

Die 8. Portion toxische Liebe – Grenzen überschreiten

Immer häufiger und in immer kürzeren Abständen werden durch all diese 7 Portionen Gift deine Grenzen überschritten. Zuerst unmerklich verschieben sich deine inneren Grenzposten. Du findest Ausreden, Entschuldigungen, findest dich ab und schließlich zieht nur noch er willkürlich die Grenzen.

Dein Nein, das es vielleicht noch gibt, zählt nichts.

Dazu möchte ich (Ruth) euch einen Fall schildern, mit dem ich zu tun hatte, um euch zu zeigen, wie leicht Grenzen sich auflösen.

GRENZVERSCHIEBUNG

Eine meiner Klientinnen bittet ihren Mann, Waffen, die er aus Sorge vor Einbrüchen im Haus versteckt hält, zu entfernen. Zuerst war es ein Pfefferspray für »den Ernstfall«. Meine Klientin sorgt sich, dass es zu einem Unfall kommen könnte. Doch er wischt ihre Bedenken beiseite. Das müsse sein. Er wisse es besser. Verteidigung ist schließlich Männersache. Ihm ist es noch zu wenig. Er will sich eine »stärkere Waffe« besorgen. Meine Klientin erhebt energisch Einspruch. Ihr Mann bleibt dabei. Aus dem Pfefferspray wird eine Pistole, die er illegal besorgt hat. Dies überschreitet ihre Grenze und sie sagt klar, dass ihr dies zu weit geht. Sie dringt nicht durch. Im Gegenteil: Es folgt eine zweite Schusswaffe.

Meine Klientin fühlt sich zunehmend unwohl, sorgt sich. Ihre Sorgen tut er ab mit Sätzen wie: »Das lassen wir jetzt so. Ich habe das entschieden.« Er geht wie so oft nicht auf ihre Bedürfnisse ein, sieht nur sich. Entscheidet – gleich, wie wichtig ihr dieser Punkt ist. Sie hat Angst vor seiner Angst. Vor dem, was passieren kann, auch aus Versehen. Oft bespricht sie das Thema. Erfolglos. Er zeigt sich starr und uneinsichtig. Die Waffen seien wichtig. Sie schlägt Kompromisse vor: Er solle sich eine legale Waffe besorgen. Er lehnt dies ab. Sie verlangt einen Tresor zur sicheren Aufbewahrung. Doch er hat die Waffe in der Nacht im Nachtkästchen. Beide streiten wiederholt darüber. Bis sie eines Tages versteht: Er wird nie nachgeben.

Es ist ein Beispiel von vielen aus ihrem Beziehungsalltag. Das Muster ist immer wieder gleich. Er entscheidet, was für ihn passt – ihre Meinung wird nicht berücksichtigt. Meiner Klientin wird klar: Entweder sie lebt damit – oder sie muss sich trennen.

Wie viele Mandantinnen auch mir von einer ähnlichen Situation berichten, Ruth: Glaub mir, ich kann sie nicht mehr zählen. Ich bin jedes Mal froh, wenn es diesen Frauen gelingt bzw. diese den Mut aufbringen, bei mir einen Termin zu machen und sich emotional zu öffnen, und um Hilfe bitten.

Hierbei handelt es sich um eine typische Form der wiederholten Grenzüberschreitung – auch wenn die Inhalte natürlich von Beziehung zu Beziehung variieren: Das Muster ist immer gleich. Deine Meinung, deine Ängste, dein Bitten und Flehen – all das zählt nicht. Es geht um *seine Sicht* der Dinge. Diese Sichtweise wird nicht überdacht, dein Partner ist nicht in der Lage, deine Perspektive einzunehmen. Was er als richtig und stimmig erachtet – ist unumstößlich. Wer versucht, auf dieser Ebene zu diskutieren – wird auf Granit stoßen. Ihr werdet euch hier schnell wieder in den schon bekannten stundenlangen Diskussionen, die oft auch in verbale oder körperliche Streits umschlagen können, wiederfinden. Und am Ende handelt er so, wie er es für richtig hält.

Was war für dich immer schon wichtig? Welche Positionen hast du nur für ihn aufgegeben?

Die 9. Portion toxische Liebe – Kontrolle

Wenn alle deine Grenzen überschritten sind, ist es noch nicht zu Ende. Du hast noch nicht alles aufgegeben, solange er nicht die ganze Macht über dich hat. Geld ist ein gutes Mittel, um Macht auszuüben.

Dein Partner kontrolliert dich. Du sollst oder darfst nicht entscheiden, wofür du dein Geld ausgibst.

Im Jahr 2022 spreche ich noch immer mit Frauen, die von ihren Ehemännern Haushaltsgeld erhalten – also ein gewisses Budget dafür bekommen, damit sie ihm im Haushalt und mit den Kindern »den Rücken freihalten«, ihre Karriere zurückstellen und schlichtweg dafür sorgen, dass der gemeinsame Laden läuft. Abgesehen davon, dass jede Frau auch an ihre Zukunft denken und ein Abhängigkeitsverhältnis im eigenen Interesse ausschließen sollte, ist es natürlich die Sache jedes Paares, wie sie sich privat organisieren. Solange alles in geordneten, gleichberechtigten Bahnen verläuft.

GLEICHBERECHTIGT?

Eine meiner Klientinnen lebt mit ihrem sehr erfolgreichen Ehemann und dem kleinem Sohn in einem hübschen Haus. Der Himmel hing zu Beginn der Beziehung voller Geigen. Beide sind ambitioniert, er hat Karriere gemacht, das gemeinsame Wunschkind zieht die meiste Zeit sie allein groß, sie putzt das Haus und sorgt dafür, dass alles picobello ist, wenn er nach einem langen Tag nach Hause kommt. Für sie ist das in Ordnung. Ihr Sohn ist ihr Ein und Alles. So weit, so gut.

Wenn ihr Mann allerdings abends nach Hause kommt, muss sie ihm regelmäßig im Verhörmodus Rede und Antwort stehen: »Was hast du heute gemacht?« »Wieso kommst du mit dem Geld schon wieder nicht aus?« »Wofür gibst du so viel aus?« Es interessiert ihn nicht, dass Lebensmittel teurer geworden sind, dass sein Wunsch nach Bio-Lebensmitteln etwas kostet. Er verdient in gehobener Position mehr als ausreichend für einen anspruchsvollen Lebensstandard. Doch die Ausgaben sind nur aus seinem Gefühl heraus »zu viel«. – Punkt.

Ich frage die Klientin, ob sie eine eigene EC-Karte oder Kreditkarte besitzt, mit eigenem Budget – nur für sich, weil beide ihr gemeinsames Einkommen und Leben teilten. Ihre Antwort: Nein.

Im Jahr 2022 hat eine Frau, die ihrem Mann den Rücken frei hält, wie sie es gemeinsam beschlossen haben, kein eigenes Konto und keinen Zugriff auf das gemeinsame Geld. Und sie ist nicht die einzige. Falls du meinst: Vielleicht ist es ja okay für sie: Genau das ist es nicht. Es gibt keine Gesprächsebene zwischen beiden über diesen Punkt. *Er entscheidet. Sie hat das mitzutragen.* Dadurch entsteht in ihr ein Gefühl von Ungleichgewicht. Mehr zu den Themen Geld und Unterhalt findest du in Kapitel »Es geht ums Geld – und es steht dir zu!« auf Seite 283.

Wir empfehlen Paaren mit Kind, dass der Elternteil, der zu Hause bleibt, eine Art haushaltsinternes Einkommen erhält, also eine Wertschätzung für diesen Teil der Arbeit im gemeinsamen Team Familie. Nach Abzug aller Kosten wird das verbleibende Geld aufgeteilt, sodass beide Partner über ein eigenes »Spielgeld« verfügen, mit dem jeder tun und lassen kann, was er für sich will. Er geht mit den Jungs einmal im Jahr Mountainbiken über die Alpen, sie möchte lieber ein Seminar besuchen oder ein Wellnesswochenende mit Freundinnen machen.

Kontrolle kann viele Bereiche des Lebens betreffen. Es ist wichtig, die Augen offen zu halten. Beobachte, wo du in der Beziehung bist mit deinen Wünschen und Bedürfnissen. Denn in jeder Beziehung gibt es Kompromisse, die aber auf Dauer beide zufriedenstellen sollen.

Wichtig ist, dass ihr euch beide in eurer Entscheidung gesehen fühlt und zufrieden seid.

Die 10. Portion toxische Liebe – Isolation

»Du wirst deine Freunde nicht mehr treffen!« – Erinnerst du dich an diesen Satz, den mein Freund Bernd zu mir gesagt hat? Er traf mich wie aus heiterem Himmel. Puh. Ich dachte nach. Freunde hatten mir beim Umzug geholfen, und ich wusste, dass einer, Sebastian, irgendwie auf mich stand. Bernd war wohl eifersüchtig. Süß, oder? Das konnte ich sogar nachvollziehen. Ich wollte ihn nicht verletzen oder gar verlieren. Also sprach ich mit meinem damaligen guten Freund Sebastian und erklärte ihm die Sachlage. Dass mein Freund eifersüchtig war und ich Rücksicht auf seine Gefühle nehmen wollte. Immerhin war mir diese Beziehung sehr wichtig. Natürlich reagierte Sebastian irritiert. Wir blieben weiter heimlich in Kontakt, schrieben und telefonierten. Für mich war völlig klar – in Sebastian war ich nicht verliebt. Ich liebte nur Bernd. Aber warum sollte ich mit Sebastian brechen?

Das ging so lange gut, bis Bernd herausbekam, dass ich noch immer in Kontakt zu Sebastian stand. Er fragte mich in ungewohnt scharfem Ton danach. Ich erschrak, sagte aber nichts. Bernd forderte mich auf, sofort ein Treffen mit Sebastian zu vereinbaren. Ich sollte ihm sagen, dass es ab sofort keinen Kontakt mehr gäbe. Und: Bernd wollte dabei sein. Sichergehen. Denn er könne mir ja jetzt nicht mehr vertrauen. Wo ich doch heimlich noch immer Kontakt zu Sebastian gehabt hatte.

Aus heutiger Sicht ist es für mich unvorstellbar, aber damals war ich zu tief verstrickt in diese Beziehung und konnte nicht klarsehen, worauf ich mich einließ.

Wir trafen uns zu dritt an einem sonnigen Abend am Bahnhof der Stadt, in der Sebastian wohnte. Wie eine Straftäterin fühlte ich mich. Bernd ging knapp hinter mir, ich höre noch seine Schritte auf dem Kies, als wir auf Sebastian zugingen.

Kannst du dir vorstellen, wie sehr ich mich schämte? Heiße Tränen liefen über meine Wangen.

Ich musste etwas tun, was ich nicht wollte, denn ich wusste, Bernd wäre sonst unberechenbar. In den Tagen und Wochen vor diesem Treffen hatte ich ihn plötzlich und immer wieder von einer ganz anderen Seite erlebt als zuvor. Statt eines liebevollen, aufmerksamen und witzigen Mannes stand ich nun einem Mann gegenüber, dessen Blick kalt war, seine

Stimme hart wie Stahl und die Aussagen, die keinen Widerspruch duldeten, unmissverständlich.

Stundenlang hatte er täglich auf mich eingeredet, mir erklärt, was an mir *»nicht stimmt«*. Bester Freund, haha! Wenn ich mit ihm, Bernd, zusammen sein wolle, dann gäbe es nur einen Weg: den Cut mit Sebastian. *Es fühlte sich so falsch an.* Aber meine Liebe war so groß, dachte ich. Und meine Angst vor den Bestrafungen ebenfalls. Bernd hatte mich ein paar Mal recht grob angepackt. Als ich wutentbrannt, enttäuscht und schockiert aus seiner Wohnung zur Straßenbahn laufen wollte, hatte er sich vor mich gestellt, die Tür abgeschlossen, mich in sein Schlafzimmer gezogen und mir ewig erzählt, warum ich jetzt nicht einfach gehen könne. Gehirnwäsche.

Ob ich meinen Freunden davon erzählt habe? Ich weiß es nicht mehr. Es kann sein. Ich hatte nur so viel Angst. Und gleichzeitig so viel gefühlte Liebe in mir für diesen Mann. Der in mir ein so wunderbares unbekanntes emotionales Feuerwerk entfacht hatte. So sehr wollte ich, dass wir zwei ein Paar sind und bleiben, dass ich alles dafür hergab.

Ich würde alles tun, damit diese Beziehung funktioniert.

Mir passierte, was ich mir nie hätte vorstellen können. Es erging mir wie vielen Frauen. Das passiert oft unmerklich – ich wurde von meinen Freunden isoliert.

Zu Beginn gab es nur ein Thema: ihn. Aus Liebe. Aber mit der Zeit ändert sich das. Du traust dich nicht mehr, mit ihnen über das immer gleiche Thema zu sprechen. Sie können es oft nicht mehr hören. Verständlich. Vielleicht hast du dich schon einmal oder mehrere Male von ihm getrennt – bist aber immer wieder zu ihm zurückgegangen. *Du schämst dich so sehr.*

Durchschnittlich benötigen betroffene Frauen 7 bis 10 Trennungsversuche, bis sie endgültig aus der Beziehung aussteigen können.

Und die andere Variante ist eben: *Dein Partner isoliert dich gezielt.* Er will seinen Willen durchsetzen. Er belohnt dich, wenn du tust, was du willst, es gibt Streit, wenn du es nicht tust, er ignoriert dich. Er versucht, und es gelingt ihm, deinen Willen zu brechen. Er vermittelt dir, dass du Schuld bist, beziehungsunfähig bist, »nicht richtig« bist, seine Wünsche nicht erfüllen kannst, zu wenig für einen Mann wie ihn bist. Dass er immer recht hat. Du verlierst erst deine Grenzen und dann die Kontrolle. Jedes Mittel ist ihm recht. Er bedroht dich, schlägt dich vielleicht, du fürchtest dich vor ihm. Er weiß, du wirst nicht gehen. Du wirst das aushalten. Er hat dich im Griff. Oder du bleibst aus finanziellen Gründen.

In der Isolation weißt du immer weniger, wer du bist. Du fühlst dich ohnmächtig, hilflos. Allein. Vielleicht fühlst du dich depressiv. Du sitzt allein in der Falle.

Redest du mit deinen Freundinnen?
Fühlst du dich alleine?
Hast du eine Perspektive?

Die 11. Portion toxische Liebe – Beziehung als Droge

All dieses Hin und Her. Die Gefühle, die mal oben, mal unten sind, die permanente Zurückweisung, die dauernde Hoffnung – all das macht etwas mit dir. Ein toxischer Cocktail wirkt auf dich in dieser Beziehung. Du fühlst dich abhängig von deinem Partner. Dein Selbstwertgefühl ist längst am Boden. Wo sollst du auch hingehen? Vielleicht mit Kindern? Wie sollst du neu anfangen?

Obwohl es dir so schlecht geht, wirst du bei ihm bleiben. Deine Abhängigkeit ist wie die eines Alkoholikers: Jeder noch so kleine Schluck kann dich wieder an die Flasche bringen. Wenn du dich bereits getrennt hast, erlebst du, dass du ihm schreiben willst, schreiben *musst.* Eine Nachricht. Das Gefühl, keinen Kontakt zu ihm zu haben, ist schier unerträglich.

Warum? Du erlebst ein Gefühl von Kontrollverlust. Und unser Streben nach Kontrolle gehört zu unseren vier elementaren Grundbedürfnissen als Menschen. Es ist wie eine grundlegende Programmierung, der wir folgen. Wir wollen die Kontrolle über unser Leben wiedererlangen. Ihn kannst du nicht kontrollieren. Solange du bleibst, alles erträgst, dir die Schuld gibst – so lange erlebst du zumindest die Illusion von Kontrolle. »Wenn ich mich nur genug anstrenge…«. Diesen Mechanismus muss man erst einmal verstehen. Auch deine Freunde sollten diesen Zusammenhang kennen – denn die fassen sich ja schon so lange an den Kopf und fragen sich: Wieso bleibt sie nur bei dem Typen? Einen tiefen biologischen Grund kennst du jetzt: das Bedürfnis nach Kontrolle.

Ihr schickt euch übelste beleidigende Nachrichten hin und her. Du willst recht haben. Willst es ihm heimzahlen. Willst ihm beweisen, wie schlecht er ist. Auf jede WhatsApp-Nachricht reagiert dein ganzer Körper, als wäre er elektrisch geladen. Dein Gefühl von Zufriedenheit setzt ein, wenn du ihm entweder wieder etwas schreiben konntest – oder wenn er zurückschreibt! In deinem gesamten Körper geht jetzt ein Feuerwerk ab.

Auch getrennt – bist du immer noch nicht frei.

Dann erfährst du vielleicht: Er hat eine Neue. Das trifft dich so sehr! Es verletzt dich. Dein Verstand will nicht, dass es dich so mitnimmt. Aber du kannst an nichts anderes mehr denken. Es macht dich fertig. Dein Gehirn ist im Abhängigkeitsmodus.

Ein Grund hierfür ist, dass dein Partner sowohl charmant sein kann als auch absolut toxisch in seinem Verhalten. »Komm her – geh weg« – wenn dieses Spiel eure Beziehung prägt, wirst du abwechselnd nett und völlig brutal behandelt. Er will dich bei sich, dann stößt er dich weg. Heiß und kalt im Wechsel.

Und hier kommt noch einmal eine gemeine Finesse unserer Biologie ins Spiel. Du willst ihn irgendwie noch haben, er ist in Reichweite, fast in Reichweite. Das ist kaum auszuhalten, oder? Aber wer oder was verursacht das? Du? Nein, ein Hormon namens Dopamin. Die Biologie hat uns dieses Hormon zur Verfügung gestellt, damit wir einen Antrieb haben, uns Dinge zu erobern, die wir brauchen im Leben, zum Überleben, zur Weiterentwicklung. Du siehst die Eisdiele? – Dopamin gibt dir den Schub, den du brauchst, um in die Eisdiele hinein zu gehen und dir ein Eis zu kaufen.

Und wenn du jetzt fühlst, dass du deinen Partner und die Kontrolle über die Situation verlierst, sei dir sicher: Gerade jetzt wird sehr viel Dopamin in deinem Gehirn freigesetzt. Es gaukelt dir unfassbare Leidenschaft vor, das Haben-Wollen, du verzehrst dich nach ihm. Du spürst diese irre Leidenschaft. Weil er so toll ist? Nein, das weiß dein Verstand schon längst. Den Typen kannst du doch gar nicht gebrauchen! Weil du einen Dopamin-Kick hast? Ja!

Und dieser Wechsel macht es schwierig, sich wirklich zu trennen. Du kennst die guten Seiten, sie machen dir Hoffnung.

Ja, Ruth, auch aus anwaltlicher Sicht, kann ich das bestätigen. Leider merkt man es selbst nicht unmittelbar, wenn man sich in einem Abhängigkeitsmodus befindet bzw. dabei ist, in einen hineinzugelangen. Es geschieht schleichend.

Viele Mandanten, weiblich wie männlich, schildern mir zu Beginn des Mandats, wie verzweifelt sie sind. Sie winden sich in der Beziehung hin und her, probieren verschiedene Verhaltensweisen aus, um vom Gegenüber gehört und gesehen zu werden.

Wenn ich sage: »Versuchen Sie doch einfach mal, nichts zu machen«, ist dies für viele nicht auszuhalten. Nahezu ihr gesamter Tagesablauf dreht sich um den anderen. Und das ist gefährlich, denn die Definition der eigenen Person erfolgt zu diesem Zeitpunkt ausschließlich über den Partner oder Expartner.

Ganz ehrlich, ich kenne dieses Gefühl, und wahrscheinlich kann ich mich deshalb auch so gut in meine Mandantinnen und Mandanten hineinversetzen. Und heute weiß ich, dass allein die Abstinenz von der für lebenswichtig erachteten Person Heilung bringt. Es ist letztlich ein Gefühl, wie Ruth schon beschrieben hat, wie ein Entzug von einer Droge.

Du kannst Nachrichten auf WhatsApp schreiben, wie du magst; bedrohliche, verzweifelte, wütende oder einfach nur lapidare. Du kannst versuchen, deinen Partner über eure Kinder wieder für dich zugänglich zu machen, ihm auflauern oder ihn vor anderen schlechtmachen, um ein Minimum an Aufmerksamkeit zu bekommen: Dies alles wird dir für dich selbst und dein eigenes Wohlbefinden nicht viel bringen.

Wenn du dich nun gerade in einer solchen Phase befindest, so habe den Mut, Abstinenz zu üben. Versuch es immer und immer wieder, denn nur so wirst du dich selbst wiederfinden. Mach es für dich, für deine Kinder, für dein Leben! An irgendeinem Punkt wirst du merken, dass er oder sie nicht mehr dein Lebensinhalt ist. Such dir Ablenkungen, triff dich mit Freunden, mach Sport, male oder singe oder, oder, oder. Und auch wenn du in einer festen Beziehung oder verheiratet bist, keinen Job hast und auf ihn angewiesen bist – oder dich zumindest so fühlst, als hättest du keine Perspektive: Es geht! Vielen vor dir ist es gelungen. Suche dir gute Vorbilder!

Du kannst es schaffen, dich aus dieser Abhängigkeit zu lösen. Denke daran, wenn es andere Frauen geschafft haben, wieso solltest du es nicht schaffen?

Dein starkes Gegengift – dein Mut und deine Liebe zum Leben

Liebe Frau, liebe Schwester im Herzen: Wir fühlen mit dir in diesen Geschichten. Wir fühlen uns in Teilen erinnert an das, was wir selbst erlebt, erfahren und durchlitten haben. Wir fühlen uns dir verbunden und teilen deswegen auch offen unsere Erfahrungen.

Es ist an der Zeit, dass wir aufhören, uns für das, was uns widerfahren ist, zu schämen.

Es ist keine Schande, in eine beschissene Situation geraten zu sein.

Du hast genug durchlitten. Du hast dich lange genug klein gemacht. Rücksicht genommen. Du darfst das natürlich auch weiterhin tun. Wir wollen und werden dir nichts vorschreiben. Was wir mit diesem Buch wollen, ist, all jenen Frauen und Müttern Wege der Veränderung, der inneren und äußeren Befreiung als Beispiele zu präsentieren, wie es auch sein kann. Dein glückliches Leben ist dein Geburtsrecht.

Nicht alle Phasen, die wir hier benannt haben, müssen genau so auf dich zutreffen. Möglicherweise erkennst du dich in der einen oder anderen Situation wieder. Vielleicht trifft nur eine Phase auf dich zu – vielleicht mehrere. Vielleicht erkennst du noch andere Phasen bei dir, die wir hier nicht explizit benannt haben.

Wir wünschen uns, dass dir unsere Lebensbeispiele

Hinweise darauf geben, dass es in Ordnung und lebensnotwendig für dich ist, toxische und unbewusste Strukturen in Beziehungen zu erkennen, damit du sie verändern kannst.

Diese Veränderung wird ein Weg sein, mehr ein Langlauf als ein kurzer Sprint. Meist dauert es eine Weile. Sei geduldig mit dir. Ganz gleich, ob du in deiner Partnerschaft, deiner Herkunftsfamilie oder deinem Beruf emotionale oder körperliche Gewalt erfährst – vielleicht ist es jetzt oder bald an der Zeit, Menschen zu verlassen, die dich schwächen, statt zu stärken. Es ist an der Zeit zu erkennen, dass Schuldzuweisungen, Beleidigungen, Abwertungen und Gewalt niemals etwas mit Liebe oder Wertschätzung zu tun haben. Auch wenn dein Partner dir dies immer wieder einreden will. Wenn es dich immer und immer wieder verletzt, ist es keine Liebe.

Mit unseren Beispielen aus dem Leben wollen wir dir eine Orientierung geben, woran du toxische Elemente in deiner Beziehung erkennst oder wohin sie führen können. Bewusstsein und Wissen über das, was abläuft, bilden den ersten Schritt in deine selbst gewählte Freiheit. Und dann entscheidest du, ob du dein Leben so weiter führen willst – oder ob du etwas verändern möchtest.

Erinnere dich: Du bist die Schöpferin deines Lebens. Du kannst alles verändern!

Toxic Love Journal

Giftmarker

Vielleicht ist es für Freunde und Außenstehende völlig klar, dass in deiner Beziehung etwas nicht stimmt, dass deine große Liebe oder eine andere Person in deinem Leben sich toxisch verhält. Wichtig ist, dass es für dich klarer wird – denn nur dann kannst du eine Vision davon entwickeln – wie dein Leben verlaufen darf.

- Zweifele nicht an dir. Spüre in dich hinein.

Wie ist dein Gefühl? Was beobachtest du in deiner Beziehung?

- Du fühlst dich geborgen und sicher.
- Du fühlst dich gesehen und geliebt.
- Du kannst ihm alles anvertrauen – er würde dein Vertrauen nie missbrauchen.
- Du fühlst dich respektiert und unterstützt.
- Dein Partner ist ein guter Zuhörer und kann sich in dich hineinversetzen.
- Ihr seid ein gutes Team. Du unterstützt ihn und er dich.
- Streits löst ihr konstruktiv. Ihr geht niemals ohne ein gutes Wort füreinander ins Bett.
- Als Paar habt ihr eine gemeinsame Vision – eure Liebe tragt ihr in die Welt.
- Ihr seid euren Kindern ein gutes Vorbild für gelingende Beziehungen.

Oder erlebst du dich eher so:

- Du fühlst dich verbal unterlegen.
- Streits dauern über Stunden an.
- Dein Partner straft dich mit Schweigen.
- Abwertungen oder Beleidigungen sind an der Tagesordnung.
- Auf eine Entschuldigung wartest du ewig.
- Er sagt dir, was du zu tun hast. Du erlebst Verbote und Einschränkungen.
- Du bist schuld. Er hat immer eine Erklärung für sein Verhalten.
- Deine Freunde können Geschichten über ihn nicht mehr hören.
- Deine Kinder haben Angst vor ihm oder wollen dich sogar vor ihm schützen.
- Du fühlst dich emotional abhängig.
- Du kannst ihn einfach nicht verlassen.
- Du scheinst finanziell abhängig.
- Du glaubst, du kannst nicht gehen »wegen der Kinder«.

Welche Lösungen es geben kann, erfährst du im Powerteil.
Erinnere dich an deine Kindheit – welche Vorbilder für nährende Beziehungen hattest du? Was haben dir deine Eltern vorgelebt? Es geht nicht darum, das zu verurteilen – es geht darum zu schauen, ob du typische Verhaltensmuster bei dir sehen kannst. In deiner Beziehung. Muster, die du vielleicht von zu Hause kennst?

Schreibe auf, was dir an deinem Verhalten in Beziehungen auffällt. Was ist typisch für dich in Konfliktsituationen? Woher kennst du das von früher?

____

____

____

HEIMTÜCKISCHES GIFT IN DER BEZIEHUNG

»Ich wollte so sehr, dass diese Beziehung hält. Aber irgendwie ist es wieder nichts geworden« – auf dem Weg in eine langjährige stabile Beziehung gibt es viele Stolperfallen.

Die Sehnsucht nach Liebe ist tief in uns verankert.

Bei vielen wird sie so oft enttäuscht, dass sie verzweifelt sind, sich ohnmächtig fühlen. Sich selbst nicht für liebenswert halten. Diese Entwicklung führt in der Folge oft zu zweierlei: Erstens entsteht ein Mangel an Selbstliebe, der zweitens anfällig dafür macht, allerlei toxische Beziehungsgifte ins Leben zu lassen, weil es ja dann vielleicht doch ein Zeichen für Liebe ist …

In dem Zusammenhang wollen wir uns mit einigen der Beziehungskiller beschäftigen, die ihr toxisches Gift besonders heimtückisch versprühen. Gaslighting, das wir bereits angesprochen haben, sehen wir uns ausführlich an, weil es so viel zerstören kann.

Gaslighting – dein Radar, dass etwas schiefläuft

Stell dir vor, du sitzt zu Hause und das Licht flackert andauernd und reißt dich so aus deiner Konzentration. Du machst eine Bemerkung dazu, doch dein Mann sagt, dass das Licht nicht flackert. Zuerst denkst du, er hätte es einfach nicht bemerkt, und machst ihn beim nächsten Flackern erneut darauf aufmerksam. Doch wiederum behauptet er, dass das Licht ganz normal leuchtet wie immer. Auch nach weiteren Hinweisen bleibt er bei seiner Meinung. Schließlich bist du nicht mehr sicher und traust deinen Augen nicht. Vielleicht bist du nur müde? Vielleicht flackert das Licht tatsächlich nicht? Vielleicht haben deine Augen irgendetwas? Du kommst nicht drauf, aber es beschäftigt dich. Etwas später hörst du Geräusche. Der Nachbar spielt schon wieder laut auf seinem Schlagzeug. Dazu machst du eine Bemerkung. Doch dein Mann behauptet wieder entgegengesetzt zu deiner Aussage, dass kein Ton zu hören ist und du dir das alles nur einbildest. Irgendwann schließlich gibt dein Mann zu, dass er dich nur hereinlegen wollte, gibt dir einen Kuss und ihr lacht darüber.

So lautet das versöhnliche Ende dieser Episode. Tatsächlich kann aber etwas anderes dahinterstecken und daher kommt der Begriff »*Gaslighting*«. Es stammt aus einem Theaterstück, in dem ein Ehemann seiner Frau so lange Dinge einredet, wie zum Beispiel, dass das Licht der Gaslaterne nicht flackert, bis sie an ihrem Verstand zweifelt. Aus dieser Manipulationsmethode stammt der Begriff, den wir heute für ein gezieltes Agieren einsetzen, das den anderen irritieren und desorientieren soll. Der Begriff Gaslighting fand seinen Einzug in die psychologische Beratungspraxis in den 1980er-Jahren.

Gaslighting ist aus unserer Sicht von der Wirkung her vielleicht das zerstörendste Element in ungesunden Partnerschaften.

Am Schluss ist das Opfer tatsächlich davon überzeugt, dass seine Wahrnehmung nicht stimmt. Dass alles an ihm einfach falsch ist. Es ist eine Form des Missbrauchs, des emotionalen Missbrauchs.

Aus unserer Erfahrung aus Gesprächen mit unzähligen Frauen handelt es sich bei Gaslighting also um gezielte psychische Gewalt, die darauf abzielt, die Zielperson zu schädigen, zu verunsichern und in ihren Grundfesten zu erschüttern.

Wenn dein Partner dir wiederholt erklärt, dass deine Wahrnehmung nicht stimmt, du verrückt bist, etwas falsch verstanden hast, er das »so nie gesagt« habe, du einfach »zu emotional« bist – tut er dies sehr oft nicht bewusst. Ein Partner mit narzisstischen Tendenzen will recht haben, Macht ausüben. Seine Sicht der Welt ist die richtige, folgerichtig müssen andere Sichtweisen falsch sein. Eigene Fehler einzusehen, eigenes Fehlverhalten anzuerkennen, gehört nicht in sein Repertoire. Narzisstische Persönlichkeiten wirken auf den ersten Blick sehr selbstbewusst und sind häufig in Führungspositionen anzutreffen. Sie leiden jedoch oft unter innerer Leere, erleben ein inneres Getrenntsein. Ihnen fehlt die Fähigkeit zur Empathie, sich in das Erleben des Partners oder der Partnerin hineinzuversetzen. Männer erhalten die Diagnose Narzisstische Persönlichkeitsstörung häufiger als Frauen. Viele leiden an Depressionen, weiteren Persönlichkeitsstörungen, körperlichen Beschwerden ohne organische Ursache, Ängsten, Essstörungen oder Suchtproblemen. Die Ursachen liegen vermutlich in der Kindheit, so Otto Kernberg, der führende Forscher im Bereich narzisstischer Persönlichkeitsstörung – emotional kalte Eltern oder latent aggressive Elternteile können eine übersteigerte Selbstdarstellung fördern.

Allerdings ist es für dich als Betroffene nicht wichtig, ob dies der Fall war, ob das Verhalten deines Partners bewusst oder unbewusst ausgeübt wird. Der Schaden, den permanentes, wiederholtes Gaslighting, also die Bewertung oder Abwertung deiner Person anrichtet, ist immens. Du fühlst dich falsch, traust deinen eigenen Gefühlen nicht mehr, hinterfragst dich, fragst dich, ob du schuld bist, etwas an dir »falsch« ist.

Ganz gleich, ob du Gaslighting im Beruf erfährst oder im privaten Umfeld – die Erfahrungen von Gaslighting führen zu einem sinkenden Selbstwertgefühl mit Auswirkungen auf alle Bereiche deines Lebens. Für manche Frauen führt diese permanente Abwertung tatsächlich dazu, dass sie glauben, sie würden verrückt.

BIN ICH VERRÜCKT?

Marlene hat ihre Erlebnisse extra in ihrem Tagebuch festgehalten. Sie vergisst sonst, worum es ging, was sie verwirrt hat. Tagebucheinträge helfen ihr, sich zu sortieren. Sich nicht ganz verrückt vorzukommen. Sie sind auch eine Hilfe gegen das Vergessen. Endlose Diskussionen zwischen ihr und Herbert hat es gegeben, stundenlang. Er hat immer Recht, sie sieht egal was falsch.

Folgenden Eintrag liest sie vor: »Wir sitzen am Frühstückstisch. Die Stimmung ist gedämpft. Herbert greift sich in sein rechtes Ohr, rupft sich ein Büschel Haare aus, schaut es kurz nachdenklich an und wirft es dann neben sich auf den Boden. Ich bin entsetzt.

›Kannst du das bitte lassen? Das ist ja eklig.‹

Er darauf: ›Du sprichst hier gerade in einer Du-Botschaft. Das wollten wir doch unterlassen, darauf haben wir uns doch kürzlich geeinigt, oder?‹

›Das ist jetzt nicht das Thema, ich finde es ekelhaft, wie du dich hier gerade verhältst.‹

›Auf diese Art rede ich nicht mit dir. Solange du in so vorwurfsvollem Ton mit mir sprichst, wird das definitiv nichts mit einer Annäherung zwischen uns.‹

Das geht jetzt bestimmt eine Stunde so. Er referiert darüber, wie ich mit ihm spreche, ob ich es einfach nicht richtig hinbekomme. Ob ich dumm sei oder ob das Absicht ist. Anfangs wehre ich mich. Es geht hin und her zwischen uns. Am Ende bin ich einfach nur müde und ausgelaugt. Ich schweige. Herbert verlässt dann wortlos den Raum, die Tür fällt ins Schloss. Ich weiß nicht, wann er wiederkommt. Und sein Verhalten – bleibt so. Wie jedes Mal. Ich fühle mich dann dumm und schuldig. Ich komme gegen seine Argumente einfach nicht an.«

Frauen, die diese Form von Manipulation erleben, beschreiben immer ähnliche Szenarien: Er redet ohne Ende auf dich ein. Oft stundenlang. Wenn du ihm ein Fehlverhalten vorwirfst, streitet er es ab. Immer wieder. Wiederholt den Satz: *»Das haben wir so nicht besprochen«*, oder: *»Das habe ich so nie gesagt«*, oder auch: *»Das war ganz anders.«* Dann wird er schnell auf andere Situationen überleiten.

Durch die Vehemenz, die unzähligen Wiederholungen, weißt du irgendwann selbst nicht mehr, was richtig oder falsch ist, was du gehört hast oder was du dir einbildest. Vielleicht fühlt es sich an wie Nebel in deinem Kopf. Manche Frauen ergreift ein körperlicher Schwindel.

Solltest du also dieses Gefühl haben, sei dir gewiss, du bist damit nicht allein.

Du bist nicht verrückt! Du unterliegst einer Form von Psychoterror, aus dem du so schnell wie möglich aussteigen solltest!

Du bist nicht verrückt!

Falls du dich gerade fragst, wie es so weit kommen konnte oder wie es mit dir so weit kommen konnte, können wir dich beruhigen: Wer dich von oben herab betrachtet, dem ist es vielleicht einfach noch nicht passiert.

Wir geraten rasch in Situationen, in denen wir nicht so reagieren, wie wir es von unserem Ich in einer Idealvorstellung erwartet hätten. Berühmte wissenschaftliche Untersuchungen wie zum Beispiel das Milgram-Experiment zeigen, dass wir uns in der Realität nicht so verhalten, wie wir es uns vielleicht ausgemalt oder gewünscht hätten. Du bist deshalb nicht dumm oder schwach oder besonders blauäugig. Es gibt Selbsthilfegruppen, in denen Frauen sind, die mitten im Leben stehen, erfolgreich sind, die von anderen für ihr Selbstbewusstsein bewundert werden, die alles andere als naiv sind. Und doch … *ist es ihnen passiert.* Denn wenn Gaslighting gezielt ausgeübt wird, ist es eine psychische Gewalt mit der Absicht, die Zielperson zu schädigen, zu verunsichern und in ihren Grundfesten zu erschüttern.

Aus diesem Grund wollen Sandra und ich an dieser Stelle noch einmal besonders darauf eingehen und dir die eine oder andere Erklärung liefern, denn wir haben selbst Erfahrungen in Beziehungen gemacht, die uns an uns und unserer Wahrnehmung zweifeln ließen.

Gaslighting kann bedeuten, dass du nach euren Gesprächen oder Streits das Gefühl hast:

- Ich glaube, ich habe mir die Dinge eingebildet.
- Ich weiß gar nicht mehr genau, was wir gesprochen haben.
- Ich fühle mich verwirrt.
- Es ist, als wäre mir schwindlig im Kopf.
- Ich glaube, ich muss mir das alles aufschreiben oder Gespräche sogar aufnehmen.
- Er hat immer das letzte Wort. Ich fühle mich so hilflos und falsch.
- Auch wenn ich mir vorher sicher war – im nächsten Gespräch werden die Dinge so verdreht, dass ich wieder an mir selbst zweifle.
- Ich habe das Gefühl, ich müsste in der Kommunikation gegen ihn gewinnen – aber ich schaffe es nicht.
- Manchmal habe ich das Gefühl, verrückt zu werden.

Es geht Frauen aller Berufs- und Altersklassen so. Egal ob du beruflich deine Frau stehst oder als Familienmanagerin den Laden zu Hause schmeißt; betroffene Frauen beschreiben die Wirkung von Gaslighting alle sehr ähnlich. Daher lass uns genauer anschauen, was dabei geschieht.

Dein Partner nutzt Strategien, um dich zu schwächen und dir die Schuld zuzuweisen. Dies passiert meist sogar völlig unbewusst. Das heißt, dein Partner nimmt sich nicht bewusst vor, dich an einem Montagmorgen mit einer Diskussion in den Wahnsinn zu treiben; er hat es sich nicht extra in seinen Kalender eingetragen. Sehr oft handelt es sich eher um ein erlerntes und unbewusstes Muster, das durch ein eigenes unangenehmes Gefühl ausgelöst wird. Das kann eine eigene Unsicherheit sein, es kann sein, dass er sich falsch verhalten hat und das genau weiß – es aber nicht zugeben kann. Er versucht dann, sein Gefühl auf dich zu übertragen. Wenn du es annimmst – bist du verloren. Aber das geschieht so schnell, dass du es kaum bewusst merkst.

Hier ein paar Sätze, die die Wissenschaftlerin Kate Abramson als typische Reaktionen in Gaslighting-Situationen festhielt:

- »Du bist ja verrückt.«/»Das ist doch verrückt.«
- »Du reagierst ja völlig über.«
- »Das habe ich so nie gesagt.«
- »Jetzt sei mal nicht so paranoid.«
- »Das war ein Spaß!«
- »Das bildest du dir ein.«
- »Ich liebe dich, werde du nur wieder normal. Dann ist alles gut.«
- »Das ist bei anderen ganz genauso.«
- »Du willst mich zerstören.«
- »Du solltest eine Therapie machen.«

Wenn du unter solchen Sätzen leidest, ist das eine völlig *normale Reaktion*! Es ist weder ein Zeichen von Schwäche, Überempfindlichkeit noch einer beschädigten Psyche. Wenn du darauf erschüttert reagierst, ist diese Reaktion absolut menschlich. Wir alle suchen Bestätigung, vor allem von unserem Partner und vor allem auch in schwierigen Lebenssituationen. Wird diese zwischenmenschliche Bestätigung verweigert, zudem mit dem Ziel, deine Wahrnehmung massiv zu attackieren, indem dein Verhalten kritisiert wird, sprechen wir von Gaslighting.

Das Ende vom Lied ist, dass du dir deiner selbst nicht mehr sicher bist. Du vertraust dir nicht mehr, denn diese Sätze, die deine Wahrnehmung infrage stellen, zerstören mit jedem Mal dein Vertrauen in dich selbst mehr. Wenn Gaslighting im Spiel ist, wirst du dich selbst immer mehr isolieren oder dein Partner tut dies.

Erinnere dich: Lebendige Beziehungen sind sichere Räume, in denen beide Teile einer Paarbeziehung miteinander aufblühen können.

Wir haben dich schon einmal gefragt und wiederholen es: *Fühlst du dich sicher in deiner Beziehung?* Meist dauert es nach einer solchen »Attacke« sehr lange, bist du dich selbst wieder gefangen hast. Bis du wieder zu deinem eigenen Ich zurückgefunden hast. Wir kennen Frauen, die zum Yoga gehen, die Sport machen, die manchmal Tage brauchen, um sich wieder zu stabilisieren – und nur eine weitere manipulative Auseinandersetzung setzt wieder alles auf Anfang. Was du fühlst: Du schrumpfst jedes Mal noch ein wenig mehr. Du fühlst dich, als würde sich ein Teil von dir mit dem Nebel in deinem Kopf auflösen und verschwinden.

Ich frage dich: Wie lange hältst du das schon aus? Wie hast du es nur geschafft, das zuertragen?

Solche destruktiven Gespräche kosten immens viel Energie und haben die Kraft, dich als Persönlichkeit im Laufe der Zeit massiv zu destabilisieren. Manche Frauen, mit denen wir sprechen, haben ihren Job verloren, weil sie keine Kraft mehr hatten und keinerlei Energie für ihr eigenes Leben. Alles versackte in der giftigen Beziehungsblase. Andere beschreiben sich als ungerecht und ungeduldig gegenüber den eigenen Kindern. Wieder andere berichten von körperlichen Folgen wie Depression oder Bluthochdruck.

Dabei kann der Auslöser für eure bzw. seine Diskussionen geradezu nichtig sein. Es ist, als träfe dich der Blitz aus heiterem Himmel. Diskussionen und Streits haben so nichtige Themen wie das Einräumen der Spülmaschine, den letzten Abend bei Freunden zum Anlass, können aber auch die globale Klimakrise oder intellektuelle Inhalte zur Grundlage haben. Dein Partner wird dich häufig »schwindlig reden« – und das kann sich über Stunden, oft bis in die Nacht, hinziehen. Am Ende fühlst du dich müde, ausgelaugt, resigniert und erschöpft. Auch ich (Ruth) kenne es, das ich dann durch Schweigen und Resignation versucht habe, einen verkackten Abend (ich kann es nur so benennen) irgendwie zu Ende zu bekommen.

So ist es richtig – anders bist du falsch: Zusammenspiel Gaslighter und Gaslightee

Der Gaslighter kennt nur seine Perspektive. Er ist unfähig, andere Meinungen oder Sichtweisen gelten zu lassen. So wie er die Welt sieht und wie er sich die Welt erklärt – so musst du sie auch sehen. Es gibt keine Möglichkeit, dass das eigene Verhalten reflektiert werden könnte. *So ist es richtig – anders ist es falsch. So ist er richtig – anders bist du falsch – überspitzt formuliert.*

Seine Sichtweise hilft ihm, sein eigenes Selbstbild in der Welt zu erhalten, und es ist für ihn auch Ausdruck von Macht in der Welt. Alles, was davon abweicht, kann sich für ihn wie eine massive Bedrohung anfühlen. Das allerdings wird nicht bewusst reflektiert. »Es passiert«, könnte man sagen. Das gilt im Übrigen für alle Formen von Beziehungen, auch für berufliche oder freundschaftliche.

Auf der anderen Seite der Vernebelungsaktionen befindest du dich – du wünschst dir Harmonie. Willst Streit vermeiden. Du wünscht dir seine Bestätigung oder Anerkennung. Stimmst daher zu. Euer Verhalten ist wie das Schlüssel-Schloss-Prinzip. Man könnte etwas provokant auch sagen: Eure Muster passen zueinander. Und du zahlst dafür einen hohen Preis. So lange, bis es dir gelingt, auszusteigen und zu heilen. Dazu kommen wir später noch.

Vorsicht Gaslighting! 20 Anzeichen

Schalte ab sofort dein Gaslight-Radar ein! Sei dabei natürlich vorsichtig. Vereinzelte Formulierungen, die du unten findest, sind jeder von uns vielleicht schon entfahren. Es geht nicht darum, jemandem eine stereotype Beurteilung überzustülpen. Hinterfrage dich selbst und hab einfach ein Auge darauf, was mit dir und in deinem Umfeld passiert.

Nicht alle Punkte müssen zutreffen, aber es lohnt sich, aufmerksam zu sein und genauer hinzusehen, wenn auch nur einige dieser Punkte in deiner Beziehung oder deinem Job zutreffen:

1. Du stellst dich immer wieder infrage.
2. Du fragst dich ein Dutzend Mal am Tag: »Bin ich vielleicht zu sensibel?«
3. Du fühlst dich oft irritiert oder hast ein Gefühl von »Verrücktsein«.

4. Du entschuldigst dich ständig – bei deiner Mutter, deinem Vater, deinem Partner, deinem Chef.
5. Du fragst dich immer wieder: Bin ich gut genug? Als Freundin oder Ehefrau, als Angestellte, als gute Freundin oder Tochter.
6. Du kannst nicht verstehen, warum du dich so unglücklich fühlst – du hast schließlich ein so tolles Leben.
7. Du kaufst dir schöne Klamotten, Deko-Artikel oder Möbel für euer Zuhause und denkst dabei gleich an deinen Partner. Du fragst dich, was ihm wohl gefallen würde, anstatt dich zu fragen, was dir wirklich gefällt.
8. Du verteidigst sein Verhalten immer wieder vor Freunden oder der Familie.
9. Freunden oder deiner Familie erzählst du nicht alles – aus Angst, dass du dich rechtfertigen oder erklären musst.
10. Irgendwie weiß ein Teil von dir, dass etwas überhaupt nicht stimmt. Aber du kriegst nicht zu fassen, was es ist.
11. Du lügst ihn an, um Herabwürdigungen oder Verdrehungen der Realität zu vermeiden.
12. Es fällt dir schwer, einfache Entscheidungen zu treffen.
13. Du überlegst es dir zweimal, was du an scheinbar harmlosen Themen ins Gespräch einbringen könntest.
14. Bevor dein Partner nach Hause kommt, hakst du eine imaginäre Checkliste von Dingen ab, die du heute falsch gemacht haben könntest.
15. Irgendwie hast du das Gefühl, dass du einmal ein anderer Mensch warst, selbstbewusster, mit mehr Lebensfreude, einfach entspannter.
16. Du fängst an, lieber der Sekretärin oder der Kollegin deines Partners Nachrichten zu hinterlassen. So vermeidest du die direkten Konversation. Nachher regt er sich nur wieder auf.
17. Du fühlst dich, als könntest du ihm gar nichts recht machen.

18. Deine Kinder fangen an, dich vor deinem Partner zu schützen.
19. Du regst dich über Menschen auf, zu denen du früher ein gutes Verhältnis hattest.
20. Du hast alle Hoffnung und alle Lebensfreude verloren.

Nicht gut genug sein …

Ich (Ruth) bin nun schon seit rund zwanzig Jahren als Hypnotherapeutin und Coach sowie Paarberaterin aktiv und arbeite heute noch viel mit Frauen aller beruflichen Ebenen, auch international. Dabei lerne ich viele kluge und erfolgreiche Frauen kennen, international operierende Top-Managerinnen und Unternehmerinnen, starke und einfühlsame Mütter und großartige Erfinderinnen und Teamleiterinnen. Ich coache Hausfrauen und Ehefrauen, spreche mit Schulleiterinnen oder Sportlerinnen, mit alleinerziehenden Müttern oder Frauen, die in den Unternehmen ihrer Männer die Buchhaltung oder andere wichtige Bereiche schmeißen. Ganz selbstverständlich.

Und ich entdecke immer noch und immer wieder ein ähnliches Muster bei allen diesen Frauen, wie es auch die Psychoanalytikerin und Pädagogin Robin Stern in ihrem Buch über den »Gaslight Effect« beschreibt: Irgendwie findet sich jede dieser Frauen in merkwürdigen Beziehungsstrukturen, beruflich oder privat. Es spielt keine Rolle, ob Freunde oder nahe Verwandte jede dieser Frauen für kompetent und selbstbewusst halten, diese Frauen zweifeln massiv an sich selbst. Sie fühlen sich gestresst von der Vorstellung, nicht gut genug zu sein. Nicht genug zu performen. Dieser Stress führt bis hin zu massiven Panikattacken, die ihnen natürlich niemand anmerken soll.

Um aber auch den Blick auf dich als Schöpferin deines Lebens zu lenken, ist es wichtig, dass auch wir Frauen bei uns schauen: Welche sind unsere Prägungen? Was erkennen wir in unserer aktuellen Beziehung wieder, das wir in unserer Kindheit unbewusst erlernt haben? Wie kommt es, dass wir auf diese Muster unseres Partners anspringen? Das zu verstehen und zu erkennen ist ein wichtiger Schüssel auf dem Weg in die eigene Freiheit. Raus aus der »Opferrolle«, zurück in deine Schöpfernatur.

Wir alle tragen die Fähigkeiten in uns, uns als aktive Schöpferinnen unseres Lebens zu verstehen.

Dafür ist es an uns, uns rückzuverbinden, uns gute Vorbilder und Unterstützerinnen zu suchen, Mentorinnen sowie Wissen über das, was geschieht. Hier sei gern die Selbsthilfegruppe »Toxische Beziehungen + Narzisstischen Missbrauch überwinden« von Svenja Beck bei Facebook erwähnt. Svenja klärt als ehemalige Betroffene regelmäßig mit ihren Videos auf über Täterstrategien und den Ausstieg aus dem eigenen Gefühl von Ohnmacht und Opferstatus.

Sandra rät **zur Absicherung**

Wenn du merkst, dass deine Beziehung schon länger in eine schlechte Richtung steuert, beginne damit, ein Gedächtnisprotokoll zu führen. Es hilft dir einerseits, Klarheit zu gewinnen, und andererseits kann es sich später als nützlich erweisen, wenn du Argumente für deine Trennung brauchst. Das Gedächtnis ist kurz und später fehlen oft die Details. Wenn du ausziehen willst, verschaffe dir schon mal einen Eindruck über den Immobilienmarkt. Schaue, dass du genügend Geld zur Verfügung hast, und sofern das nicht geht, kannst du auch schon mal die nötigen Anträge für ALG-II-Leistungen oder Wohngeld herunterladen. Sprich mit einer Vertrauten und weihe sie ein.

Ob mir selbst diese Geschichten bekannt vorkommen? Absolut! Was ist bei diesen Frauen, bei vielen von uns, der gemeinsame Nenner für diese Zweifel? Immer gab es im Leben der Frauen einen Menschen, einen Mann, der ihren Wert infrage gestellt hat: der eigene Partner, der Chef, die eigenen Eltern, ein Freund. Immer haben diese Frauen versucht, es diesen geliebten oder bewunderten Menschen recht zu machen.

ERFOLGREICHE FRAUEN – ZIELE VON GASLIGHTING

Mit einer erfolgreichen Freundin sprach ich darüber, wie ihr Chef sie kleinhält, sie abwertet, weil sie »zu viel mit dem Firmeninhaber gesprochen hat, ihn vereinnahmt habe« bei der letzten großen Konferenz! Als hätte dieser Mann nicht die Möglichkeit gehabt, selbst das Gespräch mit dem CEO zu führen.

Eine Top-Managerin eines großen Konzerns erzählte mir, wie der CEO und ihr Vorgesetzter miteinander über Themen sprechen, über die beide auch sie in Kenntnis setzen müssten oder die sogar ihr Bereich sind.

Eine Mitarbeiterin eines mittelständischen Unternehmens kündigte, weil ihr Vorgesetzter in Gesprächen nicht offen für andere Meinungen oder konstruktive Vorschläge zur Verbesserung der Workflows ist. Als sie endlich ein großes Projekt zur Zertifizierung in die Tat umgesetzt hatte, für das sie verantwortlich zeichnete und das sie federführend mit viel Schweiß, Engagement und Einsatz vorangetrieben hatte, und ihm stolz das Zertifikat zeigte, entgegnete er: »Was soll ich jetzt damit?« – und machte eine wegwerfende Handbewegung. Die junge Kollegin konnte es nicht fassen. Sie hatte mit Freude und Dankbarkeit gerechnet, damit, dass das so lang ersehnte und für das Unternehmen wichtige Zertifikat einen angemessenen Platz in einem schönen Rahmen erhalten darf. Vielleicht hatte sie insgeheim auf Freude oder Anerkennung der so wichtigen Leistung gehofft, die ein Jahr Arbeit verschlungen hatte. Aber nichts? Nada. Anerkennung Fehlanzeige. Zum Glück, so sagte sie mir, hatte sie schon gekündigt. Sonst wäre jetzt ein guter Zeitpunkt gewesen.

WEIT VERBREITET: GERINGSCHÄTZUNG UND WENIG EMPATHIE

Marina kommt zu mir (Ruth) in die Beratung. Weinend, überfordert. Sie arbeitet in ihrem eigenen kleinen Friseursalon, während ihr Mann nach einem Burn-out zu Hause sei. Nach ihrem langen Tag kommt sie abends oft geschafft nach Hause – und stellt fest, dass sie sich auch noch um die Einkäufe kümmern darf. Und wie es wieder aussieht. Sie kommt über Monate in die Beratung, an ihrem einzigen freien Montag, erzählt die immer gleichen Geschichten. Ihr

Mann unterstütze sie zu wenig, sie fühlt sich ausgelaugt. Wenn beide mit Freunden ausgehen, beschimpft er sie vor allen. Macht Witze darüber, wie selten sie Sex haben, dass sie frigide sei. Er flirtet vor ihren Augen mit anderen Frauen, gibt den charmanten Typen. Während sie nur wenige Meter entfernt steht. Zu Hause streiten dann beide. Sie macht ihm Vorwürfe. So geht es seit Jahren.

Ich frage sie, wieso sie bleibt. Weinend zuckt sie mit den Schultern. Marina zählt für mich zu den »klagenden Klienten«. Sie benötigen erst einmal Zeit und Raum, um sich von der Seele zu reden, was sie sonst mit niemandem besprechen können. Nach Beendigung der Zusammenarbeit berichtet sie mir bei einem zufälligen Treffen, dass sie sich getrennt hat. Rund ein Jahr später hat sie sich eine eigene Wohnung genommen und den großen Schritt gewagt.

An Marinas Beispiel zeigt sich, wie lange Frauen als leidensfähige Opfer durchhalten können. Sie hat viele gute Jahre ihres Lebens verschenkt. Sie hätte früher gehen sollen, sagt sie heute. Zugleich weiß der Kopf oft früher, dass es Zeit ist zu gehen. Unsere Seele ist der Teil, der Zeit braucht, die alten unreflektierten Gewohnheiten hinter sich zu lassen. Bildung, Wissen und Vorbilder können hier wertvolle Unterstützung bieten.

Erkennst du dich irgendwo wieder? Willkommen im Club! Ich erlebe in meiner Praxis Frauen als diejenigen, die das gesamte Projekt – Familie, Firma, Unternehmensprojekt – im Blick haben und zum Wohle des Ganzen kooperieren. Ausnahmen gibt es überall, ich spreche von meinen Erfahrungen. Sie stellen sich oft hinter die Sache zurück. Manche romantisieren die Verhaltensweisen ihrer Partner und Ehemänner, andere entschuldigen das Verhalten narzisstisch agierender Vorgesetzter.

In der jüngeren Generation sehe ich Videos auf TikTok,

in der junge Männer um die zwanzig ihren Partnerinnen erzählen wollen, was diese dürfen und was nicht. Und machen so Werbung für ihr Verhalten. Ein absolut bedenklicher Trend! Geringschätzung gegenüber Frauen ist aktuell ein gefährlicher Trend in der Generation TikTok. Ebenso ist Gaslighting weit verbreitet. Es ist wichtig, die Zeichen zu erkennen und am besten gar nicht erst in diese destruktiven Psycho-Spiele einzusteigen. Denn wie auch immer die Lage gerade für dich ist:

It takes two to Tango.

3 fatale Phasen …

Es braucht zwei, die das Spiel miteinander spielen! Frauen, die Erfahrungen mit Gaslighting gemacht haben, verändern sich. Das Thema wird mit der Zeit nicht kleiner, sondern größer. Es nimmt immer mehr Raum in deinem Leben ein. Je mehr du dich dagegen zur Wehr setzen willst, desto schwieriger scheint es zu werden.

Wir möchten dir hier die drei Phasen der Reaktionen auf Gaslighting vorstellen:

- *Phase 1 – ungläubiges Staunen:* Er sagt oder tut etwas so Unfassbares, dass du es nicht ernst nehmen kannst. »Der Typ, dem du gerade zugelächelt hast, der wollte dich doch nur ins Bett kriegen. Ich möchte nicht, dass

du noch einmal mit ihm redest.« Er zieht dich weg. Kontrolliert dein Handy. Will auf Schritt und Tritt von dir wissen, was du tust und mit wem. Er schreibt dir vor, was du anziehst, ob oder welche Bilder du posten darfst und was gar nicht geht.
Du glaubst zu Beginn, du hast dich verhört oder er hat einen Witz gemacht. Du argumentierst, ihr streitet. Du bist dir sicher, du weißt, was war und wo du stehst. Du hast nicht geflirtet. Für dich ist alles cool. Er hat etwas falsch verstanden. Alles ist gut. Das war eine Eintagsfliege.

- *Phase 2 – Verteidigung:* Aber es gibt immer wieder diese Momente. In dieser Phase willst du es deinem Partner wirklich beweisen – du liebst ihn und er hat unrecht. Er vertraut dir nicht. Was du nicht verstehen kannst. Du gehst die Situation tausend mal in deinem Kopf durch. Du suchst Argumente und Gegenargumente.
  Du weißt genau, was du ihm das nächste Mal sagen wirst. Dieses Mal wirst du ihn überzeugen. Natürlich triffst du dich auch nicht mehr mit den Männern, die ihn auf die Palme bringen. Aus Angst vor Ärger. Du versuchst, alles richtig zu machen, denn du liebst ja nur ihn und kannst und willst ihm das beweisen. Du strengst dich an für ihn, für eure Liebe. Du weißt, auch er hat seine Verletzungen im Leben erlebt. Das verstehst du nur zu gut. Wenn du ihm zeigen kannst, wie sehr du ihn liebst, wird alles gut. Du bist dir sicher: Dann wird alles so wie früher.

- *Phase 3 – Verzweiflung:* Mittlerweile hast du den Kontakt zu deinen besten Freundinnen abgebrochen, weil er merkt, sie stehen hinter dir. Er hat dir verboten, ständig mit ihnen zu sprechen. Du seist dann so anders. Und tatsächlich haben dir deine besten Freundinnen oft gesagt, dass er dir nicht guttut. Aber du liebst ihn. Du denkst, du kennst ihn besser. Allmählich merkst du – du bist allein. Der Kontakt zu Freunden und Familie ist abgebrochen.

Du schämst dich so. Was solltest du auch sagen? Du fühlst dich verzweifelt, wenn ihr streitet, kommst nicht gegen ihn an. Die guten Momente gibt es nur noch in deiner Erinnerung. Mittlerweile hast du keine Hoffnung mehr, dass es jemals so wird wie früher. Immer häufiger schreit er dich an. Du weinst oft. Aber er zeigt kein Mitleid. Stattdessen packt er dich im Streit. Die blauen Flecken erinnern dich ständig daran. Du bekommst es immer wieder mit der Angst zu tun. Er scheint unberechenbar. Aber was sollst du tun? Wie kommst du hier raus? Vielleicht hast du Kinder? Wohin sollt ihr denn gehen? Es gibt keinen Weg.

Du musst in keiner dieser drei Phasen stecken bleiben. Du musst auch nicht alle Phasen durchlaufen haben. Vielleicht erlebst du in deiner Beziehung immer wieder Phase 1. Oder du gehst bis Phase 2, aber fällst nicht in Phase 3.

Und es kann auch sein, dass deine Beziehung über Monate oder sogar Jahre gut verlaufen ist. Und auf einmal taucht das Thema Gaslighting auf. Gerade in der Zeit der Pandemie haben sich viele Menschen und damit auch ihre Beziehungen stark verändert. Gründe hierfür können unter anderem Existenzangst, ein drohender Jobverlust oder alte Traumata sein. Einige Menschen sind nicht gut mit den Restriktionen und Vorschriften in dieser Zeit zurechtgekommen – auch das kann sich auf die Psyche auswirken und in Folge wie eine Regression wirken, also wie ein Rückfall in alte Verhaltensmuster, die kindlichen Verhaltensmustern gleichen können. Bei anderen sind alte Traumata, alter Schmerz an die Oberfläche gelangt. Die Anspannung der vergangenen Jahre steckt uns allen in den Knochen. Und sie kann dazu beitragen, dass du deinen Partner nicht mehr wiedererkennst.

Das ist eine mögliche Erklärung dafür, dass wir und andere uns verändern, sich destruktive Muster breitmachen. Schneller und extremer vielleicht als vorher. Oder wir werden parallel zu dieser Erfahrung bewusster und feinsinniger, nehmen eher wahr, was wir uns schon zu lange haben gefallen lassen, und sind nicht länger bereit zu schweigen. Gerade im spirituellen Bereich, wenn du dafür offen bist, sprechen wir aktuell von einer Zeit des erhöhten Bewusstseins.

Verstehe: Du bist nicht schuld!

Für dich ist wichtig zu verstehen, dass du nicht schuld bist und es daher keinen Sinn ergibt, dir die Schuld für irgendetwas zu geben, was in deiner Beziehung falsch läuft. Es ist auch normal, gerade wenn ihr eine intensive Anfangsphase hattet, vielleicht sogar vergleichbar mit Love Bombing, dass du genau diesen Zustand zurückerobern willst.

Wenn jedoch Muster auftauchen, die dazu führen, dass du dich nicht mehr sicher fühlen kannst, ist dies ein Alarmsignal, auf das du hören solltest. Nicht sicher fühlen sich Frauen, die dauerhaft beleidigt, beschimpft werden, die körperlich angegriffen werden. Ein körperlicher Übergriff wird oft entschuldigt von Frauen, die sagen: Er hat gesagt, das kommt nicht wieder vor. Wir erleben in der Praxis leider allzu oft das Gegenteil. In vielen Fällen bleibt es nicht bei einem körperlichen Übergriff als Ausrutscher. Es ist selten die eine Ohrfeige. Findet körperliche Gewalt einmal statt, ist eine unausgesprochene Grenze überschritten worden.

Ein Zurück auf eine gute Ebene ist dann in aller Regel utopisch. Es sei denn, dein Partner sieht direkt ein, dass es an ihm liegt, an seiner mangelnden Impulskontrolle; wenn er nun aktive Schritte für sich selbst unternimmt, sich einer Selbsthilfegruppe anschließt, eine Therapie macht, dann habt ihr gute Chancen. Übernehmen beide Partner in der

Beziehung die eigene Verantwortung für ihre Muster, ihr Handeln oder Unterlassen, dann geht ihr den Weg in die Heilung. Jeder für sich. Wenn das fehlt, wenn Einsicht und Eigenverantwortung nicht Teil eurer Reise sind, müsst ihr davon ausgehen, dass ihr wie im Blindflug durch eure Beziehung segelt. Der nächste Crash ist dann gewiss.

Achte also auf die veränderten Taten deines Partners und nicht auf die Worte. Was tut dein Partner wirklich? Was will er an sich und seinem Verhalten ändern? Und was ist es, was du für dich erkennst? Was willst du verändern, damit sich insgesamt etwas ändern kann?

Vor allen Dingen gilt für dich:
Liebe dich selbst mehr!

Eifersucht – die verhängnisvolle Leidenschaft

Wir alle kennen den Spruch: Eifersucht ist eine Leidenschaft, die mit Eifer sucht, was Leiden schafft. Das ist eine hervorragende Zusammenfassung der springenden Punkte. Es geht um Gefühle, die entstehen – und eigentlich nicht da sein müssten. Wenn Eifersucht eine tragende Rolle in einer Beziehung spielt, ist meistens etwas bereits in eine Schieflage geraten. Doch typisch toxisch ist: Auch dieses Thema schleicht sich heimlich an. Kein Wunder also, dass das

Thema Eifersucht in der toxischen Beziehungen eine große Rolle spielt.

Auch in einer gesunden Beziehung haben Partner möglicherweise eifersüchtige Gefühle. Allerdings können sie mit diesem Gefühl kompetent umgehen, vorwurfslos darüber sprechen und so zu einem gegenseitigen Gefühl von Sicherheit in der Partnerschaft beitragen.

Wenn du also zum Beispiel siehst, wie ihm eine andere Frau schöne Augen macht, spürst du vielleicht einen Stich im Herzen. Du fühlst ein ängstliches Gefühl in der Magengegend. Du kannst es wahrnehmen, merkst, dass es das gibt. Lässt es wieder los. Denn etwas in dir spürt eine Sicherheit und Verbundenheit jenseits dieses Gefühls.

Vergiftete Gedanken

Lass uns zuerst den Begriff betrachten: Was ist Eifersucht? Es ist zunächst einmal ein Gefühl, das viele unserer menschlichen Grundbedürfnisse triggert: Wir spüren unsere Verlustangst, wollen unser Selbstwertgefühl stabilisieren. Wenn mein Partner sich einer anderen Frau zuwendet, und sei es nur in Gedanken, ist das mit einer Kränkung des Selbstwerts verbunden. Hinzu kommt, dass unser zutiefst menschliches Bedürfnis nach Kontrolle verletzt wird. Unser Bindungsbedürfnis ist bedroht. Und da wir Menschen instinktiv Unlust vermeiden wollen, also auch schmerzliche Gefühle zu vermeiden suchen, trifft es uns auch noch in diesem Punkt.

Eifersucht tut weh.

Es beginnt oft mit einem vergifteten Gedanken: Er hat sie zu lange angesehen? Sie hat ihn am Arm berührt und ihm dadurch signalisiert, dass sie mehr möchte? Woher der Gedanke kommt? Häufig aus vorangegangenen schlechten Erfahrungen, die sich emotional eingebrannt haben.

Silvia hat einen Freund, der sie betrügt, ihr aber wiederholt versichert: Du bist grundlos eifersüchtig. Da ist nichts. Nach Monaten erfährt sie von Freundinnen, dass er parallel noch andere Frauen datet, sogar mit ihnen schläft, während er ihr den treuen Partner vorspielt und sie beschuldigt, grundlos eifersüchtig zu sein. Diese Vorerfahrung hat bei Silvia in der nächsten Partnerschaft dazu geführt, dass sie von vornherein misstraut hat, das Handy ihres Partners kontrollieren will. Sie traut ihrem neuen Freund nicht über den Weg – oder anders ausgedrückt. Sie projiziert ihre alte Erfahrung auf diesen neuen Mann.

Ein »bisschen Eifersucht« ist völlig in Ordnung. Vermeintlich oder tatsächlich vermisst die betroffene Person Aufmerksamkeit, Liebe, Respekt, den sie einer anderen Person als entgegengebracht wahrnimmt. Gründe für Eifersucht in der Liebesbeziehung nehmen viele Menschen bereits aus der Kindheit mit, wo es zu Eifersüchteleien unter Geschwistern gekommen ist. Ein geringer Selbstwert, Suchterkrankungen, Depressionen, Psychosen oder Angststörungen, aber auch Vorerfahrungen, wie die von Silvia, können dazu führen, dass eine Situation außer Kontrolle gerät.

Alarmzeichen

Solange ein bestimmter Rahmen nicht verlassen wird, ist das alles okay. Harald Oberbauer, Facharzt für Psychiatrie und Neurologie, unterscheidet weitergehend allerdings zwischen normaler Eifersucht, krankhafter Eifersucht und Eifersuchtswahn. Sobald die eifersüchtigen Gedanken überhand nehmen, Handtaschen durchsucht oder ständig das Handy kontrolliert wird, ist dies ein Alarmzeichen dafür, dass es zu weit geht.

In toxischen Beziehungen haben wir es häufig mit einem eher wahnhaften Verhalten zu tun. Dein Partner überwacht dich, spioniert dich aus. Das Kontrollieren deines Handys oder das Durchsuchen persönlicher Dinge gehört für ihn ganz selbstverständlich dazu. »Wenn du nichts zu verbergen hast, kann ich ja wohl auch in dein Handy schauen.« Er macht dir Vorwürfe – hinterfragt, mit wem du dich triffst, oder verbietet dir den Kontakt zu anderen. Die Vorwürfe können völlig unbegründet sein, also eine eingebildete Eifersucht.

Und du – lässt es geschehen.

Er muss sich selbst helfen wollen

Aus Angst vor weiteren Streits, dem Wunsch nach Harmonie, aus Resignation. Frauen, die ihrem Partner Kontrolle vorwerfen und sich dagegen verwehren, riskieren oft noch mehr Aggressionen, die sehr schnell eskalieren und sich in verbaler oder körperlicher Gewalt entladen können. Sandra kennt dazu viele wahre Geschichten.

BESITZANSPRÜCHE

Eine Mandantin wirkte bei einem Termin in der Kanzlei erst gefasst, aber im Verlauf des Gesprächs flossen die Tränen. Sie befand sich in einer Ehe mit einem Mann, der sehr, über das »normale« Maß hinaus, eifersüchtig war. Zuerst, bevor sie geheiratet hatte, imponierte meiner Mandantin der totale Besitzanspruch ihres späteren Ehemannes. Nach der Hochzeit und der bald folgenden Familiengründung mit mittlerweile zwei gemeinsamen Kindern wurde die Eifersucht ihres Ehemannes aber immer absurder und fast krankhaft.

Sie berichtete davon, dass nahezu das gesamte Haus mit Kameras ausgestattet sei, und zwar in jedem Raum. Dies rechtfertigte ihr Ehemann damit, dass sie im Falle eines Einbruchs besser sehen könnten, wer der Einbrecher war. Nebenbei: Es wurde niemals in das eheliche Haus eingebrochen. Die bittere Pille mit den Kameras schluckte meine Mandantin jedoch erst. Dann ging es aber weiter mit der Installation von GPRS-Geräten an beiden Fahrzeugen der Eheleute. »Sicher ist sicher«, stellte ihr Ehemann fest, der damit argumentierte, dass er ihren Aufenthaltsort für den Notfall orten könnte. Auch dies ließ meine Mandantin, die sich zunehmend überwacht vorkam, geschehen, obwohl sie wusste, dass die Richtung, in der dies alles lief, falsch war. Sie war einfach sprachlos.

Eines Tages stieß sich meine Mandantin an einem Tischbein und trug einen blauen Fleck am Bein davon. Nicht, dass dies wichtig für sie gewesen wäre, aber zu einem späteren Zeitpunkt sollte dies noch erhebliche Wichtigkeit gewinnen. Nämlich, als ihr Ehemann abends nach Hause kam und diesen blauen Fleck sah.

Er stellte sie zur Rede und fragte, wer ihr diesen Fleck zugefügt habe.

»Niemand«, sagte meine Mandantin, »ich habe mich am Tisch gestoßen.«

Da schubste der Ehemann meine Mandantin auf das Bett,

presste ihre Hände nach hinten und schrie sie an: »Welcher Penner ist über dich rübergestiegen, sag's mir, los, sag's mir!«

Meine Mandantin war so schockiert und verängstigt über die Annahme, sie gehe fremd, und über die Art und Weise, wie er sie behandelte, dass sie zunächst gar nichts sagen konnte. Dies führte dazu, dass der Ehemann ihr ins Gesicht schlug mit den Worten: »Antworte, du Schlampe, antworte!«

Sie versicherte, es gäbe keinen anderen Mann, und flehte, dass er sich Hilfe suchen solle, da sie ihm bei seiner Eifersucht nicht helfen könne. Irgendwann ließ er von ihr ab.

Der nächste Tag kam und die Tage und Wochen vergingen. Meine Mandantin chattete in dieser Zeit intensiv mit ihrer besten Freundin, um sich in dieser schwierigen Situation mitzuteilen.

Oft schrieb sie mit ihrer Freundin noch kurz, bevor ihr Ehemann nach Hause kam, und was sie wunderte, war, dass er meist Andeutungen über Gesprächen machte, die sie gerade erst im Chat mit ihrer Freundin geführt hatte.

»Komisch«, dachte sie. Als sich diese Andeutungen häuften, kam meine Mandantin auf die Idee, dass ihr Ehemann sich in ihr Handy eingehakt haben könnte, und ließ dies von einer spezialisierten Firma prüfen.

Volltreffer! Über WhatsAppDesktop hatte der Ehemann die gesamten Chatverläufe, die sie auf ihrem Handy hatte, mitlesen können.

Stelle dir vor, du schreibst Tagebuch, gibst darin das tiefste Innerste von dir preis und dein Partner liest parallel mit, natürlich ohne dein Wissen. Ich persönlich nenne es: die »Vergewaltigung der Seele«!

Tja, in diesem Zustand kam die Mandantin nun das erste Mal zu mir und ich kann dir sagen, es war ein langer, schwieriger Weg von der Trennung bis zur Scheidung (das Umgangsrecht die Kinder betreffend eingeschlossen).

Sandra rät: **Einfach tun!**

Meine Mandantin war in einer beängstigenden Situation, aber sie hat das einzig Richtige getan: Sie hat sich Hilfe gesucht. Wenn du in einer ähnlichen Situation bist, dann tu dies auch: Es ist ganz einfach: Geh zu einer ersten Beratung! Weg mit den Ausreden, du schaffst das. Für dich! Such dir im Internet einen Rechtsbeistand für Familienrecht. Vereinbare dort einen Termin und nimm diesen Termin wahr. Keine Sorge, Du kannst dort alles erzählen. Es besteht Schweigepflicht. Und du musst dich auch für nichts schämen! Bringe, sofern vorhanden, entsprechende Nachweise mit.

Bis heute denkt der mittlerweile Exehemann, dass er betrogen wurde, und er hat sich bislang noch keine Hilfe gesucht. Meine Mandantin dagegen befindet sich in therapeutischer Behandlung, um das Vergangene irgendwann verarbeiten zu können.

Aber auch ich selbst wurde schon mit krankhafter Eifersucht konfrontiert und ich muss sagen: Es war ein kleiner Horrortrip. Nahezu alles, was ich zu ihm sagte, wurde infrage gestellt. Ich fühlte mich in den einfachsten Situationen wie in einem Verhör. Wenn wir in die Stadt gingen und ich einen Bekannten traf, wurde mir sofort eine Affäre angedichtet.

Einmal hatte ich mir beim Sport einen blauen Fleck zugezogen. Dieser blaue Fleck löste ein Minidrama aus und mein Expartner unterstellte mir, der blaue Fleck stamme aus einer sexuellen Handlung mit einem anderen Mann. Zuletzt ging es so weit, dass er mich mit einem anderen Auto zu meiner Arbeit und in meinem Alltag verfolgte und jegliche Abweichung zum Anlass nahm, mir eine Szene zu machen.

Ich liebte ihn, aber es ging nicht mehr so weiter. Und so trennte ich mich von ihm. Und weißt du, was ich am Ende herausgefunden habe? Du glaubst es nicht! Er hatte über den gesamten Zeitraum unserer Beziehung eine feste Freundin im Ausland.

Erste-Hilfe-Maßnahme gegen Eifersuchtsbefall

Bei einem krankhaft eifersüchtigen Partner ist es wichtig, *auf keinen Fall nachzugeben.* Sonst fühlt er sich in seinem Gefühl bestätigt und zieht die Schlinge der Kontrolle noch enger.

Verhält er sich weiter kontrollierend, kann und sollte ich als Frau erwarten, dass er sich professionelle Hilfe holt.

Ja! Du darfst erwarten, dass er etwas ändert!

Ein Angebot, das du als Partnerin machen kannst, ist, mit in die Beratung zu gehen. Wichtig ist wieder, dass beide Eigenverantwortung für ihr Handeln und für ihre Gefühle übernehmen. Das lässt sich oft schon in einigen wenigen Sitzungen erlernen. Als hilfreich erleben viele Paare auch, dass sie grundsätzlich lernen, eigene unangenehme Gefühl ohne Vorwurf zu kommunizieren, was zu einer großen Form von Nähe und Vertrauen führen kann.

Schuld und Scham sind Zwillinge, die oft Hand in Hand auftreten. Häufig werden beide Begriffe allerdings miteinander verwechselt. Du kannst etwas verschuldet haben in deinem Leben, du hast eine Beule in dein Auto gefahren. Das ist dein Verschulden. Dafür kannst du Verantwortung übernehmen. Schuld haben an etwas oder einer Situation greift nicht direkt dein Selbstwertgefühl an.

Bei Scham ist das anders. Scham ist ein Gefühl, das fast alle Menschen in allen Kulturen kennen. Häufig fühlen wir Scham in Bezug auf unseren Körper, unsere Finanzen, wir schämen uns für unsere Verhaltensweisen, unsere Familie, für ein Trauma, für unser Geschlecht, auch für Gewalt, die wir erfahren haben, und vieles mehr. Über Gefühle von Scham erfahren wir ein Getrenntsein von der Gemeinschaft, in der wir leben. Es triggert direkt unser wichtigstes menschliches Bedürfnis nach Zugehörigkeit, was zu Höhlenzeiten unser Überleben gesichert hat. Unsere Amygdala, das Alarmsystem im Gehirn, springt an und versetzt uns in den Fight-oder-Flight-Modus. Wir fühlen uns unfähig zu reagieren, wir spüren oft sogar körperlichen Schmerz, im Fight-Modus schlagen wir um uns. Scham schmälert unseren Selbstwert dramatisch und verhindert, dass wir etwas wagen im Leben.

Scham führt in die Dunkelheit

Scham ist also ein Gefühl, das uns in Dunkelheit und Isolation hält. Wann immer wir es *nicht* wagen, über unser Schamgefühl zu sprechen, halten wir uns selbst noch länger in Isolation und verstärken schlechte Gefühle, nicht selten bis hin zu depressiven Episoden. Das erklärt auch, wieso so viele

Opfer häuslicher Gewalt nicht über ihr Erleben sprechen. Aus Angst vor ihrem Aggressor, sehr oft aber aus Scham.

Je mehr und je länger wir Scham empfinden, desto mehr fühlen wir Einsamkeit.

Je mehr wir uns als einsam und hilflos erleben, desto weniger wagen wir es, nach Lösungen und Auswegen aus unserer Situation zu suchen. Wir bleiben stecken.

Es ist so wichtig, diese Falle des Schweigens zu erkennen. Du fühlst dich vielleicht schuldig daran, dass deine Beziehung nicht rundläuft, und du schämst dich, mit anderen darüber zu sprechen. Oder du schämst dich, weil du etwas »falsch gemacht« hast, und fühlst dich deshalb auch noch schuldig. Du empfindest Scham, weil dein Partner dich so oft kritisiert hat, dir immer wieder signalisiert hat, dass du »es einfach nicht drauf hast«, nichts wert bist. Er gibt dir die Schuld an allem, was nicht läuft.

Du nimmst die Vorwürfe auf dich. Fühlst dich schuldig. Daraus beginnt eine Scham-und-Schuld-Spirale sich zu drehen, die dich immer tiefer mit sich reißt. Wenn du in einer toxischen Beziehung bist, verlierst du zwangsläufig den Blick für das Wesentliche: nämlich, dass diese Gefühle dir von außen eingetrichtert werden.

Wenn du über Stunden, über Tage, über Jahre sogar immer und immer wieder abgewertet wirst, wenn deine

Wahrnehmung infrage gestellt wird, wenn deine eigenen Gedanken in der eigenen Suppe um ihn und eure Probleme miteinander kreisen und es wenig oder gar keine Regulation von außen gibt und erst recht keine Erfahrungsberichte von außen – dann besteht eure Welt nur noch aus euch beiden und dem, was du erlebst und was er dir sagt.

Manche Frauen haben dieses Gefühl so sehr in sich aufgenommen, dass ihr Wesen ganz klein geworden ist und zu all den Schuldgefühlen auch noch eine Scham in ihnen entsteht. Deine Grenzen wurden so oft und lange überschritten, dass es für dich zur Normalität geworden ist. Du kennst deine eigenen Grenzen nicht oder du hast Angst, wirklich zu dir zu stehen und eine Linie zu ziehen, die nicht überschritten werden darf. Das dazugehörige Gefühl kann dann sein, dass du dich am liebsten in dich selbst verkriechen möchtest.

Du fühlst dich ohnmächtig, schämst dich, weil du es nicht besser hinbekommst, oder hast Angst, deine Grenze klar zu benennen.

Gefühle der Scham kennen wir alle. Es ist eine zutiefst menschliche Reaktion und ein sehr mächtiges Gefühl. Brene Brown, die bekannte Schamforscherin aus den USA, definiert Scham wie folgt: Scham ist das äußerst schmerzhafte Gefühl bzw. die schmerzhafte Erfahrung zu glauben, dass wir fehlerhaft sind und deswegen keine Liebe und Zugehörigkeit verdienen. Scham kann in uns selbst entstehen, aber auch durch beschämende Handlungen anderer hervorgerufen werden.

Wir haben die Beobachtung gemacht, dass viele Frauen in toxischen Beziehungen sich für alles schämen, was ihnen widerfahren ist. Sie fühlen sich meist unzulänglich und möchten das – mit einem tapferen vorgetäuschten Lächeln – vor ihrem Umfeld und vor den Freunden verbergen. Das verstärkt die eigene Situation nur noch und die Spirale dreht und dreht sich unaufhörlich weiter. Das Fatale: Scham führt uns in die Isolation und schwächt uns nachhaltig.

Du bist schuld!

- Du bist ja verrückt!
- Du hast eine Störung.
- Du bist bekloppt.
- Du siehst das falsch. Du hast das nicht richtig verstanden.
- Was stimmt mit dir nicht?
- Du bist diejenige, die die Beziehung zerstört.
- Du hast mir ein Eheversprechen gegeben, jetzt schmeißt du alles weg?
- Du bist schuld daran, wie es mir geht!
- Werde du mal wieder normal, dann funktioniert unsere Beziehung auch.
- Ich habe das mit dem Alkohol im Griff. Ich brauche keine Therapie. Du siehst das falsch.
- Ich habe finanziell alles für dich gegeben. Und jetzt verlässt du mich?
- Du wirst es ohne mich sowieso nicht schaffen.
- Wie willst du denn alleine klarkommen?
- Wer soll dich denn schon wollen?

Du kennst solche oder ähnliche Sätze aus deiner Beziehung? Dann kennst du eine Reihe von Du-Botschaften, die in diesen Beispielen die eigene Verantwortung von sich wegschieben sollen – hin zu dir.

Du bist *schuld*. Mit dir ist etwas *nicht in Ordnung*. Du hast eine *Störung* und *du wirst es ohne ihn niemals schaffen*.

Diese Aussagen schüchtern dich ein oder verursachen bei dir Schuldgefühle? Du denkst, du weißt nicht genau, ob all diese Vorwürfe nicht doch möglicherweise stimmen, all das, was er über dich immer wieder sagt? Vielleicht hat er ja recht, denkst du? Vielleicht liegt es tatsächlich an dir, fragst du dich? Vielleicht musst du dich einfach noch mehr anstrengen. Aber egal, wie sehr du dich auch anstrengst, es reicht einfach nicht. Und du stellst dich und dein Verhalten immer wieder infrage.

Damit dein Glück sich in deinem Leben wieder oder erstmals niederlassen darf, ist es hilfreich, solche destruktiven Fragen zu durchschauen, deine eigenen Muster zu erkennen und Schritt für Schritt zu verwandeln. Wir sehen es gerade an der #MeToo-Bewegung, wie viel Kraft darin steckt, offen über das zu sprechen, was so lange aus Scham zurückgehalten wurde. Eine weltweite Bewegung sorgt dafür, dass Schuldige zur Verantwortung gezogen werden. Jede Stimme zählt. Deswegen gilt:

Trau dich aus der Isolation!
Deine Stimme ist wichtig.
Überlebenswichtig!

Werde hellhörig und decke versteckte Botschaften auf

Wenn wir unser Leben nicht nur überleben wollen, sondern wenn wir einen Weg aus einer Partnerschaft finden wollen, die uns erstickt, dann liegt der Schlüssel darin, mit vertrauenswürdigen Menschen zu sprechen, sich anzuvertrauen und zu sehen: Das geht nicht nur mir so. Es kann jede treffen. Und es hat bereits so viele getroffen. Lass dir gesagt sein: Du bist nicht allein!

Deine Superpower Nr. 1 heißt deshalb erneut: Sisterhood!

Deswegen möchten wir dich immer und immer wieder daran erinnern, wie wichtig es ist, dass du dir so viel Unterstützung und Feedback wie möglich *von außen* holst. Durchbrich die Spirale der Scham und öffne dich anderen. Das können Freunde sein, die sich mit der Thematik auskennen, Selbsthilfegruppen. Gute Bücher, die dich aufklären und dir Ausstiegsmöglichkeiten aufzeigen. Aufklärungsvideos bei YouTube. Therapeuten und Therapeutinnen, die Verständnis einerseits zeigen und dich andererseits auch hin und wieder liebevoll auf den Pott setzen, wenn es einmal sein muss, damit es für dich auf deinem Weg in die Freiheit weitergeht.

Wir gehen am Ende des Buches noch darauf ein. An dieser Stelle geht es erst einmal darum zu identifizieren, ob du oft auf Sätze stößt, die ich weiter oben notiert habe.

Ab jetzt solltest du hellhörig werden, wenn du solchen versteckten Botschaften im Job, im Freundeskreis oder zu

Hause begegnest. Was dir auffallen sollte und darf, ist, dass die Sätze fast immer mit dem Wörtchen *du* beginnen. Es kann nicht sein, dass die Schuld immer bei dir liegt, aber selten oder nie bei ihm. Wenn du dich in einer Beziehung befindest, in der es keine Selbstreflexion gibt, in der kaum Ich-Botschaften in Verbindung mit Eigenverantwortung vorkommen – dann nimm jetzt schon mal innerlich die Beine in die Hand und lauf!

Selbstreflexion und das Erkennen eigener Anteile sind Zeugnis für eine gesunde und erwachsene Beziehung. Bei dir und bei deinem Partner.

Gesunde Sätze können so aussehen:

- »Hey, ich war gestern so wütend und habe dich beschimpft. Das tut mir aufrichtig leid.«
- »Ich merke, dass ich mich so hilflos gefühlt habe – es triggert etwas ganz Altes in mir. Das gehe ich an. Ich schaue mich nach einer Therapie um.«
- »Manchmal fühle ich mich so überfordert, dann werde ich ungeduldig und auch ungerecht. Ich hole mir Hilfe.«

Einsicht ist das eine – die konkrete Verhaltensveränderung oder die Bereitschaft zu wirklicher Veränderung das andere. Beobachte in eurer Beziehung also genau:

Gibt es nur schöne Worte?
Oder verändert dein Partner etwas
an sich und seinem Verhalten?

Wechsle die Perspektive!

Es ist hilfreich, eine andere Perspektive einzunehmen. Von außen auf dich und deine Situation zu schauen. Solange wir im Schlamassel stecken, im Fight-oder-Flight-Modus, können wir kaum rational nachdenken. Solange du Angst vor deinem Partner hast, wird dein rationaler Verstand dir seinen Dienst versagen.

Nimm dir bitte jetzt kurz Zeit und beantworte dir schriftlich folgende Fragen – du verwendest am besten eine Kladde oder ein kleines begleitendes Arbeitsbuch, in das du alle wichtigen Erkenntnisse und Ereignisse einträgst. Wenn es dir selbst gerade schwerfällt, von außen auf dich zu schauen, weil du zu tief drin steckst, wer wäre sonst noch empathisch und hilfreich als Feedbackgeber in deinem Umfeld?

Wie sehen außenstehende Menschen, denen du vertrauen kannst und die dich voraussichtlich nicht abwerten werden, das Verhalten deines Partners und eure Situation? – Freunde und Freundinnen, Kolleginnen und Kollegen, Eltern, Geschwister, Sportkolleginnen oder -kollegen oder auch Therapeutinnen, Mitarbeiterinnen von Familienberatungsstellen.

Wenn du häufig in deinen Gedanken um dich selbst kreist, frage Menschen aus deinem bzw. eurem sozialen Umfeld, wie sie diese Person wahrnehmen. Wie sehen sie deinen Partner? Bitte um eine ehrliche Antwort. Sie sollen dich nicht schonen. Du suchst Orientierung. Daher ist es wichtig, dass sie ehrlich mit dir sprechen. Mach ihnen das klar. Und wenn du sie fragst, gilt für dich: Unterbrich nicht. Höre einfach zu. Vielleicht machst du dir ein paar Notizen. Ehrliche Freunde sind ein großes Geschenk.

Beispiele für Fragen:

- Wie nimmst du meinen Partner wahr?
- Gibt es Störgefühle?

- Welche Beobachtungen machst du konkret? – Lass dir konkrete Beispiele geben. Was hat er gesagt oder getan, was du als respektlos empfunden hast?
- Was würdest du in meiner Situation tun?
- Wo könnte ich einen blinden Fleck haben?

Natürlich bist du hier schon in einem Schritt, in dem du dich öffnest. Oder öffnen möchtest. Das ist ein mutiger Schritt. Wenn du diesen Schritt noch nicht gehen kannst, wende dich vielleicht an eine wirklich gute Freundin, der du vertraust und die dir dabei helfen kann. Auch sie kann eine gute Orientierung für dich sein. Manchmal allerdings ist es auch gut, einen Coach oder eine Therapeutin aufzusuchen, die dir völlig fremd ist. Vieles lässt sich dort einfacher besprechen und Tipps von Fachleuten sehen in aller Regel differenzierter aus als Hinweise von Freunden.

EIN AHA-ERLEBNIS

Eine meiner Klientinnen ist in dritter Ehe verheiratet und berichtete über die toxischen Beziehungsstrukturen in der aktuellen Partnerschaft. Es gab keine körperliche Gewalt, jedoch viel Abwertung und Beleidigungen unter Einfluss von Alkohol. Wenn Melissa glaubte, dass er nur mit ihr so umging. Dass er nur ihr gegenüber Tatsachen und die Wahrheit verdrehte, in Diskussionen immer das letzte Wort hatte, nur sie beleidigte. Ich bat sie, sich offen und ehrlich mit anderen Menschen in ihrem Umfeld auszutauschen. Und siehe da – auch Freunde oder Familienmitglieder hatten ähnliche Züge an ihrem Partner erlebt.

Das war ein wirkliches Aha-Erlebnis für Melissa. Freunde wunderten sich seit Langem, wie aufgedunsen sein Gesicht aussah. Sie hatten selbst Beleidigungen durch ihn erfahren. Im Job pöbelte er Kollegen an, verdrehte Aussagen. Immer hatten die anderen Schuld. Selbstreflexion konnten

Kollegen bei ihm nicht erkennen. Seine Sicht war stets die einzig wahre. Einzelne Kollegen hatten sogar gekündigt, weil sie mit ihm nicht mehr in einem Team arbeiten wollten.

Melissa hatte massiv an sich und ihrer Wahrnehmung gezweifelt. Sie war kurz davor, Gespräche heimlich mit dem Handy aufzunehmen, weil sie sich am Ende einer stundenlangen Diskussion so verwirrt gefühlt hatte. Und weil ihr Partner ihr das so oft eingeredet hatte, glaubte sie schließlich selbst daran, sie sei »nicht normal«, sie könne nicht richtig zuhören, sie sei das Problem. Sie hatte über Jahre an sich gezweifelt – und fühlte sich wirklich »verrückt«. Zu erfahren, dass auch andere Menschen zunehmend weniger mit ihm klarkamen, erleichterte sie.

Fast alle Frauen in toxischen Beziehungen, mit denen ich spreche, zweifeln so massiv an sich, dass sie tatsächlich häufig denken, sie seien »verrückt geworden«. Rein wörtlich gesehen ist es das auch: Deine Wahrheit – deine Wahrnehmung – wird durch deinen Partner *verrückt*.

Achtung – megawichtiger Hinweis: Du bist nicht verrückt!

Toxic Love Journal

Verhaltenskodex

Achte immer auf das Verhalten, nicht auf die schönen Worte.

Von Worten hast du nichts. Da muss schon auch eine Tat folgen. In Auseinandersetzungen folgen auf verbale Angriffe häufig Gegenangriffe. Das führt zu einer Spirale – ihr werdet laut, beide, schreit euch an.

Überlege, wie Streitereien bei euch oft ablaufen. Geht es noch um die Sache?

Du spürst es selbst: Solche destruktiven Beziehungsspiele kann niemand gewinnen. Frage dich an dieser Stelle deiner aktuellen Beziehung:

- Kannst du in deiner Beziehung aufblühen?
- Fühlst du dich unterstützt?
- Mit welchem Gefühl betrittst du dein Zuhause?
- Fühlst du dich sicher?
- Könnt ihr miteinander offen über eure Gefühle sprechen?

___

___

___

___

___

___

___

___

___

___

Wenn es nur um Schuld geht, ist es keine Liebe.

DU WILLST? DU KANNST! – DEIN AUSSTIEGSSZENARIO

Beziehungen bringen es mit sich, dass wir uns alle wahnsinnig schnell in Abläufe verstricken, in denen wir wie automatisch Rollen einnehmen. Das macht es so schwierig, Muster zu durchbrechen und etwas zu verändern. Wenn du aber verstehst, wie psychologische Spielchen zwischen zwei und mehr Menschen blitzschnell in Kommunikation ablaufen, werden dir viele Lichter aufgehen.

Du wirst durchschauen,
was gespielt wird.

Wenn du ungesunde Beziehungen verändern oder gar verlassen willst, ist es also wesentlich, dass du dich selbst und die anderen lernst richtig einzuschätzen. Denn du spielst mit in einer Konfliktsituation – ob du willst oder nicht. Wichtig ist zu durchschauen, welche Mechanismen hier zum Tragen kommen. Es gibt ein Modell dazu, das drei Rollen beschreibt: Verfolger (manchmal auch Täter genannt), Retter und Opfer.

Verfolger – Opfer – Retter: die Mitspielenden im Drama-Dreieck

Der Nutzen dieses »Drama-Dreieck«-Modells wurde zum ersten Mal vom Transaktionsanalytiker Stephen Karpman beschrieben. Es besteht darin, dass auf einfache Weise das eigene sowie das Verhalten des Gegenübers im Kontext leichter eingeschätzt werden kann. So lassen sich Konflikte leichter verstehen und lösen – wenn beide Partner ein entsprechendes Bewusstsein mitbringen.

- Der *Verfolger* erscheint anderen als der Machtvolle. Er demonstriert deutlich, dass er über den anderen steht. Sein Verhalten zielt stets in Richtung Anklage, er beschuldigt andere gerne. Sie oder er regiert mit Drohungen, Kontrolle ist dabei ein wichtiger Part. Demütigungen anderer sind an der Tagesordnung. Dabei macht er mit erstaunlicher Sicherheit jene zu seinen Opfern, bei denen sein Spiel funktioniert. Andere fürchten ihn, weil sie wissen, dass er schnell wütend wird und sie mit seiner Aggressivität nicht umgehen können. Selbst Kleinigkeiten hören sich an wie eine schlimme Tat und degradierten den Adressaten zum Beschuldigten. Der Verfolger weiß sich selbst stets im Recht und die anderen im Unrecht. Beispiel: »Du hast schon wieder nicht den Müll runtergebracht.« (= Beschuldigung)

- *Das Opfer* ist in dieser Konstellation ein notwendiger Part. Als Gegenüber des Verfolgers muss es mit den Vorwürfen und Beschuldigungen umgehen. Es fühlt sich deshalb oft kleingemacht und hilflos. Aus dieser Rolle heraus agiert das Opfer auch und ruft nach Hilfe, beklagt sich oder weist jede Schuld von sich. Durch den Status Opfer wehrt es allerdings auch die Verantwortung ab. Auf der einen Seite scheinbar wehr- und hilflos, schiebt ein Opfer also auch gerne einem anderen die Verfolger- oder Täterrolle zu. Es will als Opfer im Mittelpunkt stehen, keinerlei Konsequenzen tragen und zielt darauf, bei anderen ein schlechtes Gewissen zu erzeugen und sucht danach, in seiner Opferrolle bestätigt zu werden.
- Der *Retter* sieht sich selbst stets in der Rolle dessen, der eine Situation eben »rettet«. Ohne ihn geht es wieder mal nicht, so ist er überzeugt. Seine Bestätigung bezieht er daraus, gebraucht und geachtet zu werden. Darin liegen seine eigenen Bedürfnisse. Weil es ohne ihn nicht geht, schießt er oft über das Ziel hinaus, übernimmt das, was andere tun sollten, und macht dadurch sein Gegenüber oft noch kleiner und hilfloser. Wenn trotzdem niemand auf das Hilfsangebot reagiert, fühlt sich der Retter zurückgestoßen und nicht wertgeschätzt.

In einer Diskussion oder einem Streit wechseln die Rollen meist blitzschnell. Das Karussell läuft völlig unbewusst ab. Hierzu brauchst du dir nur gängige TV-Reality-Shows ansehen – sie profitieren genau von diesem Prinzip.

Wie aber kannst du nun aus diesem Drama-Szenario aussteigen, wenn du mittendrin bist?

Werde dir klar darüber, was passiert

Siehst du, wie Konfliktsituationen ablaufen? Kannst du Muster erkennen? Am besten ist es, wenn du gedanklich einen Schritt zurücktrittst und wie eine Zuschauerin beobachtest, was gerade passiert. Berücksichtige dabei auch das, was vielleicht in deiner Kindheit oft nach einem ähnlichen Schema verlaufen ist. Hat dein Vater oder deine Mutter betont vorwurfsvoll oder aggressiv agiert? Gab es wiederkehrende Themen und Streitigkeiten, die stets gleich abliefen?

Stelle dir dazu folgende Fragen:

- Versuche, allen Beteiligten in verschiedensten Phasen eines Konflikts die Rollen zuzuordnen.
- Gibt es eine Rolle, in der du dich selbst oft wiederfindest?
- Denk zurück an deine Kindheit – welche Rolle hast du da meistens innegehabt?
- Wie agieren andere Personen in deinem Umfeld in Konfliktsituationen?
- Wie läuft ein typischer Streit mit deinem Partner ab?

Was von all den Rollen gehört wirklich zu dir?

Wir alle sind geprägt aus unserer Kindheit und bringen Verhaltensweisen mit, die wir uns angeeignet haben. Bei den drei Rollen des Drama-Dreiecks verharren die »Mitspieler« oft darin, was eben im Streit äußerlich betrachtet passiert. Wie automatisch setzen sie das Erlernte dann ein.

Doch wenn du einmal nur für dich innehältst und in dich hineinspürst – wie würdest du tatsächlich reagieren? Was denkst du? Wie fühlst du dich abseits der eingefahrenen Muster und Rollenabläufe? Katie Byron hat in ihrem Buch »The Work« hilfreiche Anregungen, um deine Glaubenssätze offenzulegen und zu erkunden, was zu dir selbst gehört.

Brich eingefahrene Rollen auf

Es ist eine gute Erfahrung, sich selbst kennenzulernen, zu verstehen, dass man in verschiedenen Situationen immer auf eine bestimmte Weise reagiert – und auch die anderen dabei automatisch mitspielen.

Doch damit ist es nicht getan. Nun geht es darum, all das hinter dir zu lassen, dich neu kennenzulernen und zu lernen, wie du in Zukunft all die Automatismen, die ablaufen, hinter dir zu lässt, um völlig neu zu agieren, statt lediglich zu reagieren.

Also wer bist du in welcher Situation? Wenn du oft das Opfer bist, dann versuche, aus dieser Rolle aktiv auszusteigen. Was braucht es dafür? Wenn du den Verfolger in dir wahrnimmst, dann handle bewusst so, wie du es sonst nicht tun würdest. Wenn du dazu neigst, die Retterin zu spielen, dann halte dich zurück und lasse andere ihre Situation selbst regeln.

Finde dich selbst und handle authentisch

Es dauert eine Weile. Gib dir Zeit, dich neu kennenzulernen, und entdecke, was deine Bedürfnisse sind. Und dann beginne damit, diese auch klar zu kommunizieren. Auch das reicht noch nicht. Du musst dann auch Schritte setzen, um den anderen zu verstehen zu geben, dass es dir ernst ist.

Du hast Aufmerksamkeit und Wertschätzung verdient.

Dabei muss dir bewusst sein, dass dein Umfeld oft nicht verstehen wird, dass sich nun etwas Entscheidendes ändert. Wir sind alle Gewohnheitstiere und viele wollen vor allem nicht, dass *du* dich änderst, wenn dein Verhalten so gut für sie funktioniert hat. Wenn du aus deinem Opferdasein also ausbrechen willst, dann wirst du auf Widerstand stoßen. Wenn du nicht mehr die Retterin sein willst, dann werden andere dich auffordern, doch wie sonst auch immer zu versuchen, die Situation zu lösen.

Stopp Toxic Love!

- Wenn du für dich heilen willst, ist es ratsam, sich eine Strategie dafür zurechtzulegen.
- Bleibe bei dir, lass dich nicht beirren.
- Sage den anderen, dass du etwas ändern willst, und steh dazu.

Denk daran, wie rasch sich die Rollenzuteilung in einem Streit ändern kann und wie du selbst dabei agieren könntest. Die folgende Geschichte dient als Beispiel und du kannst sie genauso gut auf die verschiedensten Situationen umlegen.

EIN BEISPIEL AUS DEM FAMILIENLEBEN

Eine Mutter kauft im Winterschlussverkauf einen blauen Pullover für ihren Sohn. Kurz denkt sie daran, dass ihr Sohn Blau nicht mag, aber der Pullover ist so schön, dass sie beschließt, ihn trotzdem zu kaufen. Zuhause legt sie den Pullover auf sein Bett. Sie hofft, dass er sich freuen wird.

Der Sohn sieht den Pullover und reagiert ... wütend: »Du weißt doch, dass ich Blau nicht mag. Und jetzt hast du schon wieder etwas Blaues gekauft!« (Sohn: Verfolger, Mutter: Opfer)

Die Mutter reagiert so: »Ich hatte gehofft, dass du dich freust, und jetzt krieg ich so was von dir zu hören. Ich kann's auch nie richtig machen.« Sie beginnt zu weinen und beklagt sich über ihre undankbaren Kinder. (Opfer)

In diesem Moment schaltet sich der Vater ein, der in der Küche Kartoffeln schält, und schreit: »Hey, schrei deine Mutter nicht so an. Geh in dein Zimmer, du kriegst heute Abend nichts zu essen!« (Vater verfolgt den Sohn, rettet die Mutter.)

Der Sohn geht schimpfend nach oben. »Scheißkerl«, denkt er und fängt in seinem Zimmer an zu weinen. (Sohn wechselt vom Verfolger zum Opfer.)

Nach ein paar Minuten bringt die Mutter Limonade und Brötchen und sagt: »Das darfst du aber deinem Vater nicht sagen, ja? Wollen wir uns wieder vertragen?« (Mutter rettet ihren Sohn).

Anschließend geht die Mutter wieder nach unten, wird zunehmend wütend auf ihren Mann.

Sie sagt: »Du bist viel zu streng zu unserem Sohn gewesen. Jetzt liegt er im Zimmer und hasst dich!« (Mutter: Verfolgerin)

Der Vater reagiert erstaunt: »Aber ich hab doch nur helfen wollen!« (Vater: Opfer)

In diesem Moment ruft der Sohn von oben nach unten: »Hey Mama, willst du wohl Papa in Ruhe lassen?« (Sohn rettet Vater und verfolgt Mutter.)

Kennst du solche oder ähnliche Situationen? Die spannende Frage lautet: An welcher Stelle hat wer den Einstieg in das Drama-Dreieck verursacht?

Was meinst du? Denk einen Augenblick darüber nach, bevor du weiterliest.

Die Mutter ist unbewusst in das Drama-Dreieck eingestiegen. Sie weiß genau, dass ihr Sohn Blau nicht mag – und stellt ihr eigenes Bedürfnis *(ich will ihm eine Freude machen)* über das des Sohnes *(er mag die Farbe Blau nicht)*. Sie geht also ausschließlich von sich aus *(übergeht seine Bedürfnisse)* und ist davon überzeugt, ihm eine Freude zu machen.

Warum ist das hier so wichtig zu verstehen? Das Drama wäre niemals entstanden, hätte sie in der besten Absicht, ihrem Sohn eine Freude zu machen, wirklich auf ihn geschaut. Wie hätte sie das Drama vermeiden können?

- *Option 1:* Den Pullover nicht kaufen, da sie weiß, das ihrem Sohn Blau nicht gefällt.
- *Option 2:* Den Pullover kaufen und ihrem Sohn sagen: »Ich weiß, dass du Blau nicht magst, ich dachte, vielleicht gefällt dir der Pullover trotzdem. Falls nicht, sag es gern offen, ich bringe ihn dann einfach wieder zurück oder tausche ihn um.«

Vielleicht fallen dir noch weitere Optionen ein. Wichtig ist zu verstehen: Auf diese Weise steigt die Mutter in das Spiel ein – und fordert andere zum Mitspielen auf. Alle fühlen sich in solchen Spielen als Verlierer! Das gegenseitige Beschuldigen geht blitzschnell hin und her.

Gar nicht ins Drama einsteigen ist das Gebot Nummer 1.

Wenn es doch passiert, kannst du dir bewusst machen, an welcher Stelle du bist oder ob ihr als Familie oder als Paar eingestiegen seid. Bewusstmachung ist der erste Schritt, um wieder auszusteigen. Das kann über Humor geschehen, indem ihr gemeinsam darüber lachen könnt, eure Rollen entlarvt: »Mensch, das habe ich gar nicht gemerkt, aber ich bin vorhin tatsächlich in die Opferrolle bzw. Täterrolle bzw. Retter-Rolle getappt.«

Hilfreich ist auch, möglichst von dir selbst zu sprechen: *Was ist dir an deinem eigenen Verhalten aufgefallen?* Wie möchtest du aussteigen?

Beobachte auch bei anderen, im Beruf, in der Familie, wo du Dynamiken aus dem Drama-Dreieck erkennst. Aber hüte dich, das Menschen zu kommunizieren, die dieses Modell nicht kennen. Denn schwupps – schon kannst du im nächsten Drama-Dreieck landen!

Bewusste Kommunikation, das Wissen über die Psychospiele, die wir unbewusst in unseren Herkunftsfamilien oder durch unser soziales Umfeld erlernt haben, sind entscheidend für deine innere und äußere Freiheit. Dein Wissen darum hilft dir zu erkennen, ob es sich um »normale« oder bereichernde Kommunikationsstrukturen handelt, mit denen du es in deiner Paarbeziehung oder in der Familie zu tun hast, oder ob du beobachtest, dass du an bestimmten Punkten eher ein schwächendes Verhalten in Worten und Taten erlebst.

Toxic Love Journal

No drama!

Tritt einen Schritt zurück und betrachte dich selbst:

- Befindest du dich in einem Drama-Dreieck?

___

___

___

- Wer sind die anderen Mitspieler und Mitspielerinnen?

___

___

___

- Welche Rolle hast du in diesem Dreieck?

___

___

___

Nun wechsle die Perspektive:

- Versetze dich in die Mitspieler in deinem Drama-Dreieck: Was treibt sie an?

___

___

___

- Was machen die verschiedenen Rollen mit euch?

___

___

___

Triff deine Entscheidungen:

- Möchtest du in diesem Dreieck verharren?

___

___

- Möchtest du laut und deutlich Ja zu einem Ausstieg sagen?

___

___

Toxische Partner sind unlogisch, sehen nur sich selbst und sind absolut unemphatisch. Aus anwaltlicher Sicht und auf Grundlage dessen, was wir erlebt haben, ist die Kommunikation mit einem toxischen Partner nahezu unmöglich.

Auch in familienrechtlichen Verfahren treffen wir oft auf toxische Beziehungen. Was glaubst du, wie schwierig es für Anwältinnen, die Richterinnen, das gesamte System ist, eine Kommunikationsbasis herzustellen? Bis zur eigentlichen Problemlage vorzudringen, ist ein schwieriges Unterfangen. Oft kommt es mir in Streitsituationen mit toxischen Partnern so vor, als stünde man einem Dreijährigen gegenüber – man kann nicht gewinnen.

Die Argumentationslinien laufen wie im Drama-Dreieck beschrieben. Er beschuldigt dich, macht dir oft unsinnige Vorwürfe. Du rechtfertigst dich. Das kann stundenlang hin und her gehen. Irgendwann gibst du auf. Fühlst dich müde und leer. Ständige Beschuldigungen lassen dich an deinem Verstand zweifeln. Umso wichtiger ist es, wann immer es sich »irgendwie schlecht« anfühlt, dich mit Menschen auszutauschen, denen du vertraust. Gemeinsam auf die Kommunikation zu schauen, hilft, denn deine Freundinnen oder Familie, deine Arbeitskolleginnen sind emotional nicht betroffen. Sie können dir Rückmeldungen zu der Frage geben: *Was ist normal? Bin ich noch normal?*

Wenn Kommunikation sich nicht gut, sicher und wertschätzend anfühlt, ist sie es meist auch nicht.

Mithilfe der drei Rollen aus dem Drama-Dreieck kannst du jetzt schneller oder klarer beurteilen, was gerade schiefläuft. Und wenn du die Hoffnung hegen solltest, dich doch irgendwann erklären zu können, dass *er* doch endlich etwas einsieht, was er seit Wochen oder Monaten nicht eingesehen hat, nämlich Eigenverantwortung für sein Handeln zu übernehmen: Wenn er es bis jetzt nicht getan hat, wird er es voraussichtlich auch in Zukunft nicht tun.

Aber warum nicht? Er ist doch ein intelligenter Mensch. Das mag stimmen. Viele Frauen berichten uns von ihren Männern, die Vorstände sind, Ärzte, Geschäftsführer, Inhaber von Unternehmen. Und häufig sind vor allem diese Männer anfällig für toxische Verhaltensmuster. Statistiken bestätigen dies. Gerade in solchen Führungspositionen tummelt sich viel Ego gepaart mit einem Mangel an Empathie und Herzensweisheit.

Du hast bereits mehrfach die Erfahrung gemacht, dich rechtfertigen zu wollen? In einer Beziehung mit einem wirklich toxischen Partner wird sich das immer und immer wiederholen. Solange du es zulässt. Solange du in der Beziehung bleibst.

Wir wollen Ausnahmen nicht ausschließen. In sehr seltenen Fällen suchen sich toxische Partner selbst Hilfe. Oft leiden sie ja selbst auch. Allerdings habe ich (Ruth) in meinen Beratungen der letzten zwanzig Jahre noch keinen Mann gesehen, der toxische Verhaltensweisen an den Tag gelegt hat *und* bereit war, ernsthaft etwas zu verändern. Alle blieben in dem Verfolger-Opfer-Retter-Dreieck, beschuldigten ihre Frauen, meinten, diese *»müssten nur normal werden«*. Wenn ich solche Männer dann mit ihren Frauen in die Beratung bat, war das meist das Ende unserer Zusammenarbeit.

Auch aus persönlicher bitterer Erfahrung kann ich sagen: Menschen, die ihren eigenen Anteil an Schieflagen in Beziehungen nicht sehen können oder wollen, werden sich nicht verändern.

Dann bleibt nur eins: Nimm die Beine in die Hand – und lauf!

Es ist Zeit für eine Entscheidung …

Viele Frauen sind so verstrickt in ihre Beziehungssituation, dass sie ihre eigene Haltung gar nicht richtig wahrnehmen können. Wenn du bei dir bemerkst, dass du dich in eine Art Opferhaltung begeben hast und dich damit mit deinem Partner im Drama-Dreieck befindest, ist das schon mal eine gute Erkenntnis. Jetzt geht es um eine wichtige weitere Entscheidung, die du bewusst treffen musst. Daran führt kein Weg vorbei. Es hilft an irgendeinem Punkt einfach nicht mehr zu hoffen, zu beschönigen, zu relativieren, Entschuldigungen zu finden oder sich zu verstecken. Und leider kann dir diese Entscheidung auch keiner abnehmen. Du allein bist für dein Leben zuständig.

Es ist an dir, die Entscheidung zu treffen: Willst du aussteigen?

Jammern und Klagen fühlt sich oft richtig und wichtig an, es erleichtert dich. Du erhältst vielleicht Zuspruch aus dem Freundeskreis. Du Arme! (Achtung, der Schritt zur Opferrolle ist oft nicht weit.)

Eine Faustregel für mich (Ruth) lautet immer: Ich frage meine Freundin, ob ich fünf Minuten jammern und klagen darf. Danach darf sie mich stoppen oder ich höre selbst auf damit.

Schließlich kann sich ein wenig Selbstmitleid auch gut anfühlen. Und indem ich mich sprechen höre, fällt mir meist auf, was es mit mir macht: schlechte Energie, ich fühle mich kleiner, als wenn ich über gute Situationen in meiner Partnerschaft spreche. Dann fragt mich meine beste Freundin, auf deren Rat ich Wert lege: Was glaubst du, was dein nächster Schritt sein kann? Was könntest du aktiv tun? Das ist wichtig! Dich in die aktive Rolle zu bringen. Immer und immer wieder.

*Jammern kann sich gut anfühlen,
es befreit dich aber nicht aus einer
schlechten Situation.*

Der Ausstieg aus der Opferhaltung braucht neben der Erkenntnis darüber vor allem eins: *dein liebevolles Mitgefühl für dich selbst.* Was heißt das? Wenn du erkennst, dass du feststeckst – verurteile dich nicht, sondern sprich zu dir, wie es eine gute wohlmeinende Freundin tun würde. Der erste Impuls vieler Frauen, mit denen ich spreche, ist auch hier: Sie suchen die Schuld bei sich. Sie machen sich dafür verantwortlich, nicht klar genug, nicht konsequent genug zu sein. Sie werfen sich vor, dass sie sich schon vor Jahren hätten trennen sollen, es aber immer noch nicht geschafft haben.

Da Vorwürfe von außen in deinem Leben bereits gang und gäbe sind, mach dir nicht selbst noch mehr Vorwürfe, liebe Freundin. Du schwächst dich damit selbst zusätzlich. Meine Therapeutin hat mir in jüngeren Jahren einen liebevollen Satz mit auf den Weg gegeben, den auch du einsetzen kannst, wenn du bemerkst, dass du dir wieder selbst Vorwürfe machst. Sage dir:

»Ach, wie gut, dass mir das auffällt. Das hätte ich früher gar nicht bemerkt.«

Auch so kann es gehen. Mitgefühl mit uns selbst stärkt uns. Wir loben uns und anerkennen uns dafür, dass wir in unserem eigenen Verhalten etwas bemerken. Das ist wichtig, nährend und heilsam. Und es ist eine Übung. Diese Übung braucht Wiederholung. Sie braucht Zeit, Geduld, Training und gute Vorbilder. Der einen helfen Facebook-Gruppen wie die von Svenja Beck, eine andere begibt sich in eine Therapie. In jedem Fall findest du den Schüssel aus deinem Gefängnis in dir selbst. Je mehr du über dich lernst, über deine meist im Elternhaus erlernten Verhaltensmuster, desto eher wird sich der Schleier in deinem Wesen lüften. Du erkennst, was läuft. Viele Frauen berichten, dass sie sich aus ihrer Kindheit daran erinnern, wie sehr sich die eigene Mutter unterdrücken ließ. Sie hielt aus, bis er starb. Dann, sagt eine Klientin, fühlte sich meine Mutter endlich frei.

Wie lange willst du warten? Das Leben wartet nicht auf dich. Die Jahre vergehen. Du verschenkst Lebensfreude und Gesundheit. Verändere, was du verändern kannst! Hole dir jede Unterstützung. Und glaube daran, dass es möglich ist.

Die Jammernden und die Klagenden

Was machst du, wenn du mit jemandem zusammen bist, der immer wieder die Opferkarte spielt?

Du weißt jetzt, wie du aussteigen könntest. Dinge ansprechen, bewusst machen, sich austauschen, authentisch kommunizieren. Möglicherweise hast du es aber in deiner Partnerschaft oder im Familiensystem mit einem Menschen zu tun, der gar nicht aussteigen will! Das gibt es durchaus. Im therapeutischen Kontext werden diese Menschen häufig als »Jammernde« oder »Klagende« bezeichnet. Demgegenüber steht der »Kunde« oder der »Klient«, der etwas verändern will, der Eigenverantwortung übernimmt und konkrete Hilfestellung sucht. Der oder die Klagende will in aller Regel nur eins – klagen.

JAMMERN ALS METHODE

Michael kommt zu mir in die Beratung. Er ist stets gut gekleidet und legt viel Wert auf sein äußeres Erscheinungsbild. Mehrfach erzählt er von seiner Frau und der Beziehung der beiden, beklagt sich über vieles. Wir besprechen Dinge, die er verändern könnte. Beim nächsten Mal klagt er über andere Dinge: Der Sex ist nicht mehr so, die gemeinsame Zeit als Paar durch das Kind eingeschränkt. Immer wieder beschreibt er Defizite, die er an ihr bemerkt. Also lade ich ihn freundlich ein, seine Frau mitzubringen. Zweimal findet er Ausreden. Beim dritten Mal spreche ich direkt an, ob er seine Beziehung ernsthaft verändern möchte. Ja, antwortet mir Michael. Auf jeden Fall. Dann sei es wichtig, seine Frau mit am Tisch zu haben. Ob sie offen dafür sei. Auch dies bejaht er. Ich erkläre ihm freundlich, dass ich gern weiterhin nur mit ihm allein arbeite, für den nächsten Schritt jedoch seine Frau dabeihaben möchte, das ginge auch per Zoom. Ich versichere ihm, dass ich mich jedes Mal freue, ihn zu sehen, mich aber frage, ob er glaubt, dass er die Fortschritte in der Beratung macht, die er sich wünscht. Mein Eindruck ist: Einerseits kommt er zu mir, andererseits bewegt sich offenbar nichts in die von ihm gewünschte Richtung. Ich bin gern bereit, mit ihm zu plaudern, dafür meine Rechnung zu stellen. Was er dazu meint? Danach habe ich nie wieder von ihm gehört.

Auch für mich als Coach oder Paarberaterin kann die Arbeit mit Klagenden sehr ermüdend sein. Sie kommen, um ihre Geschichte bei mir abzuladen. Dann fühlen sie sich für einen Moment etwas besser, aber ich merke, wie es mir Energie abzieht. Daher habe ich entschieden: Das sind nicht meine Kundinnen und Kunden. In einem kurzen telefonischen Erstgespräch prüfe ich immer: Mit wem habe ich es zu tun? Ein paar Fragen zeigen mir, ob wir zueinander passen, ob ich passend bin für die Person oder ob es sich um einen Menschen handelt, der sich dauerhaft in Opferposition begeben hat.

Wie ist es in deiner Familie? Kennst du solche Klagende? Ich meine nicht jemanden, der ab und zu über das Leben klagt, ich spreche von Menschen, deren Grundhaltung das Klagen ist. *Die anderen sind schuld. Das Leben ist schlecht. Das Glas ist halb leer.* Sie sind die reinsten Energie-Staubsauger.

Mach Schluss mit Energie-Staubsaugern in deinem Leben.

Vielleicht agiert dein Partner so? Dein Schwiegervater oder die Tante? Oder du selbst? Wir alle kennen diese Rolle und haben sie immer wieder einmal eingenommen. Das ist normal und macht uns so menschlich. Wichtig ist für eine lebendige Beziehung zu dir selbst und anderen, dass du erkennst, in welcher Rolle du dich befindest. Wir sprechen in diesem Buch ja von dir und einem kraftvollen und lebendigen Leben, in das du hineinwachsen willst.

Die Opferrolle ist für mich die stärkste, da sie häufig so unscheinbar und leidend daherkommt, dass wir natürlich als »gute Menschen« auch helfen wollen. Kennst du? Ein liebes Mädchen, eine gute Ehefrau hilft, wo sie kann. Ich überspitze es. Bitte bleib dran. Gerade, wenn wir einen Menschen lieben, ist uns daran gelegen, dass es ihm oder ihr gut geht. Das *ist* auch gut so. Die Frage ist: Welchen Preis zahle ich möglicherweise, ohne ihn bisher hinterfragt zu haben?

Unterscheide also genau: Habe ich es mit jemandem zu tun, der vorübergehend klagt, oder fühle ich mich nach einem Gespräch immer wieder ausgelaugt, müde und erschöpft, weil es keine Lösung gibt? Ich verausgabe mich mit Vorschlägen, keiner wird jemals angenommen. Du weißt genau, wovon ich spreche, oder?

Typische Signalsätze von Menschen in der Opferhaltung können sein:

- »Das geht nicht, weil ...«
- »Das kann ich nicht, dafür fehlt mir die Kraft.«
- »Das habe ich alles schon versucht.«
- »Das würde er/sie nicht aushalten.«
- »Wenn ich für mich einstehe, dann wird er mich verlassen/sich umbringen.«
- »Wie soll *er* das denn alleine schaffen?«
- »Wie soll *ich* das denn alleine schaffen?«

Es gibt Hunderte von Sätzen dieser Art, die ein Mensch in Opferhaltung äußert. Dazu noch die hängenden Schultern, die leise weinerliche Stimmung – und zack – willst du als Retterin ihn oder sie retten?

In der anwaltlichen Praxis erlebe ich (Sandra) es immer wieder, dass es Mandantinnen erst im dritten oder vierten Anlauf schaffen, den Weg der Lösung für ihr Problem mit mir zu gehen.

Viele meiner Mandantinnen sind zu Beginn des Mandats noch fest in der Opferrolle festgefahren und können sich daraus nicht lösen. Egal was ich dann für Lösungen anbiete, es kommt immer ein: *»Nein, das geht nicht«*, oder: *»Das ist zu hart für meinen Mann«*, oder: *»Bitte schreiben Sie den Brief sanft.«*

An solchen Sätzen merke ich oft, dass die jeweilige Mandantin noch nicht bereit ist, sich aus der Rolle des Opfers zu lösen. Dies ist aber zwingend erforderlich, um ein neues, besseres Leben zu führen. Ich sage dann immer: »Nehmen Sie sich Zeit für Ihre kleinen Schritte und Entscheidungen, machen Sie keinen Druck.«

Sandra rät: **Gründe für die Trennung**

Viele Verfahren können an der Opferrolle sogar scheitern. Frauen zögern, an sich selbst zu denken, und ziehen wieder zurück. Mach dir ganz klar, warum du dich aus der Beziehung lösen willst. Schreib dir alle Gründe auf – damit du dir in unsicheren Momenten selbst Unterstützung geben kannst.

Druck geht in solchen Fällen überhaupt nicht, da die Mandantinnen meist genügend belastet sind. Aber die meisten schaffen es irgendwie, den Weg der Lösungen mit mir zu gehen.

Und weißt du, was die meisten meiner Mandantinnen etwa sechs Monaten nach einer Trennung sagen? Rate mal!

»Ich habe nun die beste Zeit meines Lebens!«

Er sieht mich gar nicht wirklich – das sterbende Ich

»Ich sehe dich.« »Ich erkenne dich.« »Ich liebe dich.« – Sätze wie diese sind es, die uns tief emotional berühren. Und wenn sie in einer Beziehung keinen Raum finden, liegt darin oft der wahre Grund für Trennungen. Wir Menschen sehnen uns so sehr nach einer tiefen inneren Verbindung mit einem anderen. Nach jemandem, der uns sieht, wie wir wirklich sind und uns selbst sehen. Die Psychologin Sissel Gran beschreibt das treffend so: »Der Grund für Trennungen ist die Sehnsucht nach Bindung, die nicht erfüllt wird, und der Mangel an Bestätigung und Anerkennung der Person, für die man sich tief in seinem Inneren hält. Wenn wir nicht gehalten werden von dem, den wir lieben, fallen wir. Werden wir nicht gesehen, werden wir ausradiert.«

WENN DAS ICH VERSCHWINDET

Nasrin, 38, lebt mit ihrem Mann in einer festen Beziehung, seit sie 19 ist. Björn ist zehn Jahre älter, arbeitet in der Medienbranche. Sie war lange Zeit als rechte Hand des Geschäftsführers einer großen Restaurantkette beruflich aktiv. Schule, Studium, Job. Nasrin erlebe ich als eine hochintelligente und wunderschöne Frau, als wir uns begegnen. Eine typische Einser-Kandidatin beim Abitur. Als Kind von Einwanderern ist sie es gewöhnt, immer ein wenig mehr zu leisten als die anderen. Auf sie ist Verlass. Ihren Traum von einer glücklichen Familie will sie unbedingt realisieren.

Als die Kinder zehn und zwölf Jahre alt sind, zieht die Familie in ein hübsches Haus im Grünen, das allerdings dringend saniert werden muss – ein Vollzeitjob. Nasrin kündigt und kümmert sich nun ausschließlich um Kinder und Haus. Björn ist währenddessen kaum zu erreichen und weltweit unterwegs – manchmal monatelang. Nasrin ist damit ein-

verstanden. Sie hat ohnedies kaum Zeit, darüber nachzudenken, dass etwas fehlen könnte.

Sie und die Kinder sind nach fünf Jahren ein eingespieltes Team. Wenn Björn nach langen Wochen nach Hause kommt, gibt es regelmäßig Streit. Wie aus dem Nichts schreit er seine Kinder an und verbietet ihnen ohne Erklärung, mit dem Tablet oder dem Handy zu spielen. Es gibt viele Vorschriften für die Kinder, Nasrin schreitet ein und will klären, dabei eskaliert die Situation nur noch mehr.

Björn beschimpft seine Frau, wird wütend und ausfallend. Sie lässt sich das oft nicht gefallen – die verletzenden Worte fliegen hin und her.

Irgendwann entdeckt sie meine Beratung. Ihr wird auf einmal klar, dass vieles, was für sie zu ihrer Beziehung dazugehört, nicht »normal« scheint, dass es mehr gibt zwischen Björn und ihr als gewöhnliche Streits.

Du erinnerst dich an die Geschichte vom Frosch im wärmer werdenden Wasser zu Beginn des Buches?

Nasrin und ich unterhalten uns. Während sie spricht, wird ihr klar, dass sie sich in den letzten Jahren völlig vergessen hat. Sie hat so vieles ausgehalten, weil sie Eskalationen vermeiden wollte. Sie ist bis jetzt noch nicht gegangen, sagt sie, wegen der Kinder.

Ich frage sie: »Was glaubst du, was deine Kinder von dir über die Art und Weise, eine Beziehung zu führen, von euch lernen? Kinder lernen von uns Erwachsenen durch Zusehen. Lernen am Modell, so nennen wir das in der Psychologie. Welche Vorbilder seid ihr für eure Kinder?« Natürlich frage ich sie auch, welche konstruktiven Versuche es schon gegeben hat, die Beziehung zu stabilisieren. Wie offen ist sie selbst für Veränderung und wie offen ist Björn?

Schnell berichtet sie von Schuldzuweisungen, Schuldumkehr. Sie verwendet nicht diese Worte, sondern sie beschreibt, dass Björn ihr gerne die Schuld für alles gibt, was nicht so läuft, wie er sich vorstellt. Dass Diskussionen mit Beleidigungen enden, damit, dass er stets das letzte Wort hat. Dass er sie oder die Kinder anschreit. Beleidigungen und Abwertungen, so erkennt sie – sind für sie normal geworden.

Ich frage Nasrin: »Auf einer Skala von eins bis hundert – wie ist dein gefühltes Energieniveau, wenn du weißt, dass Björn zu Hause ist?« Im Laufe des Gesprächs fällt ihr auf, dass ihre eigene Energie aktuell unter zwanzig Prozent liegt. Sie hat keine Kraft für andere Dinge. Sie rettet sich über Reitstunden oder Yoga-Übungen, um hin und wieder den Kopf frei zu bekommen.

All ihre Kraft verpufft in den nicht enden wollenden Konflikten oder den vielen Aufgaben, die sie wie eine Alleinerziehende ausübt. Sie ist im Alltag verantwortlich für die Kinder. Sie ist verantwortlich für die Fragen der Kinder, wann der Vater wiederkommt. Sie ist diejenige, die versucht, bei großem Streit zwischen den Kindern und ihrem Vater zu schlichten, und stellt ernüchtert fest, dass sie doch immer wieder nur scheitert.

Liebe ist es für sie schon lange nicht mehr. Sie hat bereits einen Termin bei einer Anwältin vereinbart. Allerdings scheut sie sich, den entscheidenden Schritt zu gehen. Björn hat ihr mehrfach gedroht, dass sie »mit Krieg rechnen muss«. Er werde sie anzeigen, wenn sie mit den Kindern und ohne ihn in den Urlaub fährt. Er werde sie wegen Kindesent-

führung anzeigen. (Ob das überhaupt rechtlich möglich ist, liest du in Kapitel »Einfach Urlaub oder: Ich zeig dich wegen Kindesentführung an!« auf Seite 291).

Manchmal, sagt Nasrin, steht sie in der Dusche und weint. Merkt, wie leer sie sich fühlt, ausgepowert. Außerdem hat sie Angst, er könne ihr etwas antun. Die durchaus hohe Lebensversicherung läuft auf ihn. Mittlerweile traut sie ihm alles zu.

Nasrin gehört zu den Frauen, die langsam, aber sicher in ihrer destruktiven Beziehung verschwinden. Es ist, als wäre sie mit jedem Tag ein wenig mehr unsichtbar. Sie hat sich in die Situation ergeben. Wo ist die lebensbejahende Frau , die noch vor wenigen Jahren aktiv und strahlend in ihrem Job unterwegs war?

Ich frage nach Unterstützung aus dem Freundeskreis oder der Familie. Gibt es die? Nasrin erzählt von ihrer Mutter: »Du kannst froh sein über das, was du alles hast. Wenigstens schlägt er dich nicht.«

Ich frage Nasrin nach Freundin und Bekannten. Bekommen sie mit, was bei den beiden läuft, wie unglücklich Nasrin mittlerweile ist? Das muss doch irgendjemandem auffallen!

Nasrin sagt über sich selbst: »Björn ist der strahlende Entertainer, wenn er außerhalb unserer vier Wände unterwegs ist. Das könnte sich niemand vorstellen, dass er mich oder die Kinder bedroht! Er ist charismatisch und erfolgreich, unterhaltsam und witzig.« Zumindest glaubt sie, dass die anderen das so wahrnehmen. Sie ist es gewohnt, schwierige Situationen einfach wegzulächeln. Als Flüchtlingskind hat sie schon viel mehr ausgestanden. Da wird sie doch wohl noch durchhalten, bis ihre Kinder erwachsen sind.

Aber wie viel von der Powerfrau ist aktuell noch übrig? Wie viel Prozent Lebendigkeit stecken jetzt noch in ihr?

Mein Instagram-Post zu diesem Buch machte Nasrin nachdenklich. Zum Glück, sagt sie. Ich empfehle ihr die

Selbsthilfegruppe von Svenja Beck bei Facebook. Was sie hier findet, trifft sie bis ins Mark, denn auch sie hat geglaubt, sie sei die Einzige, der es in ihrer Beziehung so ergeht.

Für Nasrin ist es noch längst nicht zu spät. Auch für dich ist es nicht zu spät. Niemals. Und wenn du (noch) nicht für dich gehen kannst, weil dir der Selbstwert fehlt, weil du noch nicht so weit bist, weil du dich vorbereiten willst.

Fang innerlich an, dir die neue Zukunft vorzustellen.

Suche dir Vorbilder. Und erinnere dich: So wie du jetzt in der Beziehung so vieles aushältst, was keine Frau jemals mehr aushalten sollte, so wie vielleicht auch deine Mutter viel ausgehalten hat – eure Kinder sind immer die Leidtragenden in vergifteten Beziehungen. In aller Regel sind sie diejenigen, die glauben, dass sie an allem schuld sind. Also, wenn du dich selbst noch nicht schützen kannst oder willst – dann fang jetzt an, gute Pläne für deine Kinder und deren Wohl zu schmieden. Der erste Schritt: Nimm Kontakt mit Menschen auf, die dir glauben, die sich mit dieser Thematik auskennen.

Tu es für deine Kinder. Nimm in deiner Fantasie oder real die Beine in die Hand und lauf! Lauf und hole dir Unterstützung und Hilfe.

Es ist okay, aber nütze deine Wut!

Hast du schon vieles versucht? Hat er alles abgelehnt? Hattet ihr eine Paarberatung – aber die hat nichts gebracht? Wenn du das alles schon ausprobiert hast und weißt – und ja, ein Teil in dir weiß es wirklich –, dass es keine Veränderung geben wird, aber dir noch der Mut fehlt, wirklich zu gehen: Dann wirf jetzt einen Blick in deine Zukunft und die deiner Kinder.

Stelle dir die folgenden Fragen:

- Wie viel Prozent deiner Lebensenergie hast du in deiner aktuellen Situation noch zur Verfügung?
- Fühlst du dich in deiner Partnerschaft getragen und unterstützt? Oder merkst du, dass du viel Energie mit Streits und Auseinandersetzungen verlierst?
- Aus dem Bauch heraus geschätzt: Wie viel Lebensenergie lässt du in destruktiven Beziehungsmustern?
- Und was passiert mit dir, wenn dies noch ein weiteres Jahr so weitergeht?
- Und wenn die Situation noch drei Jahre so weitergeht?
- Und was glaubst du, was eure oder deine Kinder sagen würden, wie sie auf eure Beziehung schauen?
- Was würden sie dir wünschen?
- Welchen Preis zahlst du, indem du bleibst?
- Welchen Preis zahlen eure Kinder?

Die Antworten auf diese Fragen kommen vielleicht nicht direkt; möglicherweise kommen sie aber auch glasklar in dir hoch – und sie werden dir vermutlich nicht gefallen.

Das ist okay. Es ist auch okay zu weinen, Betroffenheit zu empfinden.

Das ist oft der erste Schritt: Mach dir bewusst, welchen Preis ihr zahlt. Und nutze die eigene Wut darüber oder die Betroffenheit für deinen aktiven Veränderungsprozess. Unsere Empfehlung ist, dich an dieser Stelle an Svenjas Facebook-Gruppe zu wenden oder auch an andere Anlaufstellen, die wir im Anhang für dich zusammengefasst haben.

Stopp Toxic Love!

Du musst diese Entscheidung nicht jetzt treffen, wann du gehst oder wie lange du bleibst. Erinnere dich: Du hast das Recht, dich schlecht behandeln zu lassen. Du kannst entscheiden ausharren. Doch triff diese Entscheidung im Bewusstsein deiner Verantwortung.

Damit wollen wir dir nicht zusätzlich Schuld aufbürden, sondern dich daran erinnern, dass ihr zwei nicht im luftleeren Raum lebt, sondern dass ihr die nächste Generation junger Menschen mitbeeinflusst in dem, wie du dich kleinmachen lässt, wie du dich bedrohen lässt. Wenn du dieses

Buch liest und Kinder hast, bist du eine Mutter, die ihr ganzes Herz für ihre Kinder geben würde, dessen sind wir uns sicher.

Dein und euer Beziehungsvorbild wird eure Kinder in ihrem eigenen späteren Beziehungsverhalten zu einer hohen Wahrscheinlichkeit beeinflussen. Unser Appell an dich:

Was macht diese Vorstellung mit dir? Macht sie dich traurig? Ein angemesseneres Gefühl wäre aus unserer Sicht ein Gefühl von Wut. Diese Wut ist wichtig. Ein uns Frauen und Mädchen oft verbotenes Gefühl. Wir sollen doch immer schön nett sein, freundlich und nicht so laut. Wütend ist unerwünscht.

Ab jetzt gilt: Erkenne, dass deine Wut ein wichtiger Veränderungsmotor ist. Wut über unangemessene Behandlung ist wichtig, oft sogar überlebensnotwendig. Verwandle sie in konstruktive Energie. Die wundervolle Stefanie Stahl, Psychologin und Autorin, spricht von Trennungsaggression. Der Begriff beschreibt es für uns perfekt: Wenn du dich trennen willst, brauchst du Energie, Kraft, Power, um deinen Motor zu starten. Gefühle wie Trauer, Resignation oder Scham sind hier nicht hilfreich. Mach dich auf die Suche nach deiner absolut angemessenen Wut. Lerne, sie zu fühlen. Und nutze sie dann als Anschub-Energie für kraftvolle Entscheidungen.

Verschwinde nicht, lass dich nicht weiter kleinmachen! Diskutiere nicht! Bereite dein neues Leben Schritt für Schritt und mit Hilfe und Unterstützung vor.

Fange jetzt an, von deinem freien Leben zu träumen, und setze deine Träume dann Schritt für Schritt um. Nutze die Kraft der vielen, die Unterstützung anderer Frauen auf deinem Weg. Suche dir Menschen, die dich lieben und schätzen, die dich unterstützen und verstehen. Suche dir Hilfe, damit du als strahlendes Selbst am Ende deines Weges wieder das Steuer deines Lebens in die Hand nehmen kannst.

Innere Inventur mit dem Toxic-Love-Bingo

So viele sind davon überzeugt, dass ihnen »so etwas« nicht passieren wird. Darüber haben wir schon gesprochen. Du weißt, je mehr du über dich lernst, je tiefer wir allen unseren Gespenstern ins Auge blicken, desto eher können sie sich verabschieden. In diesem Kapitel geht es um eine Art innere Inventur. Hinschauen. Wahrnehmen.

Face the Facts!

Schau dir ehrlich an, wie es gerade in deiner Beziehung im Job oder privat aussieht. Es bedeutet nicht, dass du dich abwerten sollst. Bitte auf gar keinen Fall! Das machen viele von uns Frauen oft genug. Ehrlich heißt: *Ich bin mutig, ich stelle mich dem, was ist.* Und alles, was ich sehe, ist okay. Das

Gute und das, was gerade nicht gut ist. Wenn du dieses Buch liest, willst du vermutlich etwas in deinem Beziehungsleben verändern oder im Job, mit einem cholerischen Chef oder in der Beziehung zu deiner Schwiegermutter oder deiner Mutter, die sich immer wieder einmischt. Oder natürlich in der Beziehung zu deinem Partner, der dir mehrfach pro Tag erzählt, dass du »es wieder nicht hinbekommen« hast. Dass du »nicht helle genug« bist.

Das ist mir auch passiert. Einer meiner Partner hat mich täglich gemaßregelt mit Sätzen wie: *»Das ist nicht die Antwort auf meine Frage.«* In entsprechender Tonlage und mit der dazugehörigen Mimik. Oder auch: *»Ich habe dir ein paar Fragen gestellt. Schau noch mal in die WhatsApp. Achte mal auf die Fragezeichen. Das sind Fragen.«* Je nachdem, in welcher inneren Haltung so ein Satz gedacht, gesprochen oder geschrieben ist, je nachdem, wie stabil und selbstbewusst du dich fühlst oder wie dein Tag gerade verläuft, wirst du entweder gelassen reagieren können oder du flippst aus.

Was? Wirst du dir vielleicht denken, solche Sätze sollen toxisch sein? Ich frage einmal anders herum: Wie empfindest du eine solche Ansprache für dich: als wertschätzend und auf Augenhöhe? Sind solche Sätze deiner Einschätzung nach hilfreich, um einen sicheren Beziehungsraum zu erschaffen, in dem beide Partner aufblühen können? Erinnere dich: Genau das darf die Messlatte in einer Beziehung sein.

Eine lebendige Beziehung ist ein sicherer (auch kommunikativ sicherer) Raum, in dem beide aufblühen.

Ist die Haltung, die ihr miteinander teilt, in der Basis auf Gemeinsamkeit, Wertschätzung und gegenseitige Unterstützung ausgerichtet? Oder erlebst du in einer deiner Beziehungen eher eine Abwechslung von Angriff und Verteidigung, das Ausfechten von Machtpositionen im Streit?

Sätze wie die oben erwähnten bergen eine große Gefahr: Sie können schnell ein Gefälle zwischen den Partnern erschaffen. Zynismus und Sarkasmus sind scharfe Schwerter. Durch die Formulierung eines solchen Satzes geschieht Folgendes: Der eine Partner begibt sich auf die Ebene des Oberlehrers, der andere Partner, die Partnerin in diesem Fall, rutscht damit blitzschnell auf die Ebene des Kindes. Möglicherweise gefolgt von kindlichen Handlungsstrategien: Wut, Trotz, Ärger, Gegenangriff, Schmollen oder Resignation.

Solange ein Partner sich im Oberlehrer-Ich (in der Psychologie auch Eltern-Ich genannt) befindet und der andere im Kind-Ich, werdet ihr euch nicht auf Augenhöhe begegnen können. Wachstum kann so kaum stattfinden. Wiederkehrende Streits sind oft die Folge. Wer sich klein fühlt, wird versuchen, sich zu wehren. Im Job wirst du vielleicht Dienst nach Vorschrift machen oder dich krank melden. In der Beziehung kann es sein, dass du auf solche Angriffe, und es handelt sich hier um verbale Gewalt und Zynismus, auf Dauer mit Schweigen reagierst, vielleicht mit Wut. Du wirst vermutlich überlegen, wie du es ihm heimzahlen kannst.

Was ist deine Strategie? Hast du dir darüber einmal Gedanken gemacht? Bereits so früh in der Kommunikation beginnen toxische Elemente euch in die Beziehungssuppe zu spucken. Solange du das nicht erkennst, fühlt du dich vielleicht ausgeliefert, klein, hilflos. Dein Selbstwert schrumpft. Vor allem kann es auf dieser Ebene zwischen Oberlehrer und gefühltem Kind keine Lösung geben. Weil sich beide eben nicht auf Augenhöhe begegnen. Es gibt einen Unterdrücker, eine Person in der Machtposition und die Unterdrückte. Häufig wechseln sich beide Partner in ihren Rollen ab.

Schau in unser *Toxic-Love-Bingo*. Hier findest du Aussagen und Gefühle, die typisch für toxische Beziehungen sind. Gibt es Aussagen, die du spontan ankreuzen würdest?

Um es deutlich zu sagen: Es gibt für uns nicht *die* toxische Beziehung. Es gibt viele Formen von Beziehung. Und Beziehungen können einzelne toxische Elemente enthalten. Hole dir deine Paar-Beziehung vor dein geistiges Auge. Meine Frage an dich: Wie ist dein Status quo in deiner Beziehung? Wie erlebst du dich?

Was kommt dir bekannt vor?

Toxic-Love-Bingo

Du nimmst ihn vor Freunden in Schutz	Du erinnerst dich wehmütig an gute Zeiten.	Du schämst dich, weil du immer wieder zu ihm zurückgehst.	Er ist doch immer wieder auch so liebevoll ...
Du blendest die schlechte Gegenwart aus.	Du gibst dir die Schuld.	Wenn du dich nur mehr anstrengst, wird er sich ändern.	Deine Freunde können es nicht mehr hören.
Deine Freunde fragen: Warum verlässt du ihn nicht?	Du fühlst dich einsam.	Du hast es wieder nicht geschafft, ihn zu verlassen, und schämst dich.	Du weinst heimlich.
Du hast deine Lebensfreude verloren.	Du bleibst bei ihm wegen der Kinder.	Du wirst krank oder depressiv.	Du fragst dich, ob er mit all den Beleidigungen nicht recht hat.
Du bist oft stinkwütend. Später. Aber du liebst ihn ja.	Dein Selbstwert ist im Keller.	Du hast keine Energie mehr für andere Dinge.	Du hältst durch für eure Liebe.

Wie aber könnte es denn anders gehen? Wie wäre ein solcher Satz, wenn er auf Augenhöhe gesagt würde? Wie würdest du ihn verändern?

Vielleicht so: »*Ich habe dir ein paar Fragen gestellt. Schau nochmal in die WhatsApp. Achte mal auf die Fragezeichen. Das sind Fragen.*«

Das ist ein Beispiel für erwachsene Kommunikation auf Augenhöhe. Sie kommt ohne Vorwürfe aus, fragt nach. Bittet um ein Gespräch. Beide können ihr Gesicht wahren. Eine aufrichtig interessierte Haltung geht von deinem Partner aus – die dir die Möglichkeit gibt, offen zu erzählen, warum du nicht geantwortet hast.

Und wisst ihr was? Oft sind Nachrichten nicht angekommen, wurden vergessen oder schlicht (noch) nicht gelesen . All das ist zutiefst normal und menschlich. Wir können niemals zu hundert Prozent wissen, was gerade der Grund für ein Reagieren oder Nicht-Reagieren des Partners ist. Aber unser Gefühl, meist ein kindliches, fühlt sich missachtet, ignoriert und reagiert sofort wie ein wütendes Kind! Aus der Emotion heraus. Und schwingt sich dabei zum »Besser-Mensch« auf. Dieses Spiel verlieren beide.

Aus Angst vor dem Alleinsein zur Selbstverleugnung

Als menschliche Wesen gehört es zu unseren tiefsten und bedeutendsten Bedürfnissen, Zugehörigkeit zu erfahren. Ich möchte zu einem Team in der Firma dazugehören. Mitglied einer Familie sein. Wertvoll in der Partnerschaft. Machen wir diese Erfahrung von Zugehörigkeit nicht, leiden wir.

Unbewusst tun wir meist alles, um zu irgendeiner Form von Gemeinschaft dazuzugehören.

BEZIEHUNG MIT ZU VIELEN MITSPIELENDEN

Beate hat einen neuen Freund, Hannes. Nach einigen Dates stellt er sie der Familie vor. Als Beate mit all den vielen für sie neuen Menschen am Kaffeetisch sitzt, fühlt sie sich unwohl. Beate hat den Eindruck, Hannes' Geschwister, die Mutter und die Tante würden sie anstarren. Sie spricht später mit ihm darüber, aber Hannes ist sich sicher: Seine Familie mag Beate. Die Familie spielt eine große Rolle. Beide wollen heiraten. Als Hannes und Beate streiten, mischt sich die Familie ein. Irgendwann scheint es Beate, als würden alle auf sie einreden. Manchmal reden sie auch über sie. Sie wünscht sich, dass Hannes zu ihr steht. Dass er sich hinter sie stellt. Dies geschieht nicht. Beate fühlt sich übergangen. Bei Familienfeiern bleibt sie lieber zu Hause. Das wiederum belastet die Beziehung zunehmend. Beate wird alles zu viel. Nach vielen erfolglosen Gesprächen beendet sie schweren Herzens die Beziehung zu Hannes.

Als ich sie in der Beratung frage, warum sie gegangen ist, schildert sie, dass es nicht so sehr die Beziehung zu Hannes allein war, die war schwierig genug. Vielmehr konnte sie mit den Einmischungen nicht umgehen. Ständig habe sie sich falsch und fehl am Platz gefühlt. Sie habe sich geschämt, einfach nicht gut genug zu sein.

Das war schwer für Beate. Sie hat mit aller Macht versucht, sich anzupassen. Sie ging mit in Museen, obwohl sie Museen hasste, und war bei jeder Familienfeier dabei, obwohl sie sich unwohl fühlte. Beate hatte versucht dazuzugehören. Sie wollte es allen recht machen. Dabei stellte sie ihre eigenen Bedürfnisse und Vorlieben zurück. Und klebte heimlich rote Rabattmarken in ihr inneres Rabattmarkenheft.

Wenn wir uns selbst verleugnen, bleibt stets etwas zurück. Irgendwann platzt uns der Kragen, auch wenn wir noch so geduldig und verständnisvoll sind oder sein wollen. Beate wollte »die Gute« sein, gut genug. Gut genug, damit Hannes sich auf ihre Seite stellt. Solange wir jedoch die Guten sein wollen, halten wir einen Teil von uns zurück. Einen ehrlichen Teil, einen Teil, der eine klare Grenze ziehen sollte, den Teil, der zeigt, dass wir enttäuscht oder wütend sind.

Viele Frauen tun das häufig zu Beginn einer Beziehung. Wir wollen es unserem neuen Partner recht machen. Ihn beeindrucken. Auf einmal fährst du Mountainbike, obwohl du Fahrrad fahren furchtbar findest. Du gehst ins Kino oder sprichst über die neuesten Filme bei Netflix, obwohl du weder das eine noch das andere magst. Kommt dir das bekannt vor?

Wir tun alles, um dazuzugehören,
Um anerkannt zu werden.

Wenn wir das eine Weile gemacht haben, haben wir ein Stück unserer eigenen Persönlichkeit verraten. Unsere Vorlieben und unsere Lebensfreude. Nachdem die tolle rosarote Brille in einer Beziehung nicht mehr rosa ist, merken wir, dass uns etwas Wichtiges fehlt: wir selbst!

Ja, Ruth, wie oft höre ich dieses Thema von meinen Mandantinnen, die sich seit Jahren in einer Partnerschaft befinden, oft sind die Kinder schon größer oder gar aus dem Haus. Sie sagen dann zu mir: *»Was hab ich denn dann noch, wenn ich mich trenne, dann bin ich ganz allein.«*

Das ist eine berechtigte Frage, aber ich antworte darauf: *»Ist es nicht schlimmer, zu zweit einsam zu sein oder gar* *durch den Partner gefährdet?«* Das bringt die meisten zum Nachdenken. Natürlich ist es ein großer Schritt zu sagen, dass man geht und seinen Weg ab sofort alleine beschreitet. Aber ist man wirklich allein? Es gibt Freundschaften, es gibt die Familie, es gibt Aktivitäten, denen wir nachgehen können, es gibt wunderbare Tiere auf dieser Welt, die uns so viel geben, und das Alleinsein kann ein toller Zustand sein. Du bist niemandem mehr Rechenschaft schuldig, die Macht über die Fernbedienung hast du allein, du musst nicht fragen, wie du dein Haus oder deine Wohnung einrichtest, letztlich musst du dich mit niemandem mehr auseinandersetzen, wenn du es nicht möchtest. Dass kann unheimlich befreiend sein.

Ich selbst kenne das Thema Trennung natürlich auch und ich bin während einer Trennung bereits durch ein Tal der Tränen gewandert, aber: Ich wurde stärker dadurch und habe seinerzeit meine neu gewonnene Freiheit sehr genossen.

Auch du kannst das schaffen,
du bist stark!

Absolut … toxisch! – Alkohol

Ladys, lasst uns über ein wichtiges Thema sprechen, das mir (Ruth) auch sehr auf der Seele liegt: Ich spreche von Alkohol. Und es gibt für mich zwei Aspekte, die mir auffallen: Alkohol spielt einerseits als Auslöser von Streit und Gewalt in Beziehungen eine große Rolle, und seinen zweiten großen Auftritt hat Alkohol regelmäßig als vermeintlicher Tröster, wenn du es in einer Beziehung nicht mehr aushältst.

Alkohol ist eine gesellschaftlich akzeptierte Droge, die unsere Beziehungen massiv gefährdet.

Sie enthemmt, sie vernebelt die Sinne. Bei vielen der Frauen, mit denen wir sprechen, erfahren wir, dass Männer über Lautstärke und körperliche Drohungen ihre Frauen einschüchtern. Manchmal sind es aber gerade die leisen Töne, die verunsichern.

ALKOHOL ALS STREIT-VERSTÄRKER

Günther hat wieder einmal getrunken. Es passiert häufig, dass er bereits ein paar Bierchen mit Freunden intus hat, wenn er nach Hause kommt. Regelmäßig fängt er in diesem Zustand mit seiner Frau Streit an. Er greift sie verbal an.

Nichts, was sie tut, ist gut genug.

»Wieso hast du schon wieder die Tomaten hierhin gestellt?« »Wo ist der Zucker?« »Was hast du eigentlich für unsere Beziehung getan, hä? Schau dich doch an, wie du hier sitzt und rumheulst. Dein ständig schlecht gelauntes Gesicht geht mir so was von auf die Eier!« Dabei beugt Günther sich vor, sein Gesicht ist dicht vor dem seiner Frau Marlene. Dann wird seine Stimme leise: »Du denkst, das hier ist schlimm? Das ist für mich sogar sehr schlimm. Solche Gespräche mit dir möchte ich nicht führen müssen. Aber eins kann ich dir sagen: Wenn ich schweige ... wenn ich nichts mehr sage, das willst du nicht erleben.«

Marlene berichtet, sie sei sich vorgekommen wie in einem Mafia-Krimi. Gerade diese leise Stimmlage, dass Günther sich so dicht zu ihr gebeugt habe, sein Blick, all das habe ihr furchtbare Angst eingejagt. Günther hatte sie noch nie geschlagen. Lange war sie sich sicher, dass er das niemals tun würde. Aber seitdem er regelmäßig so betrunken sei, traue sie ihm alles zu.

Günther kann sich später an das Gespräch nicht erinnern. Er bagatellisiert das, was Marlene ihm berichtet. Sie habe das »falsch verstanden«.

Es ist leider so, dass Alkohol und Drogen häufig mit Gewaltausbrüchen in Zusammenhang stehen, das kann ich (Sandra) aus meiner Beratungserfahrung bestätigen. Manchmal habe ich den Eindruck, dass sich viele Menschen in ihrem Leben nicht wohl fühlen, nach anderem oder Höherem streben und das, was sie haben, mit Füßen treten. Dadurch entsteht in Ehen die Situation, dass der unzufriedene Partner damit beginnt, sich in Alkohol oder Drogen zu flüchten. Dies wiederum kostet Geld, Zeit und Nerven und belastet die Beziehung, vor allem auch die Kinder. Wenn das Problem angesprochen wird, kommt es immer öfter zum Streit.

Und dies führt leider häufig dazu, dass der abhängige Partner Gewalt mit ins Beziehungsspiel bringt.

Ein toxischer Teufelskreis,
aus dem frau ausbrechen muss!

Eines ist sicher: Du schaffst es niemals, deinen Partner zu ändern! Du kannst nur dein Verhalten und deine Einstellung ändern. Das solltest du verinnerlichen. Geh nicht in den Kampf, rette dich und deine Kinder. Vielleicht holt sich dein Partner Hilfe, aber er muss es ohne dich tun, denn sonst bringt es nichts.

Aus eigener Erfahrung muss auch ich (Ruth) dies unterschreiben. Eine Partnerschaft, bei der Alkohol im Spiel ist, läuft häufig so oder ähnlich ab: Er trinkt, nach außen hin ist alles perfekt. Vielleicht ist er ein angesehener Geschäftsmann. Aber wenn die Tür sich schließt und er nach Hause kommt, ist alles anders. Menschen, die Alkohol trinken, sind leicht reizbar. Es kommt zu Streit. Beleidigungen gehören dazu. Oft ist es am nächsten Tag vergessen und es geht weiter wie immer. Als wäre nichts gewesen. Manchmal – hat er vergessen, was genau war.

TYPISCH ALKOHOL – ALLES IM GRIFF, ODER?

Heiner – trinkt. Jeden Tag. Beim Mittagessen zwei Gläser Wein in aller Öffentlichkeit. Ist ja nichts dabei. Wenn er nach

Hause kommt, trinkt er Wein wie Wasser. Schließlich muss er nach einem anstrengenden Tag »runterkommen«. Dann ist ihm schnell alles zu viel: die eine Frage, die »schon wieder« gestellt wird, wie du gekocht hast, was du vergessen hast einzukaufen. Tausend Gründe, um seine eigene Unzufriedenheit und Überforderung an dir auszulassen.

Vielleicht eskaliert der Streit, es wird laut zwischen euch. Du weinst, nimmst es dir zu Herzen, verstehst überhaupt nicht, was passiert ist. Er wird es nicht zugeben. Du bist zu sensibel. Du übertreibst, wenn du ihm etwas vorhältst. Und nach außen, in der Öffentlichkeit, wird er sich nichts anmerken lassen. Aber du weißt genau, wenn er getrunken hat, ist er unberechenbar. Beweisen kannst du nichts. Mit ihm reden, das hast du versucht. Das endet in stundenlangen Diskussionen. Seine Antwort: »Ja, ich weiß ja, manchmal will ich mich erklären, und das wird dann zu lang.« Er versteht nicht oder will nicht verstehen, wovon du redest. »Das mit dem Alkohol habe ich im Griff«, sagt er dir. »Ich kann eine ganze Menge. Das schaffe ich. Entzug? Wozu? Darüber reden wir nicht.« Er hat kein Problem mit Alkohol. DU bist komisch. Wenn du ihn drängst, eine Therapie zu machen, mit dem Alkohol aufzuhören, wird er dich vielleicht beschuldigen: Du willst alles, was wir uns aufgebaut haben, davon abhängig machen? Du zerstörst die Beziehung. Vielleicht hast du es geschafft und stellst ihn vor die Wahl: der Alkohol, die Drogen oder du. Er lässt sich nicht von dir erpressen, sagt er dir. Und du bist es, die alles hinschmeißt, wegen Kleinigkeiten. Er hat ja schließlich kein Problem.

Wer von sich behauptet, er habe Drogen, auch Alkohol, im Griff, belügt sich selbst. Nimm die Beine in die Hand und lauf! Denn das endet nicht gut. Eine Entwicklung kann nur stattfinden, wenn der Partner, der Drogen nimmt, für sich selbst erkennt, dass es ihn und alle seine Beziehungen um ihn herum vergiftet. Und wenn er aktiv und von sich aus einen begleiteten Entzug unternimmt.

Auch wenn du seinen Worten glauben möchtest, es spricht nicht dein Partner zu dir, wenn er sagt, er habe »alles im Griff«. Es spricht ein toxischer Suchtteil zu dir, der nichts mit dem Mann oder Partner zu tun hat, in den du dich einmal verliebt hast. Süchte zerstören alles.

Unsere Empfehlung: Wenn dein Partner nichts verändern möchte, ist eine Trennung, wenn auch auf Zeit, empfehlenswert. Nur so erkennt dein Partner, dass du es ernst meinst. Und bitte, lass dich dann nicht mit fünf halbherzigen Therapiestunden abspeisen. Eine fundierte Therapie braucht ihre Zeit. Und nein: Es reicht nicht, drei Ratgeber zu gewaltfreier Kommunikation gelesen oder ein Wochenendseminar besucht zu haben. Glaube deinem Partner nur eigenverantwortliche Handlungen und lass dich nicht wieder durch ausufernde, scheinbar kluge Argumentation einwickeln. Eigenverantwortlich bedeutet: Dein Partner erkennt seinen Anteil an der Schieflage in eurer Beziehung und ist bereit, seine Hausaufgaben zu machen: Im Falle der Drogen heißt das, dein Partner ist bereit für einen ärztlich begleiteten Entzug.

Denn in einem sind Alkoholiker großartig: Sie sind exzellente Verkäufer. Sie verkaufen dir das Leben, das du dir so sehr wünschst – und werden alles versuchen, um in der Sucht zu bleiben. Sie sind es nicht mehr, die am Steuer ihres Lebens sitzen. Sie sitzen im Beifahrersitz neben ihrer Droge. Und du – hängst mit drin. Wenn du darüber mehr erfahren willst, empfehlen wir dir Ratgeber zu Co-Abhängigkeit, insbesondere das Buch »Ohne Alkohol« von Nathalie Stüben. Nathalie ist selbst nüchterne Alkoholikerin und spricht in ihrem Podcast mit Menschen jeglicher Ausrichtung über ihren Weg mit dem Alkohol und wie sie den Ausstieg geschafft haben. Ein echter Augenöffner für alle, die mit diesem Thema konfrontiert sind und an sich und ihrer Wahrnehmung zweifeln.

Schluss mit der Schuldumkehr!

Vielleicht hast du schon einmal das Wort »Schuldumkehr« gehört? Das ist ein wichtiger Begriff, der es dir erleichtert zu verstehen, wie dein Partner es schafft, dir immer wieder die Schuld für das zu geben, was in eurer Beziehung nicht rundläuft. Du wirst nur dann wirklich frei sein, wenn du dich von Gefühlen wie Scham und Schuld befreist. Je mehr du darüber weißt, desto näher kommst du Schritt für Schritt deiner neuen Freiheit.

EIN TYPISCHER STREIT – HANNA UND KARL

Hanna und Karl haben gestritten. Er hat sie beleidigt und beschimpft. Sie haben sich angeschrien. Am nächsten Tag wollen sie noch einmal darüber sprechen. Hanna hat sich aus Angst vor dem nächsten Streit lange überlegt, was sie sagen möchte und wie sie es formulieren soll, um den nächsten Streit zu vermeiden.

Sie sagt zu Karl – und formuliert bewusst in der Ich-Form: »Ich habe mich sehr verletzt gefühlt, als du mich gestern so angeschrien hast.«

Karl erwidert: »Ich auch.«

Hannah: »Ich finde Streiten schlimm, aber noch schlimmer ist, wenn du dann aus dem Haus gehst und ich nicht weiß, wann du wiederkommst. Bitte sag mir doch Bescheid, wenn du gehst, sag mir einfach: ›Ich brauche Zeit für mich, ich komme wieder.‹«

Karl: »Hmmm.«

Hannah: »Sagst du jetzt nichts?«

Karl: »Was soll ich dazu sagen? Offenbar bin ja ich immer derjenige, der etwas falsch macht.«

In diesem Beispiel haben wir eine klassische Umkehr der Schuld. Hannah sagt Karl klar, was sie verletzt hat – er geht nicht darauf ein. Als sie noch ein Beispiel nimmt, greift er dies simpel auf und stellt sich so als vermeintliches Opfer dar. Mit der einfachen Behauptung: »Immer bin ich derjenige, der etwas falsch macht.« So fühlt sich Hannah mit ihrer Argumentation am Ende. Das ist ein Klassiker in Beziehungsstreitigkeiten. Einer benennt etwas, was nicht gut gelaufen ist.

Ein eigenverantwortlich handelnder Partner hätte vielleicht so reagiert: »Okay, ich höre, das hat dich verletzt. Das kann ich gut verstehen, und es tut mir aufrichtig leid. Ich war einfach so stinksauer und habe Dinge gesagt, die mir heute echt leidtun. Das ist offenbar ein Impuls von mir zu gehen, wenn es in einem Streit brenzlig wird. Ich werde dir demnächst Bescheid sagen oder versuchen zu bleiben. Aber lass uns vereinbaren, dass wir in solch einer Situation einmal für eine halbe Stunde aus dem Kontakt gehen. Ich brauche das, um runterzukommen. Bist du damit einverstanden?«

Solch eine Antwort wäre natürlich die hohe Schule und eine Kunst. Und diese Sätze kommen in der Regel dann vor, wenn beide Partner an sich und ihren persönlichen Geschichten gearbeitet haben. Aber genau so etwas ist möglich. Wenn beide wollen, können solche Vereinbarungen getroffen werden – dann ist es wiederum entscheidend zu schauen, ob sie auch funktionieren. Oder ob es bei leeren Worten bleibt.

Wie lange solltest du das beobachten? Gebt euch ruhig ein paar Versuche – wenn ihr merkt oder wenn du merkst, das führt zu nichts, könnt ihr immer noch den Gang zum Paartherapeuten wagen.

Wichtig ist mir (Ruth) in diesem Zusammenhang, dir klarzumachen, wie Schuldumkehr funktioniert. In einer ungesunden Beziehung wird dein Partner stets versuchen, das Gespräch so zu lenken, dass du dich am Ende schuldig fühlst, oder er wirft dir sogar konkret vor, woran du schuld bist. Der Satz »Immer bin ich … schuldig« von Karl gibt nur vor, dass er sich in die Opferrolle begibt. Und du weißt: Die Opferrolle ist ein Part des Drama-Dreiecks – destruktives Verhalten ohne Einsicht und Eigenverantwortung.

Was du tun kannst, um auszusteigen? Erst einmal erkennen, was läuft, wenn dein Partner solche Sätze von sich gibt.

Erkenne rechtzeitig, wenn dein Partner in Wahrheit nicht bereit ist, mit dir nach einer Lösung zu suchen.

Die Opferrolle ist nicht umsonst so machtvoll, denn ein direkter Angriff ist leichter zu erkennen als diese versteckte Schuldzuweisung. Passiert dies immer wieder ohne den Wunsch nach Veränderung, ist aus unserer Erfahrung eine nährende Beziehung nicht möglich. Dann ist es Zeit, dass du dich fragst: Wie will ich eine nährende Beziehung leben, was ist mein Anteil? Es kann sein, dass du dieses Verhalten akzeptierst, dass du deine Grenzen nicht klar setzt oder setzen kannst. Aber wenn das der Standard ist und dein Partner keine Veränderung will, keine Beziehungsberatung, du dich aber so fühlst, als würde dir immer wieder so viel Energie abgegraben, dann hast du vermutlich schon darüber nachgedacht zu gehen.

Stopp Toxic Love!

- Wir empfehlen, nicht mehr zu diskutieren. Nicht auf die Psycho-Spiele einzugehen. Je mehr du sprichst, desto länger werden eure Debatten, desto eher wird ein Streit wieder eskalieren.
- Dein Ausstieg gelingt nur durch Taten. Achte auf die Taten, nicht auf die Worte.
- Auch du punktest vor allem durch dein Tun.

Eine liebe Klientin dachte viele Jahre schon darüber nach, ihren Mann zu verlassen. Es gab die üblichen mittlerweile unlösbaren Streits. Seine Aussagen lauteten meist: »Werde du erst wieder normal, dann können wir gut weiter zusammenleben.« Wir haben in unserer Arbeit gemeinsam geschaut, warum sie nicht ging, was sie hielt, wenn doch nichts mehr sie an ihrem Mann anzog. Und da war er, der alte Glaubenssatz: *Ich darf die Familie nicht verlassen*. Die Herleitung erspare ich euch. Dennoch war meine Klientin sehr unglücklich. Es veränderte sich nichts. Bis sie sich tatsächlich eine Wohnung suchte, ihrem Mann Bescheid sagte, dass sie nun auf Zeit in ihre eigenen vier Wände ziehen wird, dass sie aber weiter zu ihm Kontakt halten würde.

Und genau das tat sie, vor mehr als drei Jahren. Er akzeptiert nicht, dass sie eine eigene Wohnung hat, wirft ihr vor, das sei Geldverschwendung. Für sie ist es aber der derzeit einzige Weg, sich von ihm zu trennen.

Warum dieser Zwischenschritt? Ihr Mann hatte ihr klar gesagt, dass er eine Scheidung nicht akzeptieren und einer Scheidung auf gar keinen Fall zustimmen würde. Sie hat Angst, er könne sich etwas antun oder gar das Haus niederbrennen. (Ja, das hat sie genau so formuliert!)

In so einem Fall stellt sich natürlich die Frage: Kann ich doch geschieden werden, auch wenn mein Partner dem nicht zustimmt? Wenn ja, wie?

Sandra rät: **Trennung**

- Natürlich kann man immer dann geschieden werden, wenn man nachweislich mindestens ein Jahr voneinander getrennt lebt.
- Mehr dazu findest du im Kapitel »Das vielzitierte Trennungsjahr« auf Seite 275.

Meine Klientin ist bei ihrer Entscheidung zu dieser nur räumlichen Trennung »auf Zeit« trotz der Drohung ihres Mannes geblieben. Sollte ihr Mann sich etwas antun, könnte sie sich das niemals verzeihen. So teilen sie sich nun die Sorge für den gemeinsamen Hund und meine Klientin fühlt sich frei. Einen neuen Partner hat sie noch nicht. In diesem Fall würden die Karten neu gemischt werden. Doch oft ist es so, dass solange wir noch energetisch oder faktisch mit unserem Partner verbunden sind, ein neuer Mensch in unserem Leben keinen Platz finden kann. Der Platz ist ja noch besetzt. Und die Klientin fühlt sich verantwortlich ihrem Mann gegenüber. Schuldig sogar, ihn zurückzulassen.

Was ist der entscheidende Faktor bei Schuld? Sie hat eine immense Wirkung auf dich und deinen Selbstwert. Du fühlst dich klein, denkst schlecht über dich, zweifelst an dir. In einer ungesunden Beziehung zweifelst du ohnehin an deiner Wahrnehmung. Vielleicht hat er ja recht? Wenn du solche ungesunden Muster aus deiner Herkunftsfamilie kennst, ist es für dich vielleicht unbewusst »normal«, dass dein Partner so mit dir umgeht. Du kennst das. Jede Zelle von dir hat es inhaliert, sich schlecht behandeln zu lassen. Aber heute bist du eine erwachsene und vermutlich gestandene Frau, die in ihrem Leben schon viel geschafft hat. Daher liest du dieses Buch und fragst dich, was du für dich tun kannst, um Eigenverantwortung für dich zu übernehmen? Oder ein gutes Vorbild für deine Kinder zu sein, die bei jedem Schritt genau zusehen, wie die Beziehung zwischen Mama und Papa läuft. Und dabei vernetzen sich genau wie bei dir in deiner Ursprungsfamilie Synapsen, die das Bild für das spätere Beziehungsmuster deiner Kinder schaffen. Du lebst ihnen die Beziehung vor, die sie dir später so oder zumindest ähnlich nachleben werden.

Entscheide jetzt,
ob du das so willst!

Und solltest du keine Kinder haben: Entscheide jetzt, ob du so weiterleben willst! Macht es dich glücklich? Gibt es eine Bewegung in eine gute Richtung? Findet ihr tragfähige Lösungen miteinander? Wenn die Antwort darauf kein klares Ja ist, ist sie meistens ein Nein. Nimm dir einen Moment Zeit und spüre in dich hinein.

Du musst übrigens niemals etwas von jetzt auf gleich schaffen und umsetzen. Allerdings ist dein Ticket in die Freiheit, in ein selbstbestimmtes Leben voller Empathie und respektvollem Miteinander das Folgende: deine Entscheidung.

Entscheiden – macht dich frei.
Nicht-Entscheiden ist auch eine Entscheidung.

Trenn dich … von WhatsApp!

Es ist heute allgegenwärtig in Beziehungen. Früher saßen Verliebte stundenlang vor dem Telefon und warteten auf den heiß ersehnten Anruf. Heute gehen oft ab dem Kennenlernen im Minutentakt die WhatsApp-Nachrichten hin und her. Zuerst in freudiger Erwartung, später im zunehmend hässlicher werdenden Schlagabtausch.

Tatsächlich sehe ich (Ruth) in Beziehungen WhatsApp als absolut zerstörerisch an, obwohl es im Alltag ansonsten hilfreich sein kann. Die Liste an Beschuldigungen, die bei Paaren über diesen Kanal ausgetauscht werden, ist ohne Frage sinnlos und furchtbar. Ich empfehle dringend, WhatsApp nicht für Beziehungsdiskussionen zu nutzen. Gerade in bereits angeschlagenen Beziehungen oder bei grundsätzlichen Punkten, wie die Beziehung zu führen ist, ist die Gefahr von Missverständnissen zu groß. Wenn ihr das Medium für einen Schlagabtausch nutzt, wer »Recht hatte« – wird es nichts bringen, außer noch mehr Verletzung.

Und wenn du an dem Punkt bist, dich tatsächlich aus einer toxischen Beziehung zu trennen, dann stell die toxischen verbalen Wiederholungsschleifen ein. Es gilt:

Geh auf kalten Entzug! Finde andere Möglichkeiten als WhatsApp.

Kommuniziere beispielsweise nur noch per E-Mail und überlege dir jeden Satz, den du schreibst. Es ist das umständlichere Medium und das ist in diesem Fall gut. Videos und Screenshots sind nicht so schnell zu verschicken – so kannst du dich selbst davor schützen, blitzschnell auf Angriffe einzusteigen und zu reagieren. Denn es ist bei WhatsApp leicht, einen schnellen, verletzenden Schlagabtausch zu führen – der aber zu nichts führt!

§

Sandra rät: **anwaltliche Lösung**

Solltest du bereits an dem Punkt angelangt sein, dass du dich trennen möchtest, empfiehlt sich in trennungsrechtlichen Angelegenheiten immer, einen Anwalt für Familienrecht einzuschalten. Dieser sortiert Deine Probleme für Dich, ordnet sie rechtlich ein und erarbeitet mit Dir Lösungswege.

Wichtig ist es, mit dem Anwalt zu besprechen, wie eine Lösung aussehen kann. Möglicherweise ist es ratsam der Gegenseite mitzuteilen, dass man an einer gütlichen Lösung interessiert ist. Insbesondere, dann wenn man Kinder hat und als Eltern in aller Regel ein Leben lang verbunden ist. Der Anwalt hat die Aufgabe, Vorschläge zu unterbreiten und Verhandlungen zu führen, die in deinem Sinne und zum Wohle der Kinder sind. Das kann weit entfernt von Eskalation oder Rosenkrieg sein und dient dazu, dich selbst aus der Schusslinie von Beleidigungen und Beschimpfungen zu nehmen. Es geht darum, eine für beide Seiten gute Verhandlungsebene zu finden.

Ich habe erlebt, dass geschiedene Paare bei der Hochzeit der Kinder und viele Jahre nach der Trennung wieder eine freundschaftliche Ebene finden konnten. Die Kinder hat es gefreut! Und ja – du wirst Widerstand spüren. Auch du bist an dieser Stelle vermutlich in einer Phase, in der dich jedes Auftauchen einer Nachricht, egal über welchen Kanal – und oft ist es WhatsApp, das dauernd zur Hand ist – in helle Aufregung versetzt. Das ist normal. Deine Emotionen werden befeuert, alte Gefühle kommen hoch. Stress setzt ein. Du fühlst und durchlebst viele Gefühle wie Wut, Ohnmacht, Trauer, Verzweiflung und nach diesen Gefühlen kannst du süchtig werden. Daher ist deine Entscheidung wichtig, dich von diesem Kanal zu verabschieden.

In Trennungsszenarien fühlst du dich oft wie in einem Kreisverkehr. Keine Ausfahrt. Immer dieselbe alte Leier, die gleichen Verhaltensweisen, die gleichen Verletzungen. Jeden Tag weniger Energie und Lebensfreude. Jeden Tag Erschöpfung, Trauer, Wut, Resignation, Angst.

Auch ich (Sandra) kann ein Lied über ellenlange, beleidigende WhatsApp singen … Klientinnen legen häufig ihre WhatsApp-Diskussionen vor, es ist oft ein ständiges Hin und Her. Die Tonart reicht von »Du siehst die Kinder niemals wieder« bis hin zu: »Ich schlag dir deine Visage kaputt und hack dir dann den Kopf ab« – kein Scherz! Ich begleite viele Gewaltschutzverfahren, und bei diesen Verfahren sind derartige WhatsApp-Nachrichten die Regel anstatt die Ausnahme. Wenn Nachrichten dieser Sorte über mehrere Seiten gehen, beschränke ich mich in meinen Anträgen auf die schwerwiegendsten Beleidigungen und Bedrohungen, damit der Richter den Überblick behält. Du darfst bei so etwas nie vergessen: Es gibt Menschen, die machen derartige Drohungen wahr, und deshalb muss man sie sehr ernst nehmen und sogar zur Anzeige bringen. Das ist wichtig und konsequent. Wie du noch lesen wirst, habe ich bereits Mandantinnen durch Gewalttaten verloren, und diesen Tötungsdelikten gingen immer derartige WhatsApp-Nachrichten voraus. Das ist ein Fakt.

§

Sandra rät: **WhatsApp**

Wenn du beleidigende, drohende oder beschimpfende WhatsApp-Nachrichten erhältst, lösche sie nicht, sondern sichere sie dir als mögliche Beweise.

Es gibt natürlich auch jene »Expertinnen und Experten«, die sich wechselseitig mit WhatsApp-Nachrichten zerstören. Darin geht es um wechselseitige Beleidigungen und Bedrohungen, Blockieren und Entblockieren, Prüfen der blauen Haken.

Dieses Medium, und sogar ich liebe es leider, ist ein Fluch für diese Menschen. Menschen fühlen sich durch diesen kurzen Kommunikationsweg dazu eingeladen, maßlos zu sein, sie folgen ihren ersten Impulsen und schreiben, ohne zu reflektieren. In einigen Umgangsverfahren haben Familienrichter sogar schon beschlossen, dass die Kommunikation via WhatsApp überhaupt zu unterlassen ist und nur noch über E-Mail zu kommunizieren ist.

Warum? Bei E-Mails

- sehen die Beteiligten nicht direkt, ob und wann die Mitteilung gelesen wurde,
- so ist die Zeitspanne bis zur nächsten Antwort oft höher, die Impulsivität niedriger und
- es fällt leichter, die Form zu wahren.

Du bist im Streit mit jemandem? Dann Finger weg von WhatsApp! Dein Partner bombardiert dich mit Nachrichten? Ganz einfach, blockiere ihn! Und zwar dauerhaft! Du schützt dich dadurch.

Angst, die uns treibt

Die größte Angst haben wir oft, den Schritt in die unbekannte Zukunft zu wagen, weil wir … Angst haben. Es ist ein Kreislauf, der uns treibt.

- Wir haben Angst vor Ablehnung.
- Wir haben Angst, den Partner zu verletzen.
- Wir haben Angst, ins Unbekannte zu gehen.
- Wir haben Angst, allein zu sein.
- Wir haben Angst, eine falsche Entscheidung zu treffen.
- Wir haben Angst, den Schritt einer Trennung oder anderen Veränderung in der Beziehung nicht gehen zu können.
- Wir haben Angst vor Abwertung.
- Wir haben Existenzangst.
- Wir haben Angst vor einem Rosenkrieg.
- Wir haben Angst vor Gewalt.
- Wir haben Angst, den Kindern zu schaden.
- Und viele Ängste mehr.
- Wir haben Angst.
- Wir haben Angst.
- Wir haben Angst.

- ______________________________
- ______________________________
- ______________________________
- ______________________________
- ______________________________
- ______________________________
- ______________________________

Schreibe hier alle Ängste auf, die dir durch den Kopf gehen, und mache dir so bewusst, was dich derzeit lähmt. Es ist gut, genau zu wissen, was dich hält, welche Gedanken dich in deinem Gefängnis halten. Sei es, dass du dich klein denkst und den neuen Job nicht annimmst, weil du Angst hast, du könntest nicht mehr genug für deinen Mann und deine Kinder da sein. Vielleicht aber ist es auch die Angst, dein Mann könnte sich aufregen, dich ablehnen.

In einem zweiten Schritt möchten wir, dass du dir deiner Ressourcen bewusst wirst. Schreibe alle Menschen auf, die dir einfallen, die du um Rat und Unterstützung bitten kannst. Wen könntest du ins Vertrauen ziehen? Welche Person kann mit dir gute neue Lösungen entwickeln? An wen hast du bis jetzt noch nicht gedacht? Welche kostenlose Beratung könntest du in Anspruch nehmen (schau hier gern zur Inspiration auch in den Powerteil).

Hast du schon einmal eine Kur beantragt? Vielleicht eine Mutter-Kind-Kur? Welche Auszeiten könnten dir helfen, dich zu sortieren?

Viele Frauen ziehen nicht rechtzeitig einen Schlussstrich und geraten in eine Spirale der Gewalt. Sie erzählen ihren Freundinnen davon, ändern aber nichts an ihrer Situation. Irgendwann können die Freundinnen es nicht mehr hören und ziehen sich zurück. Oder ein Partner isoliert seine Partnerin gezielt von ihrem Umfeld und kann sie so leichter kontrollieren.

Daher ist es umso wichtiger, dass du dir Unterstützung und kraftvolle Informationen einholst. Wir haben dir im Anhang Anlaufstellen genannt, wenn du dich informieren oder dir erste Hilfe holen willst.

Informierte Frauen gehen den Weg der Freiheit!

Es kann sein, dass dein Kopf weiß oder zu wissen glaubt, was du tun solltest. Wichtig ist, dass du die positive Erfahrung von Beratung machst. Hab keine Angst davor, dich zu öffnen. Erfahrene Kontaktpersonen in Beratungsstellen werden dich verständnisvoll aufnehmen. Sie haben täglich mit Fällen wie deinem zu tun. Schau gern in Foren, die sich mit narzisstischen Partnerbeziehungen oder toxischer Liebe befassen.

Eine unserer Top-Empfehlungen ist die Facebookgruppe von Svenja Beck. Sie hat selbst zwei Mordanschläge ihres Expartners überlebt. Seit Jahren klärt Svenja in ihrer eigenen Facebook-Gruppe auf, geht wöchentlich live, stellt Informationen zur Verfügung. Schau einmal rein – hier erfährst du viel Zuspruch von ihr und mittlerweile mehr als 8.000 (!) betroffenen Frauen. Diese Gruppe informiert und macht Mut. Jede weiß, dass es ein Prozess ist, sich aus einer Gewalt-Beziehung zu befreien.

Informiert euch, macht euch schlau! Welche rechtlichen Mittel habt ihr? Welche finanzielle Unterstützung könnt ihr erfahren? Welche Anwältinnen außer Sandra kennen sich noch mit der Thematik aus? Wie haben es andere Frauen geschafft, sich zu befreien?

Ladys! Das kann doch nicht wahr sein! Gewalt in Beziehungen dürfen wir als Gemeinschaft der Frauen nicht mehr länger akzeptieren. Es ist nicht normal, es ist nicht okay, wenn dein Partner dich schlecht behandelt.

Nicht-Wissen bedeutet, in der gefühlten Ohnmacht zu verharren. Wer mehr weiß und vorbereitet ist, auf diejenige wartet der Lohn der Freiheit.

Mensch, während ich das schreibe, denke ich: Sind denn alle verrückt? Das sollte eine Selbstverständlichkeit sein. Aber Sandra und ich wissen eben auch, dass das Leben bei uns in Deutschland für viele Frauen alles andere als sicher ist. Deswegen ist es umso wichtiger, dass wir uns gegenseitig unterstützen. Immer. Dass wir unseren Zusammenhalt stärken.

Durch Zusammenhalt,
durch das Aussprechen des
Unaussprechlichen, werden wir die
aktuellen Zustände verändern.

Nur indem wir uns für uns selbst einsetzen, können wir wirklich etwas bewegen. Die Gemeinschaft der Frauen ist Sandra und mir heilig. Auch ich (Ruth) habe die Erfahrung gemacht, wie wichtig die bedingungslose Unterstützung, die Liebe und Zuwendung sind, wenn wir uns befreien wollen. Ganz gleich, um welche Form von Gewalt es sich handelt. Egal, ob im Job oder aus deiner Paarbeziehung.

Unterschätze niemals die Kraft der Gemeinschaft, Schwester. Wir alle haben Gewalt erlebt. Wir haben nur selten oder noch nie darüber gesprochen. Gewalt in jeglicher Form ist schlimm. Und jede, die sich in einer Gewaltsituation befindet, sollte schnellstmöglich zusehen, sich aus dieser Lage zu befreien, und dazu alle Hilfe in Anspruch nehmen, die sich ihr bietet.

Du befindest dich gerade in so einer verzweifelten Lage? Dann steh auf, tue es jetzt und öffne dich schon mal einer Person deines Vertrauens. Du hast niemanden? Dann suche einen Rechtsbeistand für Familienrecht auf, geh in ein Frauenhaus, schütze dich und deine Kinder. Vertraue darauf: Dir kann geholfen werden.

EINE TRAGÖDIE

Ich (Sandra) hatte mal eine Mandantin, Mutter von fünf Kindern. Sie hatte einen gewalttätigen Ehemann. Dieser hatte sie während eines Aufenthalts in ihrem Herkunftsland nach einer Hochzeitsfeier aus Eifersucht vor dem jüngsten Sohn so zusammengeschlagen, dass die Mandantin mit einer Hirnblutung und Schädelprellung ins Krankenhaus eingeliefert werden musste. Sie war dem Tode nahe. Man könnte denken, dass es dem Ehemann leidtat. Aber weit gefehlt. Er reiste einfach mit allen fünf Kindern, ohne ein Wort an sie zu richten, nach Deutschland.

Die Mandantin lag wochenlang verzweifelt, den Kopf vollständig umwickelt, im Krankenhaus. Durch die Hirn-

blutung entwickelte sie eine Epilepsie. Eine Tragödie! Nach Deutschland fliegen durfte sie aufgrund ihrer Kopfverletzung mehrere Monate nicht. Aber ans Aufgeben hat diese Frau nie gedacht. Sobald ihr Gesundheitszustand es zuließ, flog sie nach Deutschland, begab sich in ein Frauenhaus und suchte mich auf. Gemeinsam schafften wir es, den Mann hinter Gitter zu bringen, und die Kinder konnten in den Haushalt der Mandantin zurückkehren.

Du siehst, wie schlimm es auch wird, es gibt immer einen Weg. Immer! Auch für dich oder eine dir nahestehende Person!

Toxic Love Journal

Ich will raus!

Triff nun die Entscheidung, dich aus deiner toxischen Beziehung zu befreien!

- Schreib auf, was du beschlossen hast – schließe einen Pakt mit dir!

___

___

___

- Rufe dir nochmals in Erinnerung, was deine toxische Beziehung an dir verändert hat.

___

___

___

- Notiere dir konkrete Punkte, die du ab nun aus deinem Leben ausschließen möchtest.

Nun überlege, wer dich unterstützen könnte:

- Welche Menschen möchtest du wieder in dein Leben holen?

- Was willst du ihnen sagen?

Wiederhole noch mal den Pakt, den du mit dir geschlossen hast:

ALPTRAUM GEWALTBEZIEHUNG

»Aber er hat mich ja gar nicht geschlagen!«, sagen viele Frauen, wenn von Gewalt in der Beziehung die Rede ist. Wenn Frauen zu uns in die Beratung kommen, sagen sie erst auf Nachfrage: »Er hat mich einmal gewürgt.« Aus unseren Beratungen wissen wir jedoch, dass Frauen *immer* die Anzahl der erlebten Gewalttaten herunterspielen. Und Gewalt hat viele Gesichter. Gewalt ist nicht gleich Gewalt. Die Bandbreite, von der du nun schon gelesen hast, reicht von verbaler Gewalt, Ghosting, Strafen durch Liebesentzug, Strafen durch Schweigen, aggressiver Mimik und Gestik, Drohgebärden bis hin zur Ankündigung von Gewalt oder Tod sowie schließlich tatsächlich körperlichen Attacken. Das Gefährliche an vielen Beziehungen ist, dass die Männer, die Gewalt ausüben, nicht auf den ersten Blick als Täter erkennbar sind. Der »Bad Boy« ist in aller Regel gar nicht der Aggressor, den man in ihm vermuten könnte.

VERSTECKTER AGGRESSOR

Mein Freund war groß, charmant, mehrsprachig. Ein ehemaliger Schwimmer, ca. 1,90 Meter groß, mit leuchtend blauen Augen und einem absolut gewinnenden Lächeln. In einem großen Konzern nahm er eine Führungsposition ein, ein allseits beliebter Kollege und Vorgesetzter. Niemand hätte je geglaubt, dass so ein Charmebolzen seiner Freundin die Tür abschließt, damit sie nicht wegkann. Niemand hätte auch nur vermutet, dass er versuchte, mich mit seinem VW-Bus zu überfahren. Er verfolgte mich, wenn ich auf dem Fahrrad unterwegs war, er war krankhaft eifersüchtig. Ich musste mit ihm gemeinsam zu Freunden gehen und ihnen sagen, dass wir ab nun keinen Kontakt mehr miteinander haben würden. Und ich habe all das und viel mehr getan. Aus purer Angst. Aus Angst um mein Leben.

Oh ja, auch wir Frauen können gewalttätig sein. Mit Worten, ebenso mit Taten. Wir können zynisch sein und uns entziehen. Sexuell. Wir schweigen oder strafen Männer mit Verachtung. Und es gibt die rund zwanzig Prozent an Frauen, die genauso agieren, wie wir es hier aus unseren persönlichen Erfahrungen über Männer beschreiben.

Und all das wollen wir verändern. Es ist unsere Aufgabe als Gesellschaft hinzuschauen, wo Frauen, Männern, Menschen Gewalt erfahren. Als Kollegin, als Geschäftspartnerin, als Nachbarin. Frauen in Not benötigen Unterstützung. Mit jeder Frau, die unterdrückt wird, mit jedem Kind, das dabei zusieht, laufen wir Gefahr, bisherige Gewalterfahrungen an die nächste Generation weiterzugeben, die nicht ihr eigenes Potenzial lebt, sondern Kriege führt. Im Kleinen und im Großen.

Dazu sagen wir laut: Stopp it!

Der Schutz von uns Frauen in aller Welt ist Friedensarbeit. Und wir sind jedem bewussten und emanzipierten Mann dankbar, der sich uns an die Seite stellt und uns in unserer Friedensarbeit unterstützt.

Noch aber sind wir an einem anderen Punkt. Lass uns einmal die aktuellen Statistiken anschauen, wie es um die Verteilung von Gewalt in Paarbeziehungen aussieht. So benennt das Bundesministerium für Familie, Senioren, Frauen und Jugend die Situation im Jahr 2021 wie folgt: *»In Deutschland wird jede dritte Frau mindestens einmal in ihrem Leben Opfer von physischer und/oder sexualisierter Gewalt; etwa jede vierte Frau wird mindestens einmal Opfer körperlicher oder sexualisierter Gewalt durch ihren aktuellen oder durch ihren früheren Partner.«* Wir leben also in einer Gesellschaft, die das Thema Gewalt nicht im Griff hat, wie die Pressemitteilung des Bundesministeriums weiter ausführt. Bei Vergewaltigung, sexueller Nötigung und sexuellen Übergriffen in Partnerschaften sind die Opfer zu 98,4 Prozent weiblich, bei vorsätzlicher, einfacher Körperverletzung sowie bei Mord und Totschlag in Paarbeziehungen sind 77 Prozent der Opfer Frauen.

Mit dieser Statistik wollen wir euch zwei Aspekte bewusst machen:

1. Information rettet Leben.
2. Unterschätze niemals die Gefahr!

Gefahr zwischen Psychospielchen und physischen Übergriffen

Wir wissen aus unserer Arbeit, wie viele von euch sich noch nicht getraut haben, zur Polizei zu gehen oder offiziell über eine Anwältin wie Sandra zu agieren. Manche suchen sich Expertinnen wie mich (Ruth) zur Erstberatung, bleiben aber aus Angst weiter in der Beziehung. Ich kann dich so gut verstehen! Auch ich bin zweieinhalb Jahre bei meinem gewalttätigen Partner geblieben.

Dies ist dein Mutmachbuch. Uns geht es selbstverständlich nicht darum, noch mehr Angst zu verbreiten. Wir wollen jedoch offen sprechen. Nichts beschönigen. Unsere Erfahrungen teilen, *damit du es anders machen kannst. Damit du für dich eine gute Entscheidung treffen kannst.* Es kann sein und kommt recht häufig vor, dass du die Gewaltbereitschaft deines Partners unterschätzt. Wenn es schon zu körperlichen Übergriffen kam, mach dir klar: *Es wurde eine wichtige Grenze überschritten.* Häufig wird Gewalt danach zur Gewohnheit oder sie eskaliert noch mehr, noch häufiger. Insbesondere, wenn Alkohol oder andere Drogen eine Rolle spielen.

Du bist möglicherweise ernsthaft in Gefahr. Eure Kinder sind in Gefahr!

Falls du noch in der Phase von emotionaler Gewalt, Beleidigung, Abwertung, Streit oder Psychospielen steckst und Kinder hast: *Auch hier befindest du dich in Gefahr.*

Andauernde psychische Gewalt hinterlässt mit der Zeit immer tiefere Spuren. Vielleicht merkst du schon jetzt, wie dich Selbstzweifel plagen. Deine Lebensfreude auf dem Nullpunkt ist. Vielleicht beschwerst du dich bei Freundinnen oft über das Gleiche – aber nichts verändert sich. Möglicherweise gehörst du zu den Frauen, die sich mittlerweile sozial fast vollständig isoliert haben, denn das ist eine der häufigen Folgen ungesunder Beziehungen.

In meiner Beziehung lief ich Gefahr, meine Arbeitsstelle zu verlieren, da mein Expartner mich oft im Büro anrief, beschimpfte und mir untersagte, das Gespräch zu beenden. Er drohte damit, in die Anwaltskanzlei zu kommen, in der ich arbeitete. Drohte mir mit Bloßstellung. Mit Streit vor meinen Kolleginnen und vor meinem Chef. Der Gedanke hat mich so sehr in Angst und Schrecken versetzt, dass ich nicht klar denken konnte. Mein Körpersystem war im Fight-or-Flight-Modus. Dann ist das Denken ausgeschaltet und es geht gefühlt ums nackte Überleben. Logisch denken und ums Überleben kämpfen – funktioniert nicht gleichzeitig.

Meine Kollegin warnte mich. Aber es hat noch lange Zeit gebraucht, bis mein Schrecken nachließ und ich erste Trennungsschritte gehen konnte.

Das große »Aber«

Wenn wir mit diesem Buch an die Öffentlichkeit gehen, hören wir natürlich fast zwangsweise das große »Aber«, das unausweichlich ist: »Aber Frauen sind in Beziehungen doch auch toxisch!«, »Aber Frauen sind auch gewalttätig«, »Aber auch Männer leiden in Beziehungen« – ja. Das stimmt. Und dennoch gibt es einen Unterschied. Wir haben bereits auf die Zahlen in der Statistik hingewiesen. Wir wünschen euch Männern gleichermaßen, dass ihr ungesunde und gefährliche Strukturen verlassen könnt. Wir als Frauen wollen hier jedoch unseren Schwestern im Herzen zur Seite stehen. Aus Solidarität von Frau zu Frau, von Mutter zu Mutter.

Wir werfen den Scheinwerfer auf die Tatsache, dass es wichtig ist zu sehen, wie viele Frauen und Mütter in einem vermeintlich zivilisierten und emanzipierten gesellschaftlichen Raum wie Deutschland, der Schweiz oder Österreich oft nicht »einfach so« aus einer Beziehung gehen können. Nicht, weil sie nicht entschlossen handeln könnten, sondern weil sie um sich und ihre Kinder fürchten müssen. Und das ist etwas, das diesen einen gravierenden Unterschied in toxischen Beziehungen ausmacht. Wenn eine Frau sich toxisch verhält, muss der Mann statistisch weniger häufig damit rechnen, körperlich schwer verletzt oder gar getötet zu werden. Gewalt von Männern gegenüber Frauen ist jedoch, rein statistisch nachzuvollziehen, durchaus »üblich« – und sie hat unterschiedliche Ausprägungen.

Die Formen von Gewalt können sein:

- verbale Abwertung,
- kleinreden eigener Erfolge,
- dir einreden, du würdest finanziell kaum etwas zum gemeinsamen Haushalt beitragen,
- wenn du dich trennst, sagt er, du hast keinen Unterhalt verdient (weil ihr noch nicht lange zusammen wart; weil du erwachsen bist und für dich selbst sorgen kannst),
- weil er nicht bereit ist, für dich zu zahlen (auch wenn du die Kinder großgezogen hast und deswegen kaum oder nur eingeschränkt beruflich aktiv werden konntest),
- wenn er dir sagt, dass du dumm oder unfähig bist,
- Er sagt dir, dass du ohne ihn nichts bist.

- Er sagt dir, du seist dick oder hässlich.
- Er wertet dich auch vor Freunden und in der Öffentlichkeit ab.
- Er vergleicht dich mit seiner Mutter – an die du nie heranreichen wirst.
- Er droht dir, sich etwas anzutun, wenn du ihn verlässt.
- Er droht dir, dass du es bereuen wirst, wenn du ihn verlässt.
- Er droht dir damit, dir die Kinder wegzunehmen.

Manchmal ist es nur ein Blick, der ausreicht, um dich innerlich zurück auf deinen Platz zu schicken. Also bleibst du – so lange, bis etwas passiert, was du wirklich nicht mehr ertragen kannst.

Ich werde mich ändern!
Warum vertrauen wir ihm mehr als uns selbst?

Als Frauen sind wir nur allzu bereit, ihm zu glauben, wenn er verspricht, sich zu ändern. Und das tut er! Das kennst du vielleicht – und oft denkst du dabei daran, wie es war, damals zu Beginn.

Schau genau auf seine Taten.
Seine Worte sind bedeutungslos.

Das gilt für alle Beziehungen in deinem Leben. Menschen versprechen uns das Blaue vom Himmel. Oft glauben sie es sogar selbst. Was ich in meiner jahrelangen Praxis von Beratungen gelernt habe und was auch das Leben mich gelehrt hat, ist: Wir wollen ihm so gern glauben, seinen Versprechungen und Beteuerungen. Sie klingen einfach gut und wir glauben allzu oft an das Gute. Gerade wir Frauen wollen eher das Miteinander, die Harmonie.

DIE SPIRALE DREHT SICH

Helga lebt mit Rainer zusammen. Er ist Arzt, sie arbeitet für ihn, sie haben sich über die Praxis kennen und lieben gelernt. Irgendwann erfährt Helga, dass Holger fremdgeht. Angeblich nur einmal. Sie spricht ihn darauf an, zieht kurzzeitig aus. Er will sie zurückgewinnen und gestattet ihr sogar, sein Handy zu kontrollieren. Helga lässt sich überzeugen und kommt zurück. Das schlechte Gefühl aber bleibt. Sie kann ihm nicht verzeihen, auch wenn sie es noch so gern möchte. Und ja, mit seinem Einverständnis kontrolliert sie sein Handy. Sie kommt zu mir in die Beratung und sucht den Fehler bei sich. Warum vertraut sie ihm nicht? Kann sie ihm verzeihen? Das schlechte Gefühl bleibt.

Dann entdeckt sie, dass er ein zweites Handy besitzt. Heimlich. Darüber hält er Kontakt zu seiner Freundin. Helga fällt ins Bodenlose und trennt sich beruflich und privat von ihm. Endgültig.

Ich frage sie, ob sie mir sagen kann, woran sie hätte merken können und gespürt hat, dass etwas nicht stimmt. Es sind oft Kleinigkeiten, die uns nicht bewusst werden. Manchmal ist es »nur« das Bauchgefühl. Und dann richten wir allzu gern unseren Fokus auf IHN. Er soll sich ändern.

Liebe Leserin, wenn du nun spontan der gleichen Meinung bist und denkst: »Ja klar soll *er* sich ändern« – wo bist du dann mit deiner Aufmerksamkeit? – Weg von dir und dran bei ihm, seinen Themen und seinen Dramen.

Der erste Schritt aus der Beziehungsfalle ist es deshalb zu sehen, was wir bei uns verändern können und sollten. Uns zu fragen: *Was lasse ich zu?* Wenn ich verletzt wurde – wie kann es sein, dass mein Qualitätsstandard so ausgerichtet ist, dass ich mich immer wieder verletzen lasse, ihn nicht konfrontiere und doch bleibe?

An dieser Stelle möchte ich noch einmal an die liebevolle Seite in dir appellieren. Auch wenn unser Verstand uns vieles aufzeigen könnte – wir sind stark geprägt durch unsere Herkunft. Die eigene Familie, die Erfahrungen, die wir mit sicheren oder unsicheren Beziehungspartnern gemacht haben, von den Eltern über berufliche Beziehungen bis hin zu intimen Partnerschaften. Und eines dürfen wir als Frauen immer und immer wieder erinnern: Wir als weibliches Kollektiv haben eine Geschichte über die Jahrtausende durchlebt, in der wir daran gewöhnt wurden, uns klein zu machen, uns selbst nicht zu vertrauen, weil wir eben »nur« Frauen sind. Frauen in Deutschland war das Wahlrecht bis 1918 verwehrt – noch unsere Großmütter mussten ihre Ehemänner um Erlaubnis bitten, wenn sie den Führerschein machen wollten. Wir durften keine Hosen tragen, in vielen Kulturen – ich schaue nach Afghanistan – riskieren Frauen ihr Leben, wenn sie eine Schule besuchen, sich weiterbilden. Auch wenn wir es in unserer Region einfacher haben, kennen wir es doch alle: Wie sicher fühlst du dich als Frau, wenn du abends allein unterwegs bist? Genau das meine ich: die uns innewohnende Grund-Unsicherheit, an die wir uns gewöhnt haben.

Wenn »Mann« die Stimme erhebt, eine bestimmte Mimik aufsetzt – wissen viele Frauen: Okay, jetzt lieber den Mund halten, jetzt lieber die Diskussion nicht fortführen.

Wenn er uns dann verspicht, er würde sich ändern, *wollen wir das glauben*. Um jeden Preis. Denn dann wäre das Leben wieder gut. Es wäre harmonisch. Wir wollen daran glauben, wir wollen ihm die Chance geben. Und oft tun wir es noch mal und noch mal.

Auch ich (Ruth) kenne das. Mein gewalttätiger Partner, den ich in jüngeren Jahren hatte, hat mir immer wieder versichert, wie sehr er mich liebt. Aber an seinem Verhalten hat sich nichts, rein gar nichts geändert. Im Gegenteil. Durch seinen Erfolg, mich kleinzuhalten, mich zu beschimpfen, natürlich nur hinter verschlossenen Türen, schien er wie ermutigt dazu, mich immer wieder zu beschimpfen, einzusperren, zu verfolgen. Es gab keine Grenze für ihn.

Ich fühlte mich hilflos. Kennst du das? Du weißt, was du zu Hause erlebst, aber er leugnet alles.

Wie viele Frauen erzählen, er würde Geschlechtsverkehr regelrecht einfordern. Auch wenn sie deutlich äußern würden, dass sie müde seien oder keine Lust verspüren, ist er dennoch in sie eingedrungen. Nicht zu vergessen der »Blow-Job«. Eine Mandantin erzählte mir, dass er sie gezwungen habe, sein Glied in den Mund zu nehmen, andernfalls würde er sich anderweitig vergnügen.

Stopp Toxic-Love!

- Beobachte, ob er er seine Versprechen in die Tat umsetzt. Schau darauf, wie er handelt. Sei ehrlich mit dir selbst und beantworte dir die einfache Frage: Führe ich mit diesem Menschen eine vertrauensvolle Beziehung, die mich aufblühen lässt?

- Ist das unter dem Strich das, was du aus vollem Herzen mit einem klaren Ja beantworten kannst? Dann ist alles gut. Kleinere Streits – lassen sich beilegen? Er hört dir zu und akzeptiert deine Meinung? Er trägt etwas dazu bei, genau wie du, damit ihr euch jeden Tag besser verstehst? Er ist freundlich, liebevoll? Hörst du Sätze wie: »Das war von mir nicht in Ordnung«, wenn er dich verletzt hat – und handelt er danach? Ändert er sein Verhalten? Die Antwort sollte ein klares und eindeutiges Ja sein. Jemand, der sein Verhalten ändert, tut das jetzt und hier. Und nicht irgendwann oder in einer Fantasie-Zukunft.

Wenn er dir nur hohle Versprechungen macht, dann ist es Zeit, sich zu trennen. Oder hast du Angst davor, weil du befürchtest, er könnte dein Nein nicht akzeptieren?

Überprüfe deine Qualitätsstandards: Wenn dein Partner sich erst in jahrelanger Therapie ändern will, was ist das dann für eine Beziehung?

Wenn du merkst, du gibst so viel mehr in die Beziehung, als du bekommst, ist es Zeit zu gehen.

Es ist passiert! Er hat mich geschlagen.

Irgendwann ist es in einer Beziehung plötzlich so weit: Es kommt zum ersten handgreiflichen Übergriff …

DER TAG, AN DEM ES GESCHAH …

»Eines Tages ging er auf mich los. Aus dem Nichts. Wir hatten gestritten. Auf einmal schlug er mich brutal ins Gesicht. Ich war wie unter Schock. Es ist, als könnte ein Teil nicht glauben, was da passiert. Auf einmal zerbricht alles. Ich weiß nur, dass ich am ganzen Körper zitterte. Mir wurde eiskalt. Und ich hatte Angst. Von da an war nichts mehr wie vorher. Neben ihm einschlafen – unmöglich!«, so eine Klientin.

Eine andere Frau beschreibt, was sie erlebt, als er sie zum ersten Mal zu Hause einschließt.

»Wir waren erst etwa ein halbes Jahr zusammen. Ich war bei ihm und es gab Streit. Ich wollte gehen, zu mir nach Hause fahren. Da sprintete er vor mir zur Tür und schloss ab. Das jagte mir eine Höllenangst ein. Seinen aggressiven Blick vergesse ich nie. Ich traute mich nicht zu schreien. Wollte einfach nur, dass er sich wieder beruhigt. Mein Herz schlug bis zum Hals. Äußerlich versuchte ich, ruhig zu wirken, stimmte ihm zu. Tat alles, damit er mich doch noch gehen ließ. Entschuldigte mich für mein Verhalten. Natürlich war das Unsinn. Aber in dem Augenblick denkst du: Der ist unberechenbar. Er hatte nur die Tür abgeschlossen. Aber ja – ich hatte Angst um mein Leben.«

Es ist diese Unberechenbarkeit, dieser Schockmoment, der alles verändert. Auf einmal fühlst du deine körperliche Unterlegenheit. Ein Teil in dir weiß, dass du diese Art von Auseinandersetzung nicht gewinnen kannst.

Was dann in dir geschieht in dieser Zeit? Ab jetzt lebst du in permanenter Anspannung. Dein Körper, deine Seele kommen nicht mehr zur Ruhe. Alles in dir ist in ständiger Erwartung – des nächsten Streits, der nächsten Auseinandersetzung. Du schläfst nicht mehr ruhig. Wenn du zu Hause bist, zuckst du beim Geräusch des Schlüssels in der Tür zusammen. Und es kann sein, dass du dich über die Monate und Jahre an diese Anspannung gewöhnst, ohne es wirklich bewusst zu merken. Vielleicht fühlst du dich abgestumpft. Mit der Zeit registrierst du das gar nicht mehr, vielleicht auch, weil schon so viel vorgefallen ist. Er packt dich grob. Er diskutiert stundenlang bis zu deiner völligen Erschöpfung. Du wirst innerlich kleiner, weniger, unsichtbarer. Aber auch härter.

Eine Frau berichtet uns: »Nachdem ich unser Kind verloren hatte und er mir die Schuld gab, mich links liegen ließ, während ich blutete, gab es nichts mehr, was mich noch hätte treffen können. Ich war so müde. Ich wollte nur noch einschlafen und nicht wieder aufwachen. Ich hatte keine Kraft für nichts mehr. Erst recht hatte ich keine Kraft, mich zu trennen.«

Erinnere dich an den Frosch im Kochtopf – das Wasser kocht jetzt!

Es braucht deine letzten Kräfte, dich zu trennen. Und gerade in einer akuten Bedrohungslage harren die meisten Frauen aus.

Frauen sagen immer wieder Sätze wie: »Ich kann nicht mehr.« »Ich kann es zwar nicht mehr ertragen, aber ich habe auch keine Kraft mehr, diesen Schritt – vor allem mit Kindern – noch zu gehen.« »Woher soll die Kraft kommen?«

Und hier können wir wirklich von Herzen auf den Powerteil (siehe Seite 304) verweisen: Jetzt ist es höchste Eisenbahn, dich jemandem anzuvertrauen, die sich damit auskennt: einer Beratungsstelle, bei akuter körperlicher Notlage – der Griff zum Telefon. Der Gang zum Frauenhaus. Vielleicht ist es deine letzte Chance.

Aus meinen Beratungen mit lieben Kolleginnen weiß ich, dass sich eine Trennung durchaus über Monate ziehen kann, manchmal auch länger. Je mehr Unterstützung du dir dafür holst, desto mehr Kraft holst du dir ins Haus.

»Ich verspreche dir, es passiert nie wieder!« – Die Spirale der Gewalt

Häufig schlagen Männer zu, wenn sie alkoholisiert sind. Sie schlagen, wenn sie Sex wollen und die Frau sich verweigert, sie schlagen, wenn sie finanzielle Probleme haben oder, oder, oder. Die Gründe sind vielschichtig. Eines ist aber klar: *Wer einmal schlägt, der tut es definitiv wieder.* Ich habe nicht eine einzige Mandantin, die zu mir kommt und sagt: »Er hat mich nur einmal geschlagen.«

Meist versichern die Männer, nachdem sie gewalttätig geworden sind, dass es ihnen leidtut und dies niemals wieder vorkomme. Viele weinen auch und sagen, dass sie sich selbst schämen für das, was sie getan haben. Ich habe einige Mandantinnen, die richtig brutal von ihren Männern zusammengeschlagen wurden, bis hin zu einer Hirnblutung.

Männer, die als Kind in einem gewaltvollen Umfeld groß geworden sind, werden häufig selbst zu Gewalttätern. Die Sozialwissenschaftlerin Anne Maria Müller-Leimkühler beschreibt, dass Kinder schon dadurch massiv geschädigt werden, wenn sie Zeugen der Gewalt zwischen den Eltern werden. Bei Mädchen erhöht sich dann das Risiko, dass sie im Erwachsenenalter selbst Opfer in einer Beziehung werden, bei Jungen erhöht sich das Risiko, die über längere Zeit erlebte väterliche Gewalt selbst an eine spätere Partnerin oder in der eigenen Familie fortzusetzen. Ebenso tragen negative Vorbilder in sozialen Medien, körperliche Strafen oder wenn die Gewalt unter männlichen Kindern und Jugendlichen akzeptiert wird, zur Gewaltbereitschaft bei.

Ohne Hilfe von außen sind solch eingelernte Verhaltensmuster oft nicht zu durchbrechen. Wenn diese Gewaltspirale sich erst einmal zu drehen begonnen hat, ist sie schwer zu bremsen. Frauen, die darunter zu leiden haben, müssen sich dieser Mechanismen bewusst werden.

Deshalb gib auf dich acht:
Wenn er einmal schlägt,
wird er es wieder tun!

Es geht auch um die Kinder! – Kindeswohlgefährdung

Wenn du Kinder hast, dann hast du zusätzlich noch die Verantwortung für ihre Leben. Das betrifft nicht nur die aktuelle Situation, unter der Kinder natürlich besonders leiden, wenn sie sehen, wie die Eltern miteinander umgehen. Du hast gerade gelesen, wie die Spirale der Gewalt oft in Gang gesetzt wird. Es geht darum, was sie daraus für ihr späteres Leben mitnehmen, wie es sie prägt. Und da reden wir noch gar nicht von körperlich gewalttätigen Situationen. Es beginnt auch für Kinder viel früher.

Vielen Frauen geht es wie Renate, die wir betreut haben.

TRENN DICH FÜR DIE KINDER!

Renate war verliebt in einen charismatischen Arzt. Sie hat zwei Kinder aus einer früheren Beziehung. Nach dem anfänglichen LoveBombing wurde es schnell ungemütlich für Renate: Vorschriften, was sie tun und lassen sollte, Beleidigungen, immer wieder Streitereien aus dem Nichts heraus. Renate wandte sich an uns – ihre Töchter waren damals acht und zehn Jahre alt und weigerten sich irgendwann, bei Renate und ihrem Freund zu leben. Sie hatten Angst, aber sie waren auch wütend. Es zeigt sich häufig, dass Kinder jene Gefühle ausleben, die Frauen in toxischen Beziehungen verdrängen oder noch nicht wahrhaben können. Ein Glück für Renate, denn ihre Kinder waren gewissermaßen der Motor, damit sie sich bei meiner Kollegin Barbara Hilfe holte. Ich liebe Barbara – sie ist die charmanteste Klartext-Rednerin, die ich kenne. Und sehr erfahren im Bereich Familienberatung, da sie über viele Jahre eine AWO-Stelle geleitet hat und alle juristischen und menschlichen Fragestellungen kennt.

Barbara hat den Satz geprägt, den ich euch als Geschenk mitgebe, wenn ihr zweifelt, ob ihr gehen oder bleiben sollt, insbesondere, wenn du Kinder hast:

Du als Frau darfst dich schlagen, anschreien, beleidigen lassen. Aber wenn deine Kinder davon Zeuge werden, dann ist hier die Grenze.

Darüber, wie Kinder Erlebnisse verarbeiten und welche Auswirkungen es für später hat, gibt es eigene Bücher. Das würde hier zu weit führen. Klar ist aber, dass wir uns rein rechtlich schnell im Bereich der Kindeswohlgefährdung befinden. Und dagegen kannst, nein, solltest du etwas tun. Wie du reagieren kannst, dazu liest du mehr im Kapitel »Die Trennung – Wenn es Zeit ist zu gehen« auf Seite 262.

Ich hätte nie gedacht, dass es so weit kommen könnte – Gewaltfälle aus der Anwaltspraxis

In diesem Kapitel erzähle ich (Sandra) von einigen Fällen aus meiner Anwaltspraxis, die sich leider genau so zugetragen haben. Ich möchte damit zeigen, dass Situationen in »ganz normalen« Verhältnissen unglaublich schnell eskalieren können, wenn es zu Streit und Eifersuchtsdramen kommt. Oft können weder das Umfeld der Täter (oder auch der Täterinnen) noch die Opfer glauben, dass es jemals so weit hätte kommen können. Die drei Fälle betreffen völlig unterschiedliche Ausgangssituationen, denn so ist es mit toxischen Beziehungen: Sie kommen überall vor und sie können jede von uns betreffen.

Es sind drastische Geschichten, die mich auch nach so vielen Jahren als Anwältin zutiefst treffen.

Trigger-Warnung

Wenn du meinst, dass die folgenden Geschichten dir zu nahe gehen, dann lies bitte nun nicht weiter! Es sind schlimme Schicksale, die passieren können. Doch wir wollen dieses wichtige Thema nicht aussparen, um vielleicht die eine oder andere, Leserin zu beschützen, vor Schlimmerem zu bewahren, und erst recht dazu ermutigen, aus der Gewaltspirale rechtzeitig auszusteigen. Setze erst wieder im Powerteil auf »Powerteil – Detox dein Leben und Heilung beginnt« auf Seite 304 ein.

»Du gehörst nur mir und keinem anderen Mann!«

Die junge Mama eines drei Monate alten Babys hatte sich von ihrem Freund getrennt, da die Kommunikation in der Beziehung durch sein launisches und unverschämtes Verhalten sehr belastet war.

Zunächst einmal war es auch aus meiner Sicht eine gute Entscheidung, sich zu trennen. Aber was die Mandantin mit diesem Trennungsschritt auslöste, hätte sie niemals gedacht. Der Partner meiner Mandantin weigerte sich, die Trennung zu akzeptieren. Sein Verhalten schwankte zwischen Weinen, Flehen, aggressivem Fordern, sich volltrinken und randalieren bis hin zu Drohungen, dass er sich umbringen würde, wenn meine Mandantin einen neuen Partner hätte und es bei der Trennung bleiben würde.

Erschwerend kam hinzu, dass beide im Mietvertrag standen und sich der Mann weigerte auszuziehen. So rief meine Mandantin schließlich die Eltern des Mannes an und bat diese, ihn bei sich abzuholen. Dies taten die Eltern tatsächlich.

§

Sandra rät: **Wohnrecht**

An dieser Stelle ist es wichtig zu wissen, dass nicht immer die Frau es ist, die in der Wohnung bleiben und die Kinder behalten darf. Das sind häufig erhebliche Streitpunkte. Wenn jedoch Gewalt im Spiel ist, ist es einfach, den Mann vor die Tür zu setzen.

Drei Tage später stand der Mann meiner Mandantin vor der Tür der gemeinsamen Wohnung. Er meinte, er wolle mit ihr reden, was den Umgang mit dem gemeinsamen Sohn anbelange. Die Mandantin, nichts ahnend, zeigte sich bereit und gewährte ihm Einlass.

Nach einiger Zeit ging das Betteln wieder los, man solle sich doch vertragen. Sie solle doch bitte versichern, dass sie keinen anderen Mann habe. Im Verlaufe des Gesprächs forderte er sie auf, ihr Handy herauszugeben. Sie weigerte sich. Der Mann meiner Mandantin zerrte sie aufs Bett, presste ihre Hände über ihrem Kopf zusammen und setzte sich auf sie. Dabei machte er ihr die Hose auf. Meine Mandantin wehrte sich, schrie aber nicht, da das Kind im Nebenraum war. Irgendwie konnte sie sich befreien, fiel jedoch zu Boden. Mittlerweile hatte er ihr das Shirt vom Körper gerissen und die Hose nach unten gezogen. Auch er hatte sich in dem Gerangel die Hose ausgezogen. Als die Mandantin sich aufrichten wollte, riss er sie an den Haaren in die Höhe seines erigierten Gliedes und drückte seinen Penis in ihren Mund. Dies so lange, bis meine Mandantin würgen musste. Er ließ dann aber nicht von ihr ab, sondern zerrte sie erneut ins Bett und presste seinen Penis in ihre trockene Scheide. Er vollzog den Geschlechtsverkehr, spritzte auf ihren Bauch und führte den Penis erneut ein. Dabei weinte er und schrie, dass nun alles vorbei sei und sie ihm das nie verzeihe.

Meine Mandantin war schmerz- und angsterfüllt, doch sie reagierte vordergründig mitfühlend auf ihren Mann, damit sie die Chance hatte, von ihm wegzukommen, um zu ihrem Sohn zu gelangen. Das Baby weinte mittlerweile. Sie zog ihre Sachen notdürftig hoch, nahm das Kind und wollte gehen, als ihr Mann ihr mit einem Messer den Weg versperrte. Er drohte damit, sich das Messer in den Bauch zu stechen, wenn sie ihm nicht verzeihe. Erneut besonnen bekräftigte meine Mandantin, dass sie ihm verzeihe und niemandem etwas sagen würde.

Nach einiger Zeit im Schock und in einem Zustand des Schweigens legte meine Mandantin das Baby wieder ins Bettchen. Als sie aus dem Zimmer des Kindes kam, hatte ihr Mann im Wohnzimmer eine Kerze angezündet und Wein hingestellt.

»Setz dich einfach und mach mit, sonst muss ich das von eben wiederholen«, drohte er. Damit meinte er den Vergewaltigungsvorgang. »Du gehörst keinem anderen Mann, nur mir, nicht wahr?«

Die krankhafte Eifersucht ihres Mannes war der Mandantin zuvor nie aufgefallen. Sie spielte zu ihrem eigenen Schutz mit. Als das Baby erneut weinte, ging die Mandantin ins Zimmer, nahm es auf den Arm, schaffte es, unbemerkt die Wohnung zu verlassen und auf der Straße mit ihrem Handy die Polizei zu rufen. Diese erschien einige Minuten später, machte sich ein Bild von der Situation und verwies den Mann für zehn Tage der Wohnung.

Falls du dich gerade fragst, warum er auf freiem Fuß geblieben ist – zunächst muss die Beweislage geprüft werden. So einfach kommt in Deutschland niemand ins Gefängnis. Im Nachgang stellte ich den Gewaltschutzantrag für meine Mandantin.

Zwischen der Antragstellung und dem anberaumten Gerichtstermin, zu welchem der Mann nicht erschienen war, hatte dieser meine Mandantin erneut vergewaltigt. Er hatte sich dazu gewaltsam Zutritt zur Wohnung verschafft, sie im Flur zu Boden gebracht, und da meine Mandantin nur eine Unterhose anhatte, sie war zu Hause und es war ein warmer Tag, war es ein Leichtes für ihn, mit seinem Penis in sie einzudringen.

Während des nächsten Gerichtstermins teilte die Richterin mit, sie habe keine Möglichkeit, meine Mandantin zu schützen. Man müsse erst ihn anhören. Ich meinte, mich verhört zu haben: ihn noch anhören und meine Mandantin ohne Gewaltschutzanordnung wieder wegschicken? Ich setzte der Richterin auseinander, dass auch sie dafür verantwortlich sei, wenn meiner Mandantin erneut etwas geschehe, wenn keine Gewaltschutzanordnung getroffen werde. Diesen Argumenten war sie glücklicherweise zugänglich und sie beschied, wie ich beantragt hatte.

Was aber, wenn es dem Empfänger vollständig egal ist, ob er sich nähern darf oder nicht? Ich dachte mir: »So kann ich meine Mandantin doch nicht ›entlassen‹, er könnte es wieder tun, und das hat er ja auch signalisiert.« Deshalb sprach ich beim Eildienst der Staatsanwaltschaft vor, um einen Haftbefehl gegen den Mann meiner Mandantin zu erwirken. Die Voraussetzungen lagen meiner Meinung nach vor, und zwar konkret die Wiederholungsgefahr.

Und es kam, wie es kommen sollte: Der Staatsanwalt gab mir recht. Der Mann meiner Mandantin wurde somit bis zur Verhandlung seiner Strafsache, unter anderem wegen Vergewaltigung, inhaftiert und der Mandantin somit der Schutz gegeben, dessen sie dringend bedurfte. Im Ergebnis wurde der Mann meiner Mandantin im Rahmen seines Strafverfahrens zu einer Freiheitsstrafe verurteilt.

Meine Mandantin kann seit den Vorfällen weder ruhig schlafen noch geht sie ohne Angst auf die Straße. Sie ist immer noch in einem Schockzustand, ist aber bemüht, für ihr gemeinsames Kind stark zu bleiben. Natürlich hat meine Mandantin auch Angst davor, wenn er wieder auf freiem Fuß ist. Es ist oft ein Dilemma, und es fällt schwer, meine Mandantinnen, die in so einer Lage sind, zu beruhigen. In solchen Fällen gebe ich meine Handynummer heraus, damit ich im absoluten Notfall sofort erreichbar bin.

»Er wird mich finden und töten«

In einer anderen traurigen Geschichte suchte mich meine Mandantin auf und teilte mir mit, dass sie von ihrem Ehemann seit Beginn der Ehe geschlagen und getreten würde. Sie würde angespuckt und gewürgt. Sie erzählte aber auch, dass es in ihrem Kulturkreis nicht so einfach sei, sich von einem Ehemann loszusagen.

Ich riet meiner Mandantin dazu, in ein Frauenhaus zu gehen und die Kinder mitzunehmen. Von dort aus war beabsichtigt, dass sich meine Mandantin in einer entfernten Stadt ein neues Leben aufbaut. Der Gewaltschutzantrag, der seinerzeit ohne Einwände beschieden wurde, sollte dazu dienen, meine Mandantin zu schützen. Aber nicht immer hilft es, ein Annäherungsverbot zu erwirken. Der Ehemann meiner Mandantin rastete danach völlig aus; er suchte meine Mandantin und lauerte den Kindern in der Schule auf. Er terrorisierte die Familie meiner Mandantin. Es war wie eine Hetzjagd auf sie.

Einmal erschien sie in meiner Kanzlei und sagte: »Er wird mich finden und er wird mich töten, ich weiß das!«

Mittlerweile hatte meine Mandantin sich eine eigene Wohnung angemietet und hatte diese Adresse dem Ehemann auch mitgeteilt. Sie sagte mir, dass es schwer sei für sie, alleine mit den Kindern. Vermutlich aus diesem Grunde ließ sie ihren Ehemann an einem Abend wieder in ihre Wohnung. Dies war eine folgenschwere Entscheidung.

An diesem Abend muss es, wie sich später im Verfahren herausstellte, zu einem Streit gekommen sein, der in Handgreiflichkeiten ausuferte. In diesem Streit und in dieser Nacht erwürgte der Ehemann meine Mandantin. »Es war ein zweiminütiger Todeskampf«, dies ergab sich aus der Berichterstattung der Gerichtsmedizin.

Der Ehemann hatte sich, nachdem die Mandantin tot war, selbst ein Messer in den Bauch gerammt, um der Polizei damit zu zeigen, dass er angeblich in Notwehr gehandelt hatte. Er rief selbstständig die Polizei.

Wenn ich daran denke, bekomme ich heute noch Gänsehaut. Auch die Bilder, die sich in der Ermittlungsakte befanden, habe ich immer noch vor Augen.

Im späteren Verfahren, dass über mehrere Verhandlungstage ging und in welchem ich als Nebenklagevertreterin teilgenommen habe, wurde der Ehemann letztlich zu einer langjährigen Freiheitsstrafe verurteilt. Du glaubst, er hat Reue gezeigt? Nicht eine Sekunde! Ganz im Gegenteil: Er ließ durch seinen Verteidiger vortragen, dass er an einer Autoimmunschwäche leide, die seine Aggressivität verstärke, und dass er aus diesem Grund impulsiv gehandelt habe. Während der gesamten Verhandlungstage verzog der angeklagte Ehemann keine Miene. Eiskalt! Ich habe die drei Kinder in der Nebenklage vertreten. Sie haben alles verloren und werden ihre Mami niemals wiedersehen.

Oft habe ich darüber nachgedacht, ob der Tod der Mandantin hätte verhindert werden können. Vermutlich nur, wenn sie den ursprünglichen Plan verfolgt hätte, mit den drei Kindern weit weggezogen wäre, unter einem anderen Namen gelebt hätte.

»Ich habe den Papa umgebracht«

Eine weitere traurige Geschichte habe ich mit meiner Mandantin erlebt, die ihren Mann erstochen hat.

Du denkst dir nun: »Wie kann sie diese Frau vertreten?« Nun ja, das ist eben auch Teil meiner beruflichen Tätigkeit. Ja, meine Mandantin hat die Tat begangen, sie hat drei mal zugestochen. Aber auf der anderen Seite war meine Mandantin ebenfalls Opfer, und zwar das Opfer langjähriger Misshandlungen, erlitten durch den eigenen Ehepartner.

Dieser war bereits seit Jahren alkoholabhängig, war in der Beziehung immer wieder fremdgegangen, hatte meine Mandantin abgewertet mit den Wörtern »fette Kuh« oder mit Sprüchen wie »Dein Hintern wird immer dicker«. Der Selbstwert meiner Mandantin hat in der langjährigen Ehe, sie waren weit über dreißig Jahre verheiratet, sehr gelitten. Wiederholt hatte sie es ertragen, dass ihr Ehemann im Rausch andere Frauen mit nach Hause gebracht hatte. Immer wieder sperrte er meine Mandantin auch ein.

»Es war eine schlimme Ehe«, äußerte meine Mandantin, als ich sie das erste Mal in der Untersuchungshaft aufsuchte. Sie weinte, schrie zu Gott, weil sie selbst so schockiert über ihre Tat war. Darüber, dass sie, offensichtlich ebenfalls im Alkoholrausch, ihren Mann erstochen hatte. Sie konnte sich zunächst nicht an den Tatabend erinnern. Was sich aber später aus den Zeugenaussagen und den weiteren Ermittlungsergebnissen ergeben hatte, war, dass meine Mandantin einige Stunden nach der Tat einen der vier gemeinsamen Söhne mit den Worten: »Ich habe den Papa umgebracht« angerufen hatte.

War dies eine toxische Beziehung? Zweifellos – und mit einem dramatischen Ausgang. Im Nachhinein können viele Betroffene vielleicht gar nicht mehr sagen, wann es angefangen hat. Das ist das Toxische daran. Tropfen um Tropfen fließt das Gift in die Venen der Beziehung und verseucht sie schleichend, bis die Liebe vollständig dadurch ersetzt ist.

Ein Mensch, der über Jahre abgewertet und schlecht behandelt wird, kann irgendwann ausbrechen und im Affekt selbst schlimme Taten begehen. Mein Kriminologie-Professor an der Universität stellte einst folgende These auf:

Jeder Mensch ist in der Lage,
einen anderen Menschen zu töten,
wenn man ihn nur genügen triggert.

So erging es meiner Mandantin. Sie war viele Jahre lang das Gefäß, in das unablässig Beziehungsgift hineintröpfelte, bis das Fass überlief. Diese Tat wurde vor dem Landgericht an zwei Tagen verhandelt und ich konnte für meine Mandantin ein unter diesen Umständen gutes Ergebnis erzielen. Zwar hat sie ihren Ehemann getötet, aber es wurde berücksichtigt, dass auch sie Opfer war, das über Jahre hinweg gedemütigt und kleingemacht wurde. Sie verschwand als Person völlig in dieser toxischen Beziehung und hatte sich selbst völlig verloren.

In der Folgezeit meinte sie einmal, als ich sie in der Justizvollzugsanstalt besuchte, sogar: »Mir geht es gut, es gibt hier eine Bücherei, ich darf endlich lesen und was für mich tun.« Es ist traurig. Auch sie hatte sich einmal voller Lebensfreude und Hoffnung auf diese Beziehung eingelassen und irgendwann die Zeichen nicht erkannt oder nicht ernst genug genommen. Deshalb ist es so wichtig, von Anfang an aufmerksam darauf zu achten, ob die Beziehung, die wir eingehen, uns guttut.

Toxic Love Journal

Ich lasse keine Gewalt zu!

Wo wurden deine Grenzen überschritten?

Wie hast du reagiert?

Wie haben diese Grenzüberschreitungen dein Leben verändert?

Welche Gefühle sind dazu tief in dir?

____

____

____

____

Nun beschließe, dass du dem Ganzen ein für alle Mal ein Ende bereiten möchtest:

Wie lautet der starke Satz, den du dir dazu selbst sagen möchtest? Als wärst du deine beste Freundin?

____

____

____

____

DIE TRENNUNG – WENN ES ZEIT IST ZU GEHEN

Wenn du alles versucht hast oder wenn du merkst, du befindest dich in einer Co-Abhängigkeit oder sogar in einer bedrohlichen Situation, ist es an der Zeit, dir aktiv Hilfe zu holen. Natürlich bedarf es im Einzelfall der weiterführenden juristischen Beratung oder Vertretung, es gibt eigene Bücher dazu, die sich nur mit der rechtlichen Situation beschäftigen. Doch wichtig ist, einmal die Beruhigung zu bekommen, dass es möglich ist, deine Beziehung zu beenden und auch danach ein gutes Leben zu führen. Es bedarf des Entschlusses und auch der nötigen Konsequenz, diese Entscheidung dann durchzuziehen. Und so stellen wir dir ein paar erste Informationen und Anhaltspunkte zur Verfügung.

Welche Möglichkeiten du zum Beispiel hast, findest du im Anhang. Wir haben dir Hilfsangebote für Frauen aufgelistet sowie die Selbsthilfegruppe von Svenja Beck notiert, die zu diesem Buch das Vorwort geschrieben hat. Die Texte und Bezeichnungen im Folgenden beziehen sich auf die Situation in Deutschland, doch es gibt in Österreich adäquate Möglichkeiten. Sieh dir auch dazu die Adressen im Anhang an.

Wie werd ich ihn los mit juristischen Mitteln?

Wenn man erst mal zusammen wohnt, ist es für viele gar nicht mehr so leicht, sich zu trennen. Wichtig ist, dass bei einer akuten Situation, die eskaliert ist, erst mal wieder Ruhe eintritt. Lass dir nichts gefallen und greif schon beim ersten Vorkommnis durch!

Viele scheuen davor zurück, doch wer einmal schlägt, schlägt meistens auch ein zweites Mal. Es ist egal, was die Nachbarn sagen: Wehr dich!

Der Wohnungsverweis

Wenn es zu einer tätlichen Auseinandersetzung kommt, dann ruf die Polizei! Ein *Wohnungsverweis* ist die erste juristische Möglichkeit, die ich dir vorstellen kann. Wenn du in Streit mit deinem Partner gerätst und Angst hast, ist es das Beste, die Polizei zu rufen. Viele Mandantinnen von mir haben es auch so gehalten, dass sie mit einer Freundin oder einer Nachbarin ein Codewort vereinbaren wie z.B. »SOS« oder ein harmlos klingendes wie »Kannst du Onkel Karl anrufen?«. Dieses sendet man der Freundin und sie ruft die Polizei. Dies ist oft einfacher und »leiser«, als selbst die Polizei zu rufen.

Wenn die Polizei kommt und dich und deinen Partner im Streit vorfindet, du womöglich verletzt, die Wohnung durcheinander, die Kinder am Schreien, fragt dich die Polizei in aller Regel, ob du möchtest, dass dein Partner für zehn Tage der Wohnung verwiesen wird. Die juristische Bezeichnung dazu lautet in Deutschland *»Polizeieinsatz mit Wohnungsverweis«*. In Österreich gibt es das *»Sofortige Betretungs- und Annäherungsverbot«*. Die Polizei kann dies jeweils anordnen, wenn von einer Person Gefahr für Leib, Leben oder Freiheit ausgeht, die sich gegen eine andere Person in der Wohnung richtet.

Dabei ist es übrigens egal, wem die Wohnung gehört, wenn ihr zusammenwohnt. Dein Partner muss bei einem solchen Verweis die Wohnung unverzüglich, also direkt verlassen! Die Schlüssel muss er in aller Regel abgeben und er darf sich für zehn Tage nicht mehr nähern.

Das Annäherungsverbot bzw. der Gewaltschutzantrag

Diese zehn Tage sind allerdings schnell um, sodass sich, wenn sich abzeichnet, dass er dir wieder näherkommen möchte, die *Beantragung eines Annäherungsverbotes* anbietet. Dies kann in der Regel auch mit einer Wohnungszuweisung kombiniert werden, wenn das Paar sich gerade in einer Trennungsphase befindet. Siehst du dich und deine Kinder in Gefahr, ruf die Polizei! Sofort!

Wenn dein Partner nun zehn Tage der Wohnung verwiesen wurde und du Sorge hast, dass er zurückkommt, oder du in deiner Beziehung immer wieder geschlagen, bespuckt oder sonst wie physisch oder psychisch misshandelt wirst und deinen Partner dauerhaft von dir fernhalten möchtest, bietet sich der *Gewaltschutzantrag* an.

Der Gewaltschutzantrag bietet die Möglichkeit, dass sich dein Partner von dir fernhält, Abstand wahrt und dir nichts mehr antut. Nun geht es also in ein familiengerichtliches Verfahren.

Es funktioniert in der Regel!

An dieser Stelle ist mir eines besonders wichtig: In der Regel funktioniert es, wenn dem gewalttätigen Partner eine Gewaltschutzanordnung vorliegt, er somit weiß, dass er sich dir nun nicht mehr nähern und dir nichts mehr antun darf. Ja, tatsächlich! Viele Frauen denken, dass es nie mehr aufhört, doch viele Männer bekommen bei einem polizeilichen und gerichtlichen Einschreiten, bei dem sie plötzlich die Schwächeren sind, doch einen gehörigen Schock und befolgen die Anordnungen. Und sei es nur aus Selbstschutz, um nicht Job und soziale Anerkennung zu verlieren und vor anderen als Schläger dazustehen.

Es gibt natürlich die schweren Fälle, bei denen eine Gewaltschutzanordnung nichts bringt. Hier bedarf es dann anderer Maßnahmen, aber auch da gibt es Hilfe.

Wenn du wiederholt geschlagen wurdest, weil du seinen Beteuerungen geglaubt hast, dass es nicht wieder passieren wird, und du Angst, aber endlich die Nase voll hast, kannst du von einem Rechtsanwalt für Familienrecht gegen deinen Partner den Gewaltschutzantrag stellen; umgangssprachlich auch *Annäherungsverbot* genannt.

Der Antrag kann in etwa so formuliert sein: Der Antragsgegner (dein Partner) unterlässt es ab sofort, sich dir in einem Umkreis von zweihundert Metern zu nähern. Er unterlässt es ferner, dir nachzustellen und dich über Telefon oder soziale Medien zu kontaktieren. Er unterlässt es ferner, dich mit den Worten »Du Schlampe«, »Du Hure«, »Ich bring dich um« zu beleidigen und dir zu drohen.

Bei jeglicher Zuwiderhandlung wird dem Antragsgegner (deinem Partner) ein empfindliches Ordnungsgeld/ersatzweise Ordnungshaft auferlegt.

Du brauchst Beweise!

Wichtig ist bei einem Gewaltschutzantrag, dass du das, was dir dein Partner angetan hat, auch belegen kannst. Es ist also von besonderer Wichtigkeit, dass du deine erlittenen Verletzungen ärztlich dokumentieren lässt. So können dem Antrag Atteste beigefügt werden.

Du wurdest bedroht und beleidigt? Möglicherweise war dein Partner so »schlau« und hat seine Beleidigungen via WhatsApp ausgesprochen. Dann können *Fotos* von erlittenen Verletzungen oder *Screenshots* von bedrohlichen SMS, die er dir geschrieben hat, dem Antrag auf Erlass einer Gewaltschutzanordnung beigefügt werden. Gemeint sind damit Fotos von erlittenen Verletzungen oder bedrohlichen SMS, die er dir geschrieben hat.

Gibt es Freunde, Nachbarn, Kollegen, die Gewaltausbrüche miterlebt haben? Dann sollten diese eine *eidesstattliche Versicherung* in schriftlicher Form abgeben. Dieses Schriftstück kann ebenfalls dem Antrag beigefügt werden. Eine eidesstattliche Versicherung muss immer handschriftlich gefertigt und unterzeichnet werden.

Sandra rät: **Kosten**

Wer sich keinen Anwalt leisten kann, kann Verfahrenskostenhilfe beantragen, sodass die Kosten von der Landeskasse übernommen werden, wenn die Voraussetzungen vorliegen. Es gibt diese Möglichkeit der Kostenübernahme sowohl in Deutschland als auch in Österreich.

Du siehst also, je mehr Munition du in Form von Belegen und Beweisen vorlegen kannst, umso größer ist deine Chance, dass das Familiengericht deinem Antrag entspricht.

Falls dein Partner auch eure Kinder bedroht, dann kannst du für diese oder können sie selbst übrigens kein Annäherungsverbot erwirken. Hier wäre ein *Antrag auf begleiteten Umgang* oder *Umgangsausschluss* das richtige Instrument.

Die Güteverhandlung

Wenn der Antrag beim Familiengericht eingeht, wird dieser deinem Partner zugestellt. Das Familiengericht bestimmt zeitnah einen Termin zur Güteverhandlung.

Ja, du hast richtig gelesen: Güteverhandlung. Diese ist grundsätzlich einer Entscheidung vorgeschaltet, damit die Betroffenen doch noch die Gelegenheit haben, sich gütlich zu einigen. Dies geschieht meistens dann, wenn sich beide Partner wechselseitig beschimpft und bedroht haben (kommt immer mal wieder vor, ist aber hier nicht das Thema). Es gilt in diesen Verfahren der Beschleunigungsgrundsatz, sodass gerichtliche Termine in der Regel zeitnah erfolgen.

Nachdem das Familiengericht, Richter oder Richterin, sich von eurer Situation ein Bild gemacht hat und du deine Beweise vorgelegt hast, wird das Gericht ein Annäherungsverbot aussprechen. Es sei denn, der Antrag wird wieder zurückgenommen, was nicht so häufig vorkommt, aber möglich ist. Den richterlichen Beschluss erhältst du in Schriftform einige Tage später.

Wenn sich dein Partner dir trotzdem nähert trotz des gerichtlichen Beschlusses nähert, kannst du gegen ihn ein *Ordnungsgeld* verhängen lassen. Spätestens dann verstehen es die meisten.

Die strafrechtliche Verhandlung findet wesentlich später vor einem anderen Gericht, nämlich dem Strafgericht, statt, in welcher du entweder als Zeugin vernommen wirst oder als Nebenklägerin auftrittst.

Der Wohnungszuweisungsantrag

Wenn du dich mit deinem Partner gar nicht mehr verstehst, ihr viel streitet, die Kinder darunter leiden, er dich angeht, kann ein *Wohnungszuweisungsantrag* helfen, dass dein Partner auszieht.

Wichtig ist in diesem Fall nachzuweisen, warum ausgerechnet du mit oder ohne die Kinder in der ehelichen Immobilie bleiben möchtest bzw. musst. Dein Partner wird nämlich wahrscheinlich ebenfalls beantragen, dass ihm die eheliche Immobilie/Wohnung zugesprochen wird.

Wenn du die dauerhafte Erziehungs- und Bezugsperson eurer Kinder bist, hast du gute Chancen, dass du mit den Kindern bleiben darfst und er ausziehen muss. Auch dann, wenn es eure gemeinsame Wohnung ist. Wichtig ist nur, dass du das Mietverhältnis auf dich allein umschreiben lässt. Wenn es euer gemeinsames Haus sein sollte, so muss er ausziehen, du dagegen musst an ihn eine Art

»Miete« zahlen. Dieses Thema würde an dieser Stelle jedoch zu weit führen.

Zusätzlich muss nachgewiesen sein, dass ein weiteres Zusammenleben unzumutbar ist, die sogenannte *»billige Härte«*. Dies ist gar nicht immer so leicht, es sei denn, dein Partner ist gewalttätig oder alkohol- oder drogenabhängig.

Ein Gewaltschutzantrag und ein Wohnungszuweisungsantrag kann im einstweiligen Anordnungsverfahren übrigens auch gemeinsam abgehandelt werden.

Wenn keine Kinder vorhanden sind, so wird danach entschieden, wem es eher zuzumuten ist auszuziehen. Auch an dieser Stelle sind wieder Beweise erforderlich, um die Unzumutbarkeit nachzuweisen. Ich hatte mal einen Fall, da war einer der Beteiligten an Krebs erkrankt und aus diesem Grund durfte er in dem Haus bleiben.

Sandra rät: **Beweise**

Wenn du feststellst, dass du immer öfter in deiner Beziehung massiv unter deinem Partner leidest, aber befürchtest, dass man dir nicht glaubt, dann sammle alles, was deine Version der Geschichte bestätigt. Beweise sind in einem Verfahren das A und O. Du kannst niemals genug Beweise haben.

Nicht immer geht ein Wohnungszuweisungsantrag durch. Als Rechtsanwältin habe ich es erlebt, dass der Ehemann meiner Mandantin, Alkoholiker und gewaltbereit, in der ehelichen Wohnung bleiben durfte und meine Mandantin gehen musste. Der Grund: Der gewaltbereite Ehemann war an Krebs erkrankt und konnte mittels eines ärztlichen Attestes nachweisen, dass sich jegliche Anstrengung negativ auf seine Erkrankung auswirken könnte. Und da es keine gemeinsamen Kinder gab, war es meiner Mandantin am ehesten zumutbar auszuziehen.

Auch wenn das sehr schwerfallen mag, auszuziehen ist ein wahnsinnig guter und wichtiger Schritt in die Freiheit. Gerade bei alkoholkranken Partnern oder Menschen, die andere Drogen nehmen, ist aus Studien bekannt, dass die narzisstischen Auswüchse, die Streitereien aus dem Nichts, Bedrohungen, Beleidigungen bis hin zu körperlicher Gewalt mit der Zeit zunehmen. Die Persönlichkeit eines Alkoholikers verändert sich. Und: Unter Alkohol- bzw. Drogeneinfluss erinnern sich die Partner meist gar nicht mehr daran, was passiert ist. Was noch erschwerend hinzukommt: Die Empathiefähigkeit lässt mehr und mehr nach. Dein Partner wird also dein Leid, deine Verzweiflung oder deine Verletzung kaum bis gar nicht nachvollziehen können.

Auch wenn es dir unvorstellbar erscheint: Du kannst alle Probleme überwinden und ein selbstbestimmtes Leben führen!

Wie kannst du psychische Gewalt nachweisen?

Schwieriger wird es, wenn dein Partner dich psychisch kaputtmacht, denn da ist stets die Frage: Wie beweist man das? Psychische Gewalt nachzuweisen ist schwierig bis unmöglich. Wie soll das dokumentiert werden? Es ist in der Regel kaum nachzuweisen. Selbst wenn du in Therapie bist, kann nur sehr schwer der erlittene Schaden nachgewiesen werden. Es ist ein Dilemma.

Psychische Gewalt hat so viele Facetten. Sie hinterlässt keine äußerlich wahrnehmbaren Spuren, aber sie verletzt ganz tief im Inneren. Im äußersten Fall kann sie sogar in den Suizid treiben.

Wenn wir von psychischer Gewalt sprechen, dann sprechen wir nicht von Streitereien, die hin und wieder ausarten, sondern von gezielter Schwächung. Es geht im Grunde um Macht und Dominanz. Das Opfer wird gedemütigt, beleidigt und verliert das gesamte Vertrauen in sich selbst.

Weil diese Verletzungen zumeist nicht sichtbar sind, ist es schwierig, dies alles nachzuweisen. Dennoch gibt es Möglichkeiten, um deine Seite glaubwürdig zu untermauern. Du kannst beispielweise ein Tagebuch führen, Freundinnen und Freunde einweihen, Hilfe bei Beratungsstellen suchen, ev. auch Zeugen benennen. Vielleicht findest du eine Selbsthilfegruppe, wo andere dir mit ihren Erfahrungen weiterhelfen können.

Sandra rät: **Vorfälle notieren**

Wichtig ist, dass du auf jeden Fall ein Tagebuch mit Vorfällen führst. Aus Erfahrung wissen wir, dass die Einzelheiten schnell in Vergessenheit geraten. Datum, Uhrzeit, was ist passiert? Fotos von blauen Flecken machen. Speicher dies an einem sicheren Ort ab – oder schicke es an eine vertraute Person.

Vor allem aber: Wenn du merkst, wie es dir geht, versuche auch, dich selbst zu stärken. Das ist wichtig, um durchzuhalten.

Suche dir hierzu alles, was du an Hilfen finden kannst. *Vorbilder* im Netz – wer hat es geschafft und wie? Schließe dich online einer *Selbsthilfegruppe* an – hier findest du Gleichgesinnte. Stell dir vor und schreibe auf, wie dein Leben in Freiheit sein wird, wenn du es geschafft hast. Setze dich mit der *Beratungsstelle* für häusliche Gewalt in Verbindung oder melde dich bei der *Polizei.* Frag gezielt nach Kolleginnen, die auf häusliche Gewalt spezialisiert sind. Vielleicht folgst du bei *Instagram* Frauen, die aus eigener Erfahrung berichten? Der *Weiße Ring* in Deutschland und Österreich hilft Frauen und hat vor allem für Frauen, die Stalking-Opfer sind, die *No-Stalk-App* entwickelt. Suche gezielt nach solchen oder ähnlichen Angeboten. Vor allen Dingen suche dir Menschen, die dich in deinem Selbstvertrauen stärken. Du bist die Schöpferin deines Lebens. Stärke dieses Bewusstsein. Mit *Büchern* wie »Queen is Rising« oder »Wir sind die Töchter der Hexen, die ihr nicht verbrennen konntet«. Was immer dich stärkt und dir guttut – mach mehr davon. Du darfst und du musst es dir wert sein. Erinnere dich. Du bist nicht allein! Wir sind viele! Und wir sind viele, die sich gegenseitig unterstützen.

Schweige nicht! Es gibt keinen Grund, dich zu schämen!

Was passiert nach einem »Auszug« und wenn er sich querlegt?

Oft wird gefragt, was nach einer Trennung mit den Sachen des anderen passiert: Am besten bietest du über deinen Anwalt schriftlich drei Termine zur Abholung an. Wenn du keinen Anwalt hast, kannst du die Termine auch selbst anbieten. Mach das aber bitte immer nachweisbar schriftlich, denn dann hast du im Ernstfall den Beweis, dass du Angebote gemacht hast.

Bis dahin packst du die persönlichen Dinge deines ehemaligen Partners in Kisten und stellst sie entweder in den Flur oder so bereit, dass dein Ex die Kisten ohne weitere Hindernisse abtransportieren kann. Es kommt an dieser Stelle oft zum Streit über die Frage, was wem gehört. Keine Sorge. In der Regel klärt sich das im Verlauf, und wenn es sich nicht klären lässt, kann ein *Hausratverteilungsverfahren* durchgeführt werden.

Sandra rät: **Sachen trennen**

Achtung: *Nein*, du bist natürlich nicht anwesend, wenn dein Ex die Sachen holt. Das gibt nur unnötig Stress und Unruhe. Bitte Freunde, Verwandte, dies für dich zu übernehmen.

Es gilt vielleicht sogar eine Gewaltschutzanordnung, dann darf er sich dir nicht nähern. Folglich ist es am besten, wenn du und deine Kinder an dem Tag, an dem er seine Sachen abholt, nicht zu Hause seid und erst zurückkommt, wenn dein Ex alle Kisten abtransportiert hat. Die Schlüssel zur

Wohnung oder zum Haus sollten abgegeben werden oder du kannst das Schloss austauschen.

Natürlich kommt es vor, dass bei derartigen Aktionen Sachen mitgenommen werden, die im Eigentum beider Beteiligten stehen, und klar, man regt sich darüber auf. Aber ich kann nur dazu raten: Lass in dem Fall los und häng dich nicht an ersetzbare Gegenstände. Dies bringt nur Unmut und führt in die nächste Eskalation, die ja oft von der Gegenseite sogar gewollt ist. Dein Ex will dich schließlich provozieren, denn er ist in der Regel wütend, dass er gehen musste und du es geschafft hast, dich von ihm zu lösen.

Also: Lass dich nicht provozieren! Man kann alles neu besorgen, kaufen oder sich schenken lassen.

§

Sandra rät: **Trennung**

Bringe vorsorglich dir persönlich wichtige Gegenstände wie Schmuck, Dokumente oder Lieblingsstücke vorübergehend dort unter, wo dein Expartner keinen Zugriff hat. Bei allem anderen mach dich frei von Besitzdenken. Es spart Zeit, Geld und Nerven!

Schlimm ist es für Frauen, die das Gewaltschutzverfahren gewonnen haben, wenn der Mann sich nicht an die Anordnung hält. Es gibt Menschen, denen es egal ist, ob »irgendein Gericht« ihnen etwas auferlegt oder verbietet. Dann ist es sogar so, dass der Mann vor Gericht nicht erscheint.

Zuletzt hatte ich eine Mandantin, die von ihrem Partner aus Eifersucht vergewaltigt worden war. Als der Gerichtstermin anberaumt war, rief er in meiner Kanzlei an und teilte wortwörtlich mit, wir könnten uns »unseren Termin in die Haare schmieren«, er würde »weitermachen«, denn seine Frau »gehöre« ihm. Verrückt, denkst du, nicht wahr?! Ja, habe ich auch gedacht. Dann überlegte ich: Wie kann ich meiner Mandantin helfen, wenn ihm offensichtlich alles egal ist? Denn leider ist es gesetzlich so, dass viel passieren muss, damit eine Grundlage dafür besteht, jemanden zu inhaftieren. Solange es also »nur« bei Drohungen bleibt, sieht es für das »Opfer« dunkel aus, das in Angst lebt und stets damit rechnen muss, dass ein neuer Angriff oder Übergriff verübt wird.

Wie ich der Mandantin, von der ich in diesem Zusammenhang spreche, trotzdem geholfen habe, konntest du im ersten Fallbeispiel lesen.

Das vielzitierte Trennungsjahr

Lebt das Paar allerdings während der Trennung noch innerhalb des gemeinsam bewohnten Hauses und eine Partei möchte sich definitiv nicht scheiden lassen, kann diese behaupten, dass die Trennung noch gar nicht vollzogen wurde. Tja, und dann beweis mal, ob man in getrennten Betten geschlafen hat oder nicht oder ob man noch gemeinsam gekocht hat oder nicht. Im Zweifel würde ein Familienrichter dann sagen: »Wir können den Trennungszeitpunkt für die Vergangenheit nicht klären, ich stelle aber fest, dass sie zumindest ab dem Zeitpunkt jetzt die Trennung haben, da ihr Partner dies eben gesagt hat.« Dann läuft ab diesem Zeitpunkt das Trennungsjahr, also noch ein gesamtes Jahr.

§ Sandra rät: **Trennungsjahr**

Du tust gut daran, wenn du dich scheiden lassen möchtest, dich zeitnah räumlich von dem Partner zu trennen, damit du dann möglicherweise durch den Nachweis der Ummeldung an eine neue Anschrift nachweisen kannst, dass ihr tatsächlich voneinander getrennt lebt.

Tatsache ist: Wer geschieden werden will, der wird auch geschieden! Manchmal ist es nur eine Frage der Zeit. Auch wenn jemand damit droht, sich etwas anzutun, hält dies einen Familienrichter nicht davon ab zu scheiden. Mit solchen Äußerungen sollte man jedoch vorsichtig sein, denn letztendlich sehen die Gesetze auch eine Einweisung in die Psychiatrie bei Eigengefährdung vor.

Umgangsrecht mit dem toxischen Kindesvater

Sehr viele Mandantinnen kommen in die Anwaltspraxis, weil sie verzweifelt sind, da ihr Ex, zugleich Vater ihres Kindes, selbstverständlich Umgang mit dem gemeinsamen Kind einfordert. Selbstverständlich steht den Vätern dieser Umgang auch zu. Frauen, die aus toxischen Beziehungen geflüchtet sind, fürchten sich allerdings davor, dass ihre Kinder diesen toxischen Verhaltensmustern ausgesetzt sind.

Wie oft höre ich im ersten Gespräch: »Der Kindesvater ist ein Narzisst.« Bei solchen Sätzen werde ich meist hellhörig, denn mit diesem Begriff muss man vorsichtig umgehen.

Was so leichtfertig ins Gespräch geworfen wird, stellt nämlich letztlich eine Persönlichkeitsstörung dar, die natürlich nicht einfach so behauptet werden kann. Was jedoch dahinter steht und juristisch relevant ist, ist meist, dass keine Einigkeit besteht, was die Art und Länge der Umgangskontakte mit dem Kindesvater anbelangt.

Menschen mit einer starken narzisstischen Prägung sind oft exzellente Menschenkenner. Die Sozialpsychologin Job hat sich mit dieser Thematik intensiv beschäftigt. Narzisstische Männer können in der Anbahnungsphase die Bedürfnisse der Frauen hervorragend lesen. Es ist, als wittere der Jäger seine Beute. Er weiß genau, welche Frau seinen wiederholten Annäherungen irgendwann erliegen wird. So verblüffen sie nicht nur durch ständige aufmerksame Nachrichten, viel Zuwendung, Charme und übermäßige Geschenke. Sie scheinen einfach die perfekten Partner zu sein. In dieser Jagdphase zeigt sich der Narzisst im besten Licht. Zugleich sind Narzissten jedoch absolut unfähig, aufrichtiges Mitgefühl zu empfinden.

Die Kindesmutter, die sich nach jahrelangen psychischen Misshandlungen endlich aus der Beziehung befreien konnte, möchte natürlich nicht, dass das gemeinsame Kind denselben Verhaltensmustern des Kindesvaters ausgesetzt ist, welche die Kindesmutter einst so sehr belastet haben. Das ist verständlich, rechtlich gesehen ist es aber nicht so einfach, Umgangskontakte auszuschließen.

Es ist also nicht so wie im Fall der toxischen Großmutter (siehe »Umgangsrecht mit toxischem Umfeld« auf Seite 280), wo es sehr wohl Möglichkeiten gibt, den Umgang zu minimieren oder völlig zu verhindern, wenn die Voraussetzungen vorliegen.

Der Nachweis, dass der Kindesvater das Kind manipuliert und die Mutter gegenüber dem Kind schlechtmacht, kann man zwar anführen, aber dies führt nicht automatisch zu einem Umgangsausschluss. Dies beruht darauf, dass der Kindesvater auch erziehungsberechtigt ist und damit andere

Rechte hat. Abgesehen davon, dass auch ein Kind das Recht auf Umgang mit Vater und Mutter hat.

Derartige Umgangsverfahren verlaufen meist schmutzig, die Beteiligten beschuldigen sich wechselseitig, die Vorwürfe sind erheblich. Wenn der Nachweis unstrittig gelingt, dass ein Elternteil das Kind manipuliert, emotional missbraucht und es in einen Loyalitätskonflikt bringt, wird meist ein *begleiteter Umgang* angeordnet. Dies bedeutet, dass ein toxischer Kindesvater – oder auch eine toxische Kindesmutter – den Umgang mit dem Kind nur noch im Beisein einer dritten Person, bestellt vom Familiengericht, wahrnehmen kann. Der bestellte Umgangspfleger schreibt regelmäßig einen Bericht über die stattgefundenen Umgangskontakte und beurteilt letztlich, ob begleitete Umgänge wieder in unbegleitete ausgeweitet werden können.

Auch der Kindesmutter wird auferlegt, an einer Elternberatung, gemeinsam mit dem Kindesvater, teilzunehmen. Dies führt oft dazu, dass Mandantinnen eine Verweigerungshaltung einnehmen. Dies ist natürlich verständlich, denn wenn es in der Ehe schon so dramatisch war, wie soll die Kindesmutter mit dem Kindesvater im Beisein einer dritten Person in der Lage sein, das Erlebte auszublenden? Wenn das Familiengericht dies aber beschließt, kann ich nur jeder Kindesmutter, die sich in dieser Lage befindet, dazu raten, an der Beratung teilzunehmen. So kann niemand behaupten, dass die Teilnahme verweigert wurde.

Zugegeben, hat man ein Kind mit einem toxischen Partner, ob Mann oder Frau, stellt dies eine gewaltige Herausforderung dar. Dieser begleitete Umgang hält im Zweifel so lange an, bis die gemeinsamen Kinder selbstständig regeln können, wann sie ihren Vater oder ihre Mutter sehen möchten.

Ich kann das Leid der Betroffenen sehr nachvollziehen und mir fällt es oft schwer zu verstehen, aus welchem Grund die Familiengerichte sich so wenig der Tatsache annehmen, dass im Vorfeld psychische Gewalt stattgefunden hat.

Sandra rät **für den Umgang**

Ich kann nur allen Betroffenen dazu raten, sich Hilfe zu suchen, wenn sich die Lage mit dem Ex nach einer Trennung problematisch gestaltet: psychologische und juristische Hilfe!

Therapeutische Unterstützung wird dir bei deiner eigenen Stärkung helfen, aber nicht zuletzt auch dazu beitragen, dass du siehst, wie das Kind zwischen die elterlichen Fronten gerät. Denn eure Kinder sind diejenigen, die unter Trennungen, insbesondere unter solch harten Trennungen mit schweren Vorwürfen, massiv leiden und oft auch Auffälligkeiten entwickeln.

Denk daran: Wann immer ihr streitet oder euch massiv auseinandersetzt, euer Kind leidet! Denn Kinder beziehen alles immer auf sich.

Kinder entwickeln die innere Geschichte, dass sie Schuld daran haben, dass ihre Eltern sich getrennt haben. Natürlich wollen Kinder immer, dass die Eltern zusammenbleiben. Sie lieben ja beide!

Ihr könnt als Eltern versuchen und üben, einen guten Kontakt miteinander zu halten. Das geht nicht über Nacht, es ist ein Weg, eine gemeinsame Entwicklung. Sich therapeutische Hilfe zu suchen, ist nie eine Schande. Weder für dich selbst noch für deine Kinder. Ihr selbst lernt, wie ihr eure Kinder stärken könnt, wie ihr ihnen und euch selbst innere Zweifel und Ängste nehmt.

Ferner ist es anzuraten, sich in einer familiengerichtlichen Verhandlung nicht in der Vergangenheit zu verlieren, wenn spürbar ist, dass dies keine Aussicht auf Erfolg bietet. Wenn aber Beweise für kindeswohlgefährdendes Verhalten vorliegen, ist es wichtig, diese bei Gericht auch einzureichen. Ebenso essenziell ist es, souverän zu bleiben und sich in der Verhandlung nicht vom Gegenüber provozieren zu lassen. Das Familiengericht wird dies positiv würdigen.

Umgangsrecht mit toxischem Umfeld

Im Zusammenhang mit toxischen Beziehungen gibt es nicht nur den Partner, sondern auch die erweiterte Familie, die sich gerade in schwierigen Situationen zusätzlich als nicht hilfreich erweisen. Einige Mütter haben mich (Sandra) bereits mit der Zielsetzung aufgesucht, der Großmutter den Umgang mit dem Enkel zu versagen. Nicht selten hatten diese Mütter den Kontakt zu ihrer eigenen toxischen Mutter abgebrochen, um sich und das Kind zu schützen.

Es geht hier tatsächlich um Schutz, denn der ständige Konflikt und das dauernde Einmischen in die Erziehung, oft sogar das Manipulieren eines Kindes, ist kindeswohlgefährdend. Häufig legten diese verzweifelten Mütter mir einen Antrag auf Regelung des Umgangsrechts zwischen Großmutter und Enkel vor.

Sandra rät **zum Umgangsrecht**

Setz Konsequenzen, wenn du meinst, dass dein Kind Schaden nimmt. Ich habe nahezuh alle Verfahren zum Umgangsrecht gewonnen, denn immer konnten wir nachweisen, dass die Großmutter den Erziehungsvorrang des erziehenden Elternteils (der Mutter des Kindes) missachtet hat.

Meist wurden die Kinder vom Richter angehört und du glaubst gar nicht, was da alles so rauskam: »Bei Oma darf ich bis in den späten Abend fernsehen« oder »Oma ist immer traurig, wenn ich nicht da bin, da sie dann alleine ist« oder »Bei Oma ist es so schön, aber nicht gut finde ich, dass sie über Mami lästert«. Wohlgemerkt: Es geht nicht darum, dass die Kinder gern bei der Großmutter sind und die Regeln vielleicht ein bisschen lockerer sind. Es geht nicht um Situationen, in denen Kinder von liebenden Großeltern etwas verwöhnt werden, was die Eltern auch augenzwinkernd gerne in Kauf nehmen.

Ich rede davon, dass zum Beispiel die Großmutter klare Grenzen bewusst und in der Absicht überschreitet, den eigenen Willen gegen die Tochter oder Schwiegertochter durchzusetzen. Ich war und bin immer noch schockiert, dass Großmütter derart machtvoll, manipulativ und eigennützig sein können. Man könnte es auch als emotionalen Missbrauch bezeichnen. Sich aus dieser toxischen Beziehung zu befreien, ist eine Aufgabe, an der viele scheitern, denn der manipulierende Part ist und bleibt doch die eigene Mutter oder die Schwiegermutter. Dennoch haben mir in der Anwaltspraxis viele Frauen berichtet, dass sie sich, nachdem sie sich von ihrer Mutter distanziert hatten, viel besser und freier gefühlt haben.

Leider geraten viele Frauen, die mit einem toxischen Elternteil aufgewachsen sind, auch wieder an einen toxischen Partner.

Wir werden geprägt durch das, was wir immer wieder erleben. Durch das, was uns emotional packt als Kinder. Wenn wir selbst Grenzüberschreitungen bereits als Kinder erlebt haben oder häufig Zeuge wurden, ist die Gefahr hoch, dass wir auch als Erwachsene an Partner geraten, die unsere Grenzen überschreiten. Daher ist es umso wichtiger, alte Erfahrungen zu heilen und zu lernen, unsere Grenzen zu setzen und zu behaupten.

Dieses Phänomen des toxischen Mutter-Tochter-Geflechts kann auch ich (Ruth) aus meiner psychologischen Betrachtung bestätigen. Wenn du als Mutter den Eindruck hast, dass dir selbst der Kontakt zur eigenen Mutter nicht guttut, dass sie deine Wünsche nicht respektiert, deine Erziehung immer wieder »torpediert«, kann es eine Möglichkeit sein, den Kontakt für einen gewissen Zeitraum einzuschränken.

Wenn Mutter und Tochter oder auch Vater und Tochter aneinandergeraten, hat das natürlich immer eine eigene Geschichte. Es gibt in jedem Familiensystem, also der eigenen Herkunftsfamilie, Muster und Strukturen, die dazu geführt haben, dass ein solches Verhalten wie von Sandra beschrieben sich überhaupt etablieren konnte. So wie wir uns als Erwachsene verhalten, spiegelt es oft wider, was wir selbst als Kinder mit unseren Eltern im gemeinsamen Leben erfahren haben. Eine letzte Möglichkeit, bevor ihr eure Eltern verklagt, kann eine Mediation darstellen. Wenn ich das vorschlage, winken viele ab. Sie glauben, das brächte sowieso nichts. Das ist oft auch der Fall. Meist, weil der Frust über die Jahre auf beiden Seiten so enorm hoch ist.

Es geht ums Geld – und es steht dir zu!

So, nun zu der Situation, dass du dich trennen willst oder getrennt bist und kein Geld hast. Denn wir vergessen nicht: Geld ist Macht. Und in einer toxischen Beziehung geht es um Macht. Und zwar von Anfang an.

Sandra rät **zur Geldhoheit**

Achte darauf, dass du von Anfang an die Kontrolle über deine Finanzen behältst.

Und auch, wenn du eine Familie hast, die Finanzen auf Augenhöhe verteilt werden. Natürlich könnt ihr andere kreative Lösungen finden. Denn kurzfristige Kompromisse führen immer wieder zu langfristigem Frust.

Was auf den ersten Blick auch heute in der Rollenverteilung »normal« und selbstverständlich aussieht, ist tatsächlich etwas, das wir als gesellschaftlich misogyn, also frauenfeindlich erlernt haben. Es ist in unserem Denken und Handeln so gewohnt, dass die Frau eben beim Kind bleibt und der Mann arbeiten geht, dass wir gar nicht wahrnehmen, was daran problematisch sein könnte. Die Probleme zeigen sich dann, wenn es zu Problemen kommt.

Denn wie eine meiner wichtigsten Lehrerinnen es auf den Punkt gebracht hat: *Wer das Geld hat, hat die Macht.* Macht in jeglicher Form: Macht kommt von Machen, nicht von Machen lassen. Es ist in unserer Gesellschaft akzeptierte Norm, dass häufig die Frau, da sie weniger verdient (was langsam erst hinterfragt wird), zu Hause bleibt. Dass sie im Falle einer Trennung in der Mehrzahl der Fälle mit deutlich weniger Einkommen, häufig ohne Unterhalt durch den Mann, dafür aber mit den Kindern dasteht, ist ein Grund, warum viele Frauen lange zögern, sich zu trennen. Auch im Falle häuslicher Gewalt. Immer steht auch die wirtschaftliche Frage im Raum: Kann ich mich und meine Kinder allein ernähren?

Viele Frauen, die sich in meiner Anwaltskanzlei beraten lassen, haben während der Ehe tatsächlich kein eigenes Konto gehabt. Man mag dies kaum glauben, aber es ist wirklich so. Häufig höre ich: *»Um das Finanzielle kümmert sich immer mein Mann, ich habe da keinen Überblick.«* Diese Frauen sitzen dann bei mir und haben keine finanziellen Mittel. Sie müssen sich somit im Falle einer Trennung völlig neu aufstellen.

§

Sandra rät **für die Geldbörse**

- Bestehe von Anfang an auf einem eigenen Konto.
- Lass dein Gehalt auf dein Konto überweisen.
- Verliere nie den Überblick über deine und eure Finanzen.
- Denke daran, dass im Falle einer Trennung das Kindergeld auf dein Konto überwiesen wird.

- Beantrage Unterhaltsvorschuss, wenn er erst mal keinen Kindesunterhalt zahlt
- Beantrage Trennungsunterhalt.
- Suche dir nach Möglichkeit und zwecks deiner Eigenständigkeit einen kleinen Job.
- Habe keine Angst vor dem Ungewissen, du schaffst das!

Der Mann, der dir zu Beginn der Beziehung gesagt hat, dass er dich auf Händen tragen wird und dir jeden Wunsch von den Augen ablesen wird, sagt dir heute eiskalt: *»Von mir siehst du keinen Cent, ohne mich bist du gar nichts!« – Doch sei beruhigt, dein Mann hat unrecht!* Zunächst erscheint es vielen Frauen fast unvorstellbar, wie das Leben aussehen soll, wenn er nicht mehr da ist. Aber wir können dich beruhigen: So viele Frauen haben es geschafft und sind glücklicher, als sie es je in ihrer Beziehung waren, oder haben einen neuen Mann und ein anderes Leben kennengelernt.

Wenn dein Mann monatliche Einkünfte hat, und damit meine ich *über 1200 Euro netto,* haben deine Kinder, wenn ihr welche habt, in Deutschland zunächst einmal Anspruch auf Kindesunterhalt. (In Österreich gibt es adäquate Regelungen, du findest im Anhang weiterführende Links.) Der Kindesunterhalt ist bei Minderjährigkeit zu deinen Händen zu zahlen. Wenn er dafür kämpfen sollte, dass das Aufenthaltsbestimmungsrecht als Teilbereich der elterlichen Sorge auf ihn übertragen wird, so wird es zu einer gerichtlichen Verhandlung kommen. Hier wird geklärt, wo die Kinder in Zukunft leben. Derjenige, der Kinder bei sich wohnen hat, erhält den Kindesunterhalt. Mach dir aber keine Sorgen, denn wenn Gewalt im Spiel ist, bleiben die Kinder bei dir.

§

Sandra rät: **Kindesunterhalt**

Kindesunterhalt berechnet sich einerseits nach dem monatlich bereinigten Nettoeinkommen deines Ehemannes und zum anderen nach dem Alter deiner Kinder. Für Deutschland lässt er sich aus der jeweils geltenden Düsseldorfer-Tabelle leicht ablesen. (In Österreich gibt es die Prozentmethode, nach der die Unterhaltshöhe ermittelt wird. Siehe auch Anhang.)

WICHTIG: Der Selbstbehalt muss bei Zahlung bei deinem Mann gesichert sein.

So, wenn du nun also geschaut hast, was er für eure Kinder zahlen muss, kannst du ihn dazu auffordern. Und zwar schriftlich! Am besten nimmst du dir dazu eine Rechtsanwältin für Familienrecht, die diesen Anspruch für dich durchsetzt, wenn sich abzeichnet, dass dein Mann nichts bezahlen möchte.

Nun sagst du bestimmt: *»Aber wie soll ich einen Anwalt bezahlen?«* Kein Problem! Wenn du mittellos bist, hast du Anspruch auf Beratungshilfe/Prozesskostenhilfe, was so viel heißt, dass die Kosten für deinen Rechtsbeistand sowie Gerichtskosten von der Landeskasse übernommen werden. (Verfahrenshilfe in Österreich.) Schäm dich dafür nicht, dieser Anspruch steht dir zu!

Ein Rechtsanwalt wird deinen Mann auffordern, seine Einkommensverhältnisse offenzulegen, und sodann den Kindesunterhalt beziffern. Zahlt dein Mann nicht in der angegebenen Frist, wird dein Anwalt Klage auf Zahlung von Kindesunterhalt einreichen. Hier gibt es dann die Möglichkeit, für den schnellen Unterhalt ein einstweiliges Anordnungsverfahren einzuleiten, damit du schnelles Geld hast und bekommst.

Nun sagst du: *»Ihm ist egal, ob ich klage, er zahlt nicht!«* Okay, wenn das so ist, kannst du mit dem richterlichen Beschluss (Urteil) die Zwangsvollstreckung bis hin zur Kontopfändung betreiben. Dies kann dauern und es ist auch nicht immer erfolgreich.

Also: Wenn er Geld hat, dann bekommst du auch etwas. Ich kann dir aus meiner Erfahrung sagen, dass die meisten Kindesväter bei genügend Druck letztlich zahlen. Oft reicht der Kindesunterhalt allein nicht, um zu überleben. Dies bedeutet, dass möglicherweise ALG II beantragt werden muss bzw. ein Job angenommen werden muss, um den Lebensunterhalt zu sichern.

Wenn, nachdem der Kindesunterhalt beziffert ist, noch Geld übrig ist, kannst du, die sich der Ehe und dem Haushalt hingegeben hat, von deinem Ex Trennungsunterhalt verlangen. Dieser steht dir grundsätzlich bei Vorliegen der Voraussetzungen zu. Dies hat nichts mit Abhängigkeit zu tun, sieh es einfach als eine Art » Schmerzensgeld« im übertragenen Sinn.

Oder ihr habt gar keine Kinder? Super: Dann bleibt mehr übrig für dich.

Sandra rät: **Unterhalt bei Getrenntlebenden**

Das Gesetz sagt in § 1361 BGB (Bürgerliches Gesetzbuch) für Deutschland: »(1) Leben die Ehegatten getrennt, so kann ein Ehegatte von dem anderen den nach den Lebensverhältnissen und den Erwerbs- und Vermögensverhältnissen der Ehegatten angemessenen Unterhalt verlangen; [...]

Ist zwischen den getrennt lebenden Ehegatten ein Scheidungsverfahren rechtshängig, so gehören zum Unterhalt vom Eintritt der Rechtshängigkeit an auch die Kosten einer angemessenen Versicherung für den Fall des Alters sowie der verminderten Erwerbsfähigkeit.

(2) Der nicht erwerbstätige Ehegatte kann nur dann darauf verwiesen werden, seinen Unterhalt durch eine Erwerbstätigkeit selbst zu verdienen, wenn dies von ihm nach seinen persönlichen Verhältnissen, insbesondere wegen einer früheren Erwerbstätigkeit unter Berücksichtigung der Dauer der Ehe, und nach den wirtschaftlichen Verhältnissen beider Ehegatten erwartet werden kann.«

Von wegen also, dir steht nichts zu! Das ist Unsinn. Wenn er arbeitet und gutes Geld nach Hause bringt, muss er dich bezahlen! Sieh es, wie gesagt, erst mal als Schmerzensgeld. Natürlich solltest du aber zusehen, dass du dein Leben für die Zukunft so gestaltest, dass du nicht wieder von ihm abhängig bist.

Konkret erhältst du als Nicht- oder Wenigerverdienerin drei Siebtel seines bereinigten Nettoeinkommens. Am besten beauftragst du auch diesbezüglich eine Anwältin, die sich im Unterhaltsrecht auskennt. Prozesskostenhilfe kann in diesem Fall ebenfalls für dich beantragt werden.

Wichtig ist dabei, dass du dich deinem von dir gewählten Rechtsbeistand öffnest und direkt im Vorfeld sagst, dass du ihn aus eigenen Mitteln nicht zahlen kannst. Ein guter Rechtsbeistand wird dir die entsprechenden Anträge aushändigen, mit denen du Prozesskostenhilfe beantragen kannst, bzw. er wird dir dabei helfen, den Antrag zu stellen.

Sei offen und ehrlich, dann wird dir auch geholfen. Niemand muss sich schämen, wenn er nur wenig Geld hat. Du bist womöglich in einer schwierigen Phase, sei dir sicher:

Diese Phase geht vorbei und du wirst eines Tages wieder glücklich sein. Das verspreche ich dir.

Kindeswohl im Mittelpunkt – der Fall Leandra

Über das Kindeswohl haben wir weiter vorne schon kurz gesprochen. An dieser Stelle möchten wir die weiterführende Geschichte von Leandra mit dir teilen, um dir zu zeigen, wie sich toxische Beziehungen entwickeln können.

WAS KINDER PRÄGT ...

Leandra ist zwölf. Ihr Vater schickt sie zu mir (Ruth) ins Coaching, weil sie in der Schule seit einiger Zeit schlechte Leistungen abliefert und er sich Sorgen macht. Ich spreche mit dem coolen jungen Mädchen, das eher ernsthaft und in sich gekehrt wirkt. Während wir miteinander reden, schaut sie fast immer aus dem Fenster, sieht mir kaum in die Augen.

Sie lebt abwechselnd bei Vater und Mutter, die sich vor rund sechs Jahren getrennt hatten. Mutter Alina hat einen Freund – seit rund fünf Jahren. Offenbar gab es häufiger Streit. Je länger Leandra erzählt, desto klarer wird, dass es sich um massive Auseinandersetzungen handeln muss.

Eines Tages im Urlaub streiten die Mutter und ihr Freund so heftig, dass Leandra dazwischengeht, weint, schreit und sich auf den Boden wirft. Sie will, dass das aufhört. Sie kann sich nicht mehr beruhigen. So erzählt sie mir. Seitdem hat sie Angst. Ich ahne, dass ich möglicherweise Sandra oder das Jugendamt zurate ziehen muss, will das aber mit den Eltern abklären und bitte beide zum Gespräch.

Im Gespräch mit der Mutter wird schnell klar, dass es

sich um eine toxische und gewaltvolle Beziehung handelt, aus der sie sich nicht selbst befreien kann. Sie hat Angst, wurde körperlich bedroht, wurde bereits gewürgt. Dennoch hängt sie noch komplett in der Abhängigkeitsschleife und fühlt sich für ihren Freund verantwortlich. Es ist eine »On-off«-Beziehung. Er beschimpft sie seit Jahren, sagt ihr regelmäßig, dass sie nichts wert ist. Macht ihr Schuldvorwürfe. Die Mutter ist nervlich am Ende. Meine Kollegin begleitet sie intensiv im 1-zu-1-Coaching. Es steht fest: Leandra fühlt sich unsicher mit ihm und in ihrer Wohnung. Daher hat die Mutter bereits ein befreundetes Pärchen im Haus angesprochen, weil sie weiß, dass beide Polizisten sind. Sie hat um Hilfe gebeten, weil sie Angst hat, dass möglicherweise ein Streit eskalieren könnte. Außerdem hat die Mutter Angst, den Freund aus der Wohnung, die ihr gehört, zu werfen, weil sie nicht weiß, wie er darauf reagiert.

Zusätzlich hat sie ein schlechtes Gewissen und möchte ihn schützen, denn wo soll er denn hin? Er hat ja niemanden. Die Tochter bekommt dies alles in Teilen mit. Auf jeden Fall sieht sie ihre Mutter häufig weinen.

In weiteren gemeinsamen Sitzungen erzählt mir Leandra, dass sie unbedingt auf ihre Mutter aufpassen möchte und deswegen auch zu ihr geht. Sie liebt ihre Mutter und hat Angst um sie. Gleichzeitig liebt sie aber auch den Täter, der zu ihr meist freundlich war, mit dem sie viele schöne Momente erlebt hat.

Solche Fälle sind keine Seltenheit. Wir greifen weitere Aspekte der Geschichte im Kapitel »Ein Fall für das Jugendamt« auf.

Um den Ausgang vorwegzunehmen: Positiv ist, dass die Geschichte gut weitergeht. Die Mutter Alina hat gelernt, bestens für sich selbst zu sorgen. Klare Grenzen zu setzen. Sie hat mit Themen aus ihrer Herkunftsfamilie aufgeräumt, denn ihr Freund hatte viele Parallelen zu ihrem eigenen Vater. Heute geht es ihr besser. Die Therapie wirkt. Alina hat ihr Selbstvertrauen wiedergefunden. Sie lernt in vielen kleinen Schritten, nicht mehr ständig an ihn und sein Wohl zu denken, sondern sich und die Kinder in den Fokus zu stellen. Alina hat innerhalb eines Dreivierteljahres große Fortschritte gemacht und kann stolz auf sich sein. Sie hat für sich verstanden: Je klarer sie ist – desto mehr muss ihr Freund ihre Grenzen akzeptieren. Er ist ausgezogen, hat den Schlüssel zurückgegeben. Entgegen ihrer Befürchtungen gab es kein Stalking. Je klarer wir sind, desto mehr spürt es unser Gegenüber und muss sich dann ebenfalls verändern. Ihr Freund geht mittlerweile regelmäßig zu Treffen in einer Selbsthilfegruppe. Sollte das fruchten, haben die beiden irgendwann vielleicht eine wirkliche Chance auf eine erwachsene, wertschätzende Beziehung, frei von Gewalt und frei von Altlasten aus der eigenen Familie.

Einfach Urlaub oder: Ich zeig dich wegen Kindesentführung an!

Wenn Trennungssituationen eskalieren, kommt es oft zu mehr als unschönen Szenen. Manchmal geht es so weit, dass auf Kosten der Kinder gegenseitige Drohungen ausgesprochen werden. Plötzlich wollen auch Väter, die sich oft nicht sehr um ihre Kinder gekümmert und alles den Frauen überlassen haben, alles mitbestimmen. Der Satz »Ich zeig dich wegen Kindesentführung an« bei unerwünschten Urlaubsplänen ist dabei ein Klassiker, der Frauen zusätzlich verängstigt.

Was steckt rein rechtlich dahinter? Nun, ganz so einfach ist das mit einer Strafanzeige nicht. Besonders dann nicht, wenn die Kinder ihren dauerhaften Lebensmittelpunkt bei der Person haben, mit der sie in den Urlaub fahren.

Haben beide Elternteile das Sorgerecht, so müssen sie beide dem Urlaub zustimmen, wenn es sich um einen Urlaub handelt, der das Kindeswohl gefährdet. So zum Beispiel bei Aufenthalten in Kriegsgebieten oder sonstigen gefährdenden Situationen. Aber ehrlich: Wer macht einen solchen Urlaub? Niemand.

Wichtig ist es für dich zu wissen, wie es in der Praxis gehandhabt wird. Übst du die gemeinsame elterliche Sorge aus und er möchte euch einen »Strich durch die Rechnung machen« und meint, er müsse den Urlaub »genehmigen« bzw. diesem zustimmen, so sage ich dir: Das ist Unsinn! Auch ein Urlaub gehört zu den Rechtsgeschäften des alltäglichen Lebens, und diese darfst du, wenn die Kinder bei dir leben, alleine bestimmen und abschließen. Was er tun kann, wenn er es tatsächlich darauf anlegt, dir deinen Urlaub zu vermiesen, ist, bei Gericht einen einstweiligen *Anordnungsantrag* stellen, dir den Urlaub zu verbieten. Aber keine Sorge: Er muss diesen Antrag hinreichend begründen. Kann er dies nicht, wird der Antrag zurückgewiesen. Richter und Richterinnen haben in der Regel ein feines Gespür für bloße Quertreiber. Der Antrag muss natürlich rechtzeitig und nicht erst einen Tag vor dem Urlaub gestellt werden.

Wenn allerdings nachgewiesen werden kann, dass der anstehende Urlaub eine Gefährdungssituation darstellt, sieht die Sache anders aus; dies zu erläutern, würde jedoch den Rahmen hier sprengen und wird in einem meiner weiteren Fibeln für euch an anderer Stelle erörtert.

Wichtig ist, dass du dich nicht ängstigst, nur weil er meint, mit Drohungen und Einschüchterung weiterzukommen.

Eine Kindesentführung ist etwas Schlimmes und kommt, zumindest in meiner Praxis, eher selten vor. Sollte der umgekehrte Fall eintreten und dein Kind jedoch entführt werden, wenn du etwa für dein Kind die alleinige elterliche Sorge hast und dein Partner dein Kind mitgenommen hat, dann solltest du Folgendes tun:

Sandra rät **für den Ernstfall**

- Erstatte Strafanzeige bei der Polizei.
- Informiere das Jugendamt.
- Schaffe faktische Maßnahmen, die die Ausreise ins Ausland verhindern können (z. B. gib den Reisepass nicht heraus).
- Bei Auslandsverbringung in Staaten, für die das Haager Abkommen gilt, kann eine Rückführung des Kindes veranlasst sein (Achtung: der Faktor Zeit!); auch die Bundesregierung bietet Schutz und Hilfe an.
- Entzieht dein Partner dir dein Kind innerhalb Deutschlands, so kannst du einen Herausgabeantrag beim Familiengericht stellen.

Ein Fall für das Jugendamt

Wenn Kinder zwischen ihren Eltern stehen oder, noch schlimmer, wenn Kinder mit dem neuen gewalttätigen Freund der Mutter konfrontiert werden, ist dies nahezu immer belastend für Kindern und damit kindeswohlgefährdend!

Der Gesetzgeber lässt folgende Definition zu: Eine Kindeswohlgefährdung liegt vor, wenn eine gegenwärtige oder zumindest unmittelbar bevorstehende Gefahr für die Kindesentwicklung abzusehen ist, die bei Fortdauer eine erhebliche Schädigung des körperlichen, geistigen oder seelischen Wohls des Kindes mit ziemlicher Sicherheit voraussehen lässt. Diese Definition ist als Grundregel sehr abstrakt gehalten und soll der Orientierung dienen.

(In Österreich ist das Recht der Kinder darauf, ohne Gewalt aufwachsen zu können, im Bundesverfassungsgesetz über die Rechte der Kinder verankert und das Kindeswohl in § 138 ABGB geregelt. Weitere Verweise dazu auch im Anhang.)

Als Beispiele für *Kindeswohlgefährdungen* werden u. a. folgende Situationen genannt:

- Körper- und Gesundheitsverletzungen (wenn Straftaten an einem Kind begangen werden, wie körperliche oder seelische Misshandlungen, sexueller Missbrauch oder massive körperliche Auseinandersetzungen zwischen Eltern);
- anstehende Operationen das Kind betreffend werden verweigert; Rauchen im Beisein des Kindes, wenn es an Asthma erkrankt ist;
- Erziehungsfehler z. B. bei Erziehungsdefiziten der Eltern, Unfähigkeit der Eltern, auf die Bedürfnisse des Kindes einzugehen, oder bei Alkohol- und Drogenabhängigkeit der Eltern; wenn Eltern zerstritten sind und dadurch unfähig, sich um die Belange des Kindes zu kümmern; Verweigerung von Umgangskontakten; überfürsorgliche Erziehung des Kindes (»Helikoptermama«);
- Vernachlässigung des Kindes durch die Eltern (grob pflichtwidriges Verhalten bei der Versorgung, Betreuung des Kindes, die so gravierend sind, dass eine Verwahrlosung droht, wie Hygienemängel/Über- oder Unterernährung des Kindes) und vieles mehr.

Wenn somit eine Kindeswohlgefährdung vorliegt oder der Verdacht einer solchen besteht, muss das Familiengericht von Amts wegen ermitteln und ein Verfahren wegen Kindeswohlgefährdung eröffnen. Wenn wir uns nun den Fall von Leandra in Erinnerung rufen, so hast du, Ruth, absolut richtig gehandelt.

*Wegsehen und weghören
ist keine Lösung.*

Leandra ist erst zwölf Jahre alt und muss mitansehen, wie ihre Mama sich in einer toxischen Beziehung befindet und sich daraus offensichtlich nicht befreien kann. Die Mutter macht maßgebliche Erziehungsfehler, indem sie ihrem Kind eine gewalttätige Beziehung vorlebt und sich in einem Abhängigkeitsverhältnis befindet. Ein Kind kann dadurch traumatisiert werden. Leandra hat nachvollziehbar Angst um ihre Mama und versucht wahrscheinlich, sie zu schützen. Aber Leandra ist ein Kind und sollte auch Kind sein dürfen. Gut, Ruth, dass du das Jugendamt informiert hast!

Das Jugendamt macht in solchen Fällen nach Kenntniserlangung einen ersten, unangekündigten Hausbesuch und redet auch mit den betroffenen Kindern. Wenn es zur Meinung gelangt, dass eine Kindeswohlgefährdung vorliegt, wird es eine Inobhutnahme vornehmen oder zumindest eine Meldung an das Familiengericht machen, welches dann von sich aus tätig wird.

Ach, was habe ich schon viele derartige Verfahren erlebt. Zuletzt ein Verfahren, in dem es Thema war, dass bei einem kleinen Mädchen Spuren von Amphetaminen und THC gefunden wurden und dieses dann mit Krampfanfällen ins Krankenhaus eingeliefert wurde. Das Jugendamt hat noch im Krankenhaus die Inobhutnahme angeordnet. Die Mutter des Kindes konnte sich das alles nicht erklären. Klar, dass in einem solchen Fall sofort Handlungsbedarf besteht, da die Gefahren sichtbar sind.

Im Fall von Leandra ist dies nicht so, da das Mädchen das Erlebte mit ihrer Mama erst nach und nach geäußert hat und in seelischer Hinsicht gefährdet war. Und die Psyche, wie wir alle wissen, ist viel schwieriger zu greifen als das Physische. Aber eines ist sicher: Wenn das Familiengericht erst mal an einem Fall dran ist, ist es nicht mehr so einfach, für das Kindeswohl gefährdende Eltern, aus diesem System auszubrechen oder unterzutauchen. Es sehen dann nämlich sowohl das Jugendamt, das Familiengericht, die Rechtsanwälte und die bestellten Verfahrensbeistände auf den Fall. Das System ist somit sicher, wenn ich mir natürlich gerade jetzt darüber bewusst bin, dass es in den Medien einige Fälle gibt, die nicht gut abgelaufen sind. Aber dies ist ein anderes Thema. Sehen wir, was Ruth darüber erzählt, wie es mit Leandra weiterging.

LEANDRA – DIE »SCHULDFRAGE«

Nach einigen Monaten der intensiven Betreuung von Leandra und ihrer Mutter hat sich die Situation beruhigt. Der aggressive Freund ist ausgezogen und hat seinen Schlüssel abgegeben.

Ich frage Leandra, wie es ihr geht, und sie antwortet mir nach einigem Zögern, dass sie sich schuldig fühlt. Schuldig am Auszug von Hannes, dem Freund ihrer Mutter. Außerdem fühlt sie sich schuldig daran, dass ihre Mutter weint. Sie selbst ist traurig, weil sie keinen Kontakt mehr zu Hannes haben darf. Er ist von heute auf morgen weg gewesen. Sie sagt, sie kann sich nicht mehr daran erinnern, wie es mit ihm war. Aber sie mag ihn doch irgendwie. Es ist alles ihre Schuld, dass Hannes ausziehen musste, dass ihre Mutter so traurig ist.

So wie Leandra geht es vielen Kindern. Kinder geben sich fast immer die Schuld, wenn Eltern streiten und sich trennen bzw. wenn Paare sich streiten. Sie glauben immer, dass sie dafür verantwortlich sind, und es ist umso wichtiger, ihnen diese Angst zu nehmen. Ich frage Leandra, was sie bräuchte. Ihr wäre es wichtig, dass Hannes ihr sagt, dass sie nicht schuld ist. Hannes allerdings ist psychisch nicht in der Lage dazu. Diese Antwort wird es niemals geben.

Leandra fühlt sich hin- und hergerissen zwischen Schuld, schlechtem Gewissen und der Liebe zu Hannes. Oft spiegeln Kinder auch die Zerrissenheit gerade der Mutter, die sich in einer toxischen Beziehung befindet. Sie spüren die Gefühle, die du als Mutter hast.

Es ist wichtig, dass diese Phase bei Kindern professionell begleitet wird, damit sie aus einer solch schwierigen Lage heraus Schritt für Schritt Heilung erfahren können.

Wir empfehlen auf jeden Fall eine therapeutische Begleitung, eine vertraute Umgebung, in der sich Kinder anderen öffnen können. Es geht darum, sowohl Mutter als auch Kind zu unterstützen, einen Heilungsprozess zu finden, in dem die Mutter die Verantwortung für ihr Leben übernimmt und dem Kind die viel zu große Verantwortung genommen wird. Unsere Kinder wollen *immer* die Verantwortung für alles übernehmen, denn sie wünschen sich nichts mehr, als dass die eigenen Eltern, in diesem Fall Leandras Mutter, glücklich sind. Sind sie es nicht, beziehen Kinder das Unglück ihrer Eltern immer auf sich und geben sich die Schuld. Es hilft nicht, dass wir ihnen sagen, dass sie nicht schuld *sind*. Das wird zu Beginn oft nicht gehört. Das gehört in den Heilungsprozess einer therapeutischen Begleitung.

Es ist deine Entscheidung!

Die Geschichte von Leandra ist leider überhaupt kein Einzelfall. Meine Kollegin Barbara und ich (Ruth) hatten vor einigen Jahren eine großartige Frau Anfang dreißig als Klientin. Sie suchte Hilfe und Unterstützung bei uns, weil sie massiv in einer toxischen Beziehung zu einem sehr erfolgreichen Arzt stand und keinen Ausweg finden konnte. Ihre Kinder hatten mittlerweile so viel Fürchterliches erlebt, dass sie sich weigerten, noch einmal zu diesem Mann zu gehen.

Die Töchter waren damals neun und elf Jahre alt. In der Beratung haben meine Kollegin und ich Michaela immer wieder dazu ermutigt, die Kinder aus allem herauszuhalten. Sie selbst durfte natürlich zu ihrem Freund gehen. Das war ihre Entscheidung, wenn sie die Kinder bei deren Vater oder bei ihrer Mutter gelassen hatte. Du erinnerst dich an diesen Satz, den wir auch weiter vorne schon genannt haben und den meine Kollegin Frauen in Beratungen regelmäßig sagt:

Du als Frau darfst dich schlagen, anschreien, beleidigen lassen. Aber wenn deine Kinder davon Zeuge werden, dann ist hier die Grenze.

Auf den ersten Blick regst du dich vielleicht über diesen Satz auf. Vielleicht denkst du, wie unverschämt ist das? Wie provokant? Bitte lies weiter. Sandra und ich lieben dich aus ganzem Herzen und wir kennen diese Erfahrungen aus unserem eigenen Leben. Auch wir selbst mussten uns diesen Satz schon anhören – und dieser Satz ist möglicherweise der Satz, der dich befreit!

Wir wollen deine unfassbare Situation nicht kleinreden. Im Gegenteil. Wenn du tief in der Scheiße steckst, dann haben dein gesamter Körper und deine Seele Stress. Du hältst es irgendwie aus. Du willst deine Kinder schützen, du willst sie retten, du weißt nicht, wie du allein klarkommen sollst, du hast große Existenznot, du hast Zweifel, du glaubst immer noch an das Gute. Dies und noch viel mehr ist vielleicht gerade in dir los. Je früher du durch Hilfe von außen, durch dieses Buch, durch uns, durch Vorbilder den Absprung schaffst, desto mehr tust du für dich und vor allen Dingen auch für deine Kinder.

Vielleicht möchtest du noch einmal über diesen Satz nachdenken – denn es geht in der Beratung von Müttern und Kindern oft auch darum, deren Kinder zu begleiten, weil sie um ihre Mutter Angst haben, weil sie sich vielleicht vor sie stellen, weil sie Essstörungen entwickeln oder unerklärliche

Bauchschmerzen oder Kopfschmerzen. Das alles wissen wir. Und wir meinen den Satz ganz ernst, dass du dich schlecht behandeln lassen darfst. Aber halte deine Kinder raus aus allem, was den toxischen Kontakt mit deinem Partner oder Expartner angeht.

Dir geschieht gerade massives Unrecht? Mit diesem Satz wollen wir dich aufrütteln. Und dir klarmachen, dass dein Leben in jedem Moment deine Entscheidung ist.

Die Qualität deines Lebens hängt davon ab, welche Entscheidung du jetzt gerade triffst.

Ich (Ruth) betone, ich weiß genau, dass du als Frau, wenn du dich immer wieder schlecht behandeln lässt, ein altes gewohntes Muster bedienst. Du hast Gewalt vielleicht in deiner Herkunftsfamilie erfahren. Du hast Abwertungen und Beleidigungen schon so viele Jahre in deiner Beziehung ausgehalten. Du hast deine eigenen Beziehungsstandards massiv gesenkt und merkst oft gar nicht, dass die Art und Weise, wie dein Ex oder dein Partner gerade mit dir umspringt, nicht »normal« im Sinne von wertschätzend oder auf Augenhöhe ist. Das ist einfach so. Das ist für dich normal. Nicht schön, beschissen, aber Gewohnheit. Du weißt ja, der Frosch im Kochtopf ... Die Temperatur ist angestiegen und du sitzt immer noch in der eigenen toxischen Suppe. Es braucht Zeit und Geduld, um die Temperatur im Topf langsam zu senken und zum eigenen Selbstwert zurückzufinden.

*Du bist eine erwachsene Frau.
Du hast das Recht, dich schlecht
behandeln zu lassen.*

Wenn du dich über diesen Satz jetzt aufregst, wenn du wütend auf uns bist, dann sind wir glücklich! Warum? Weil du dir an dieser Stelle eben nicht alles gefallen lässt. Und weil du dir klarmachst, dass ein Teil von dir weiß, dass *niemand* das Recht hat, über dich zu urteilen oder sich über dich lustig zu machen.

Aussagen anderer Menschen regen uns vor allem dann auf, wenn bei uns ein Nerv getroffen wurde. Haben wir deinen jetzt getroffen?

Und vielleicht klingt dieser Satz dir noch in den Ohren, wenn *er* dich das nächste Mal schlecht behandelt. Wenn er das nächste Mal Schmutz über dir auskippt.

Okay, nachdem klar ist, dass du dich mit ihm treffen kannst, aber deine Kinder bitte aus der toxischen Suppe heraushältst, gehen wir einen Schritt weiter. Wir haben ein paar Fragen für dich vorbereitet, die du dir selbst ehrlich beantworten kannst. Das ist wichtig – denn ein Teil von dir weiß, wie es weitergeht, wenn sich nichts verändert. Mach es dir aber schriftlich klar.

Toxic Love Journal

Entscheidungen

Was erwartet dich? Beantworte dir die folgenden zwei lebenswichtigen Fragen:

- Was erwartet dich, wenn du bleibst?

____

____

____

____

- Welche Zukunft erwartet deine Kinder, wenn du bleibst?

____

____

____

____

Möglicherweise werden dich diese Fragen betroffen und traurig machen. Lass alles zu, wenn Tränen fließen, ist das völlig in Ordnung.

Verinnerliche:

- Du bist nicht schuld!
- Es geht darum, Verantwortung zu übernehmen und bessere Entscheidungen zu treffen für dein freies Leben.
- Diese Entscheidungen kannst nur du treffen!

ÜBUNG Lebenstraum

Schreibe dir auf: Wie wird dein Leben in fünf Jahren aussehen? In zehn Jahren? Was wünschst du dir für dich und deine Kinder? Wie willst du dich fühlen, wie behandelt werden? Wer ist in deinem Leben?

Und nun: Welche Schritte wirst du konkret setzen, damit dein Traum in Erfüllung geht?

POWERTEIL – DETOX DEIN LEBEN UND HEILUNG BEGINNT

Bislang haben wir darüber gesprochen, wie unterschiedlich giftige Beziehungen aussehen können. Vielleicht kommt dir das eine oder andere bekannt vor. Wir wollen aber nicht klagen, sondern wir wollen mit dir eine Revolution der Frauen anzetteln, die nicht mehr stillhalten, sondern die sich der Kraft der *Sisterhood*, der Gemeinschaft der Frauen, bewusst werden und für sich und für ihre Kinder ungesunde und unveränderliche Beziehungen verlassen. Oder die sagen: Ich möchte mich selbst so verändern, dass sich auch meine Beziehung drehen muss, in eine neue und liebevollere Richtung. In ein Wir – raus aus alten Dramen hin zu einer respektvollen Partnerschaft. *Ich bin es mir wert.*

Dann lass uns jetzt anschauen, welche Möglichkeiten du hast, dich selbst zu stärken und in eine klare und starke innere Haltung zu kommen, für dein glückliches, erfülltes und selbstbestimmtes Leben.

Sei die, die du wirklich bist

Die wichtige Botschaft vorweg: Du bist wundervoll, so wie du bist. Mit all deinen Vorlieben, deinen Macken, deinen Fehlern, deinem Unperfektsein. Perfektsein gibt es nicht, das weißt du selbst. Also darfst du ab sofort jeden Tag ein wenig mehr aufhören, anderen gefallen zu wollen, und dich stattdessen fragen: Was würde ich jetzt gern tun? Was brauche ich? Was will ich wirklich?

Die Reise zu deiner glücklichen Beziehung beginnt in dir und mit dir.

Du hast bis jetzt viel darüber gelesen, welche Muster in unglücklichen oder toxischen Beziehungen ablaufen. Jetzt wollen wir mit dir darüber sprechen, wie du die Macht über dein Leben zu dir zurückholst.

Warum ist das jetzt besonders leicht möglich? Auch in dem, was wir das »kollektive Feld« nennen, also die Welt um uns herum, verändern sich Dinge, die wir lange oder zu lange ausgehalten haben. Mehr und mehr stehen jeden Tag Gruppierungen auf und protestieren gegen Unterdrückung. Wir beide wünschen uns noch mehr, dass wir uns als Frauen gegenseitig stärken und unterstützen, damit jede von uns ein freies und selbstbestimmtes Leben in liebevollen Beziehungen führen kann. Denn wir sehen täglich, dass dies nicht selbstverständlich ist.

Wenn du dich fragst, ob das für dich auch möglich ist, lautet die Antwort auf jeden Fall: Ja!

Es braucht vor allem das Bewusstsein, dass für dich noch viel mehr möglich ist in diesem Leben. Wir wollen dir Vorbilder vorstellen und dir Ideen mitgeben, in welchen Bereichen du als Frau deine Grenzen noch klarer setzen oder diese verteidigen darfst. Wir wollen dich ermutigen, dein volles Potenzial zu leben, auch wenn dein Partner deine Lebenswünsche möglicherweise zunächst nicht nachvollziehen kann. Wir wollen dich ermutigen, dich selbst kennenzulernen, deine Potenziale zu entwickeln und zu leben. Und wir wünschen uns für uns und alle Frauen, dass wir in einer Haltung von Co-Kreation mit bewussten Männern oder Partnerinnen für uns und unsere Kinder ein Leben erschaffen, in dem es möglich ist zu wachsen. Voller Respekt und Achtung voreinander. Mit einer Haltung von Liebe und Unterstützung.

Ich (Ruth) habe mich in jungen Jahren an den Musikgeschmack meines damaligen Freundes angepasst. Er liebte Dire Straits – ich habe es mir mit angehört. Weil ich ihm gefallen wollte. Weil ich wollte, dass er sich in meiner Gegenwart wohlfühlt. Eine Klientin hat einen Partner, der großen Wert auf Fitness legt. Er macht seit Jahren Intervallfasten, isst kaum Kohlenhydrate und ernährt sich zusätzlich über Fitnessshakes. Was macht sie? Sie isst mit ihm um 18 Uhr zu Abend, auch wenn sie gar nicht hungrig ist. Und so gibt es viele Beispiele, wo Frauen sich so lange anpassen, bis sie sich selbst und ihre Bedürfnisse vergessen.

Stopp Toxic Life

Ab heute geht es nicht mehr darum, andere Menschen glücklich zu machen, sondern es geht darum, zunächst auf positive Art und Weise egoistischer zu werden.

Ich weiß, dass viele meiner Klientinnen sich mit ihrer Meinung zurückhalten. Wir ermutigen dich dazu, deine Wahrheit zu sprechen. »Irgendwann habe ich verstanden, mich in den Mittelpunkt meines Lebens zu stellen«, sagte die Sängerin Nena einmal. Was heißt das für dich? Lass es mich an einem Beispiel erklären.

FALL INES – PASST DIE BEZIEHUNG NOCH?

Meine Klientin Ines ruft mich nach einem Jahr Beratungspause an und möchte wissen, ob ihre Beziehung noch zu ihr passt. Sie haben miteinander einen elfjährigen Sohn und sind seit zehn Jahren ein Paar. Beide waren bereits einige Male gemeinsam und in Einzelsessions bei mir. Es ging gut voran. Aber jetzt ist offenbar ein neuer Entwicklungspunkt erreicht.

Ines erzählt, sie fühle keine Leidenschaft mehr in ihrer Beziehung. Es ist ihr in der Begegnung mit einem anderen Mann aufgefallen, bei einem kleinen Flirt – und sie hat gespürt, was sie seit Jahren nicht mehr gespürt hat: ihre eigene Leidenschaft in sich als Frau! Nein, eine Affäre will sie nicht, sie will nur verstehen, was da in ihr passiert ist, was in ihrer Beziehung nicht mehr vorkommt. Schauen, ob sie es verändern kann.

Ich frage nach dem heißen Thema Sex. Wie ist es zwi-

schen euch beiden? Nein, sie möchte möglichst keinen Sex mehr mit ihm. Es gibt ihr nichts. Wenn es Abend wird, hat sie Angst, ins Bett zu gehen, aus Sorge, er könne mit ihr schlafen wollen. Denn ihr Partner vermisst Sex und wirft ihr vor, dass sie seit Monaten nicht mehr miteinander geschlafen haben. Sie möchte es aber »nicht mehr einfach aushalten«. Für sie fühlt es sich an, als müsste er sich nur irgendwie »abreagieren«. Sie wünscht sich mehr Sinnlichkeit, Nähe und Kuscheln ohne Druck und Zwang. In der Beratung will sie herausfinden, ob sie sich vielleicht sogar trennen soll.

Wir sprechen etwa eine Stunde lang. Immer wieder berichtet sie mir, dass sie sich infrage stellt, Angst davor hat, ihn zu verletzen, wenn sie aufrichtig mit ihm spricht. Kurzum – es geht mehr um ihn als um sie.

Also bitte ich sie, folgende kleine Aufgabe zu erledigen.

Und diese Aufgabe gebe ich gleich auch an dich weiter, denn genau das fehlt oft bei frischen wie bei bestehenden Partnerschaften.

Stopp Toxic Life

- Bitte notiere dir, was du dir in einer lebendigen und sicheren Beziehung wünschst, in der du aufblühen kannst!
- Lass dir Zeit, schreibe alles auf, was dir in den Kopf kommt.
- Vielleicht machst du dir eine schöne Musik dazu an. Lies am besten erst weiter, wenn du dir alles aufgeschrieben hast.

So – was hast du herausgefunden? Was ist dir wichtig? Und wie viel davon kommt aktuell in deiner Liebesbeziehung vor? Was kannst du jetzt schon tun, damit du das, was dich nährt, auch bekommst? Welchen Punkt der Liste kannst du sofort angehen?

Schreibe ihn dir auf – wie ein To-do für dich. Werde aktiv! Was willst du in der kommenden Woche für dich realisieren?

- Vielleicht einen halben Tag, einen ganzen Tag Zeit – nur für dich? Ein Kurzurlaub mit einer Freundin? Ein Persönlichkeitsentwicklungsseminar? Ein Online-Kurs für Frauen? Ein inspirierendes Buch?
- Und welche Punkte solltest du mit deinem Partner besprechen? Wenn du wirklich für dich einstehen willst.
- Wenn du in deiner Liste große Unterschiede feststellst zwischen dem, was ist, und dem, was du dir wirklich wünschst, wird es Zeit, aufrichtig mit deinem Partner zu sprechen.

Ines sagt mir, sie habe das schon lang und breit immer wieder diskutiert. Sie fühlt sich aber nicht verstanden. Als würde sie Chinesisch sprechen. Auch durch die Beratung ist der Punkt nicht anders geworden. Meine Empfehlungen zu getrennten Seminaren – vielleicht Tantra-Seminaren – haben sie noch nicht umgesetzt.

Wie auch immer du leben willst, was auch immer du brauchst, es beginnt in dir und mit dir.

Das offene Reden über die eigenen Wünsche kann sehr hilfreich sein. Du hast Angst, dein Partner könnte das nicht gutheißen? In Ordnung. Dann tauscht euch aus. Diskutiert! Es braucht aus meiner Erfahrung jedoch Struktur. Also ein paar Regeln, nach denen euer intimes Gespräch ablaufen kann. Es gibt verschiedene Möglichkeiten, solche Regeln aufzustellen. Ich empfehle gerne das Arbeitsblatt »Herzgespräche« des Psychoanalytikers Michael Lukas Moeller (siehe Literaturempfehlungen im Anhang).

Achte im Austausch darauf, dass deine Meinung gelten darf. Bleib hartnäckig. Schau deinem Partner in die Augen und sage ihm: *»Ich wünsche mir, dass du mir zuhörst. Mich ausreden lässt.«* Wenn er dich unterbricht, bleib bei dir. Ob das einfach ist? Nein, es erfordert kontinuierliche Übung.

Und wenn es sich nicht verändern lässt – schau genau hin. Ist das die Form von Beziehung, die du für dich siehst, um aufzublühen?

Es lohnt sich unserer Meinung nach sehr, auch nur wenige Coachings bei Expertinnen im Bereich Liebe und Beziehung zu buchen. Es hilft dir, klarer zu sehen und schneller umzusetzen, was du brauchst. Wenn dein Partner mitzieht – hervorragend. Wenn nicht, nimm ein solches Coaching für dich in Anspruch.

Warum du das tun solltest? Nun, zunächst einmal, wenn du den Anspruch für dich hast, ein glückliches oder glücklicheres Leben zu führen. Und dann, falls du Kinder hast. Du weißt ja: Kinder lernen von ihren Vorbildern. Und ihre direkten Vorbilder seid ihr: Das bist du. Das ist dein Partner.

Du hast eine Tochter? Lebe ihr vor, wie das geht, für dich selbst einzustehen.

Du hast einen Sohn? Zeige ihm auf, dass du für dich eintrittst, weil du weißt, dass Frauen und Männer gleichwertig sind.

Weiterführende Literaturtipps großartiger Frauen findest du ebenfalls im Anhang.

Wo Beziehungsglück beginnt

Viele Beziehungen driften in eine falsche Richtung. Manche von Anfang an, manche, wenn sich die Gewohnheit einschleicht. Respekt geht verloren und es entstehen Verletzungen aus toxischen Szenen, die Beziehungen unrettbar erscheinen lassen. Wenn du dich hier wiederfindest, möchten wir dir Mut machen – vielleicht ist es noch nicht zu spät, deine Beziehung zu retten. Wenn noch so viel Liebe im Spiel ist, dass beide an der Beziehung arbeiten möchten, ist es einen Versuch wert!

Ich möchte an dieser Stelle eine Geschichte mit dir teilen, die mich (Ruth) sehr berührt hat. Sie liegt mehr als zehn

Jahre zurück, aber ich werde mich immer an dieses besondere Paar erinnern.

KOSTBARKEIT LEBEN UND LIEBE

Andreas und Hannah kommen zu mir in die Beratung. Sie erzählen mir, dass sie sich bereits räumlich getrennt haben. Für sechs Monate. Mit ihnen lebt Hannas achtjähriger Sohn Jonas. Hannah und Andreas haben für sich erkannt, dass es viele Streitpunkte gibt, die Verletzungen auf beiden Seiten hinterlassen. Sie haben auch festgestellt, dass sie allein einfach nicht weiterkommen. Deswegen haben sie vereinbart, sich vorübergehend zu trennen und parallel eine Paarberatung auszuprobieren. Andreas ist für diese Zeit in ein kleines Appartement gezogen. Beide wünschen sich, in sechs Monaten wieder zusammenzuziehen. In der Zwischenzeit arbeiten sie mit mir in gemeinsamen Paarsitzungen sowie Einzelsitzungen daran zu erforschen, was sie jeweils brauchen, um gemeinsam ein glückliches Leben führen zu können.

Beiden ist bewusst, dass die Paarberatung dazu führen kann, dass sie sich trennen. Sie wissen aber auch, dass sie viel gewinnen können.

Wir treffen uns einmal im Monat für zwei Stunden. Auch virtuell ist das heutzutage möglich. Beide haben Zeit in sich und ihre Entwicklung investiert, daran geforscht herauszufinden, was sie als Einzelpersonen brauchen, um in einer Beziehung aufzublühen, und was sie jeweils beitragen können, damit diese Beziehung ein liebevoller Raum wird. Die Einzelsessions standen unter der Überschrift: »Glückliche Paare bestehen aus einzelnen glücklichen Menschen.« In den Paarsessions ging es darum, Verständnis für die jeweils andere Perspektive aufbringen zu können und zu verstehen, welche Situationen typische Trigger sind. Dann wurden gemeinsam Lösungen für ein besseres Miteinander gesucht. Dazu wurde übrigens auch die Wohnsituation zu Hause verändert.

Nach sechs Sitzungen entscheiden sich beide, wieder gemeinsam zu leben. Etwa ein Jahr später erhalte ich einen Brief. Dieser Brief hat mich tief berührt und ich werde ihn bestimmt niemals vergessen Hannah schreibt mir noch einmal, erwähnt, wie dankbar sie und Andreas für die Beratung sind und wie sehr ihnen die Erkenntnisse über sich selbst geholfen haben. Außerdem schreibt sie, dass Andreas einen Schlaganfall erlitten hat, den er knapp überlebt hat. Noch als Andreas sich in der Reha befindet, entschließen sich beide, nun endlich zu heiraten. Ein Hochzeitsfoto haben sie mir beigefügt.

Beide haben die Kostbarkeit des Lebens für sich erkannt und wie kostbar ihnen der jeweils andere Mensch ist. Und damit sind wir bei einer der wichtigsten Voraussetzungen für eine glückliche Paarbeziehung: Wenn du selbst weißt, wo du stehst, was du brauchst, was du dir für die Beziehung wünschst und welches die No-Gos sind, dann kannst du einen klaren Qualitätsstandard für dich einziehen.

Glückliche Beziehungen bestehen aus einzelnen glücklichen Menschen.

Viele verlieren sich in den Querelen des Beziehungsalltags, wo so viel nicht stimmt, und haben keine Zeit dafür nachzudenken, was sie überhaupt für sich wollen.

Du kannst gleich jetzt damit beginnen, dir die passenden Fragen zu stellen, um herauszufinden, was du dir für dich in deiner Beziehung wünschst. Je klarer du hast, was du willst und was du auf keinen Fall in deiner Beziehung akzeptierst, desto klarer wirst du das Ziel deiner aktuellen Reise formulieren können. Nur wirklich gute und essenzielle Fragen führen dich zu den aktuell wichtigen Antworten in deinem Leben. Über die richtigen Fragen wirst du für dich Antworten und Wege finden, mit deinem Partner in eine neue und entspannte Zukunft zu gehen. Oder du wirst die Klarheit darüber erhalten, dass es besser sein kann, wenn du dich trennst. Vielleicht auf Zeit. Vielleicht dauerhaft.

Wir stellen dir hier Fragen zu deinem Zielzustand. Du legst die Messlatte für deine glückliche Beziehung fest und wirst von dort aus überprüfen, ob das für dich aktuell möglich ist. Du wirst prüfen können, ob du dich mit deinem Partner dorthin entwickeln kannst.

Stopp Toxic Love – die wichtigen Fragen

- Wenn die gute Fee kommt und du drei Wünsche frei hättest, wie sähe dann deine Beziehung aus? Werde hierbei konkret. Schreibe alles auf.

- Was soll auf jeden Fall Bestandteil deiner Beziehung sein?

- Wie fühlst du dich in einer erfüllenden und nährenden Beziehung?

- Wie fühlst du dich mit deinem Partner?

- Welche Werte sind dir in eurer Beziehung wichtig?

- Wie wichtig sind dir tiefe Gespräche über deine Gefühle innerhalb deiner Beziehung? Und warum?

- Wenn ihr streitet – wie soll ein Streit beendet werden?

- Wenn du dich verunsichert fühlst, wer könnte dir helfen, Klarheit zu finden?

- Unterstützt dein Partner deine Träume und Visionen?

____

____

____

____

- Wo wünschst du dir Unterstützung durch deinen Partner?

____

____

____

____

____

Wenn du dich und dein Frausein noch tiefer erforschen möchtest, wenn du dich als Frau noch besser kennenlernen willst, dann empfehle ich dir von Herzen das wunderbare Buch von Andrea Lindau mit Veit Lindau »Queen is Rising«. Es ist schon für so viele Frauen ein Augenöffner gewesen, die noch tiefer herausfinden möchten, wer sie selbst sind, woher eigene Verhaltensmuster stammen, die sie hinter sich lassen wollen, und was die Welt für dich als Frau noch bereithält, damit du strahlen und dein gesamtes Potenzial entfalten kannst.

Den anderen kannst du nicht verändern, so wenig, wie du das Wetter verändern kannst.

Das ist dir sicher längst klar. Das bedeutet aber auch, dass jede Veränderung bei dir selbst beginnt. Sobald du dich anders verhältst, klar weißt, was du willst und was du nicht willst, dir Unterstützung und Inspiration holst, beginnst du, deine Welt zu einer anderen zu machen. Du steigst aus deinem Opfer-Dasein aus und gehst die ersten entscheidenden Schritte auf dem Weg zu deiner inneren Königin. Du bist die Schöpferin deines Lebens.

Mach dir das jeden Tag neu bewusst. Vielleicht schreibst du es dir auf einen Zettel, den du gut sichtbar an einen Platz klebst, an dem du täglich mehrfach vorbeikommst. Das ist die kraftvollste Haltung, dich als die zu erkennen, die du wirklich bist. Eine Gestalterin. Eine Frau mit so vielen Möglichkeiten.

Schenke der Angst keinen Raum in deinem Leben

In unserem Leben gibt es zwei Pole, zwischen denen wir Pendeln. Angst und Liebe. Wo das eine herrscht, ist für das andere kein Platz. Deswegen ist es an dir zu entscheiden, wie du dein Leben verbringen willst:

Wie willst du leben: in Angst oder in Liebe?

Wenn wir in Angst sind, können wir nicht denken. Also braucht es zunächst für dich einen sicheren Raum, in dem du zur Ruhe kommen kannst. Vielleicht ist es eine Auszeit, die du dir nimmst. Ein paar Tage nur mit dir: in einem Hotel, bei Freunden. Zeit mit Raum für Meditationen ist unsere Empfehlung. Denn immer dann, wenn es uns gelingt, nach innen zu gehen, unser Herz zu spüren, verbinden wir uns mit der Quelle des Lebens, die uns Kraft gibt. Wenn du das noch nicht probiert hast, kann es sein, dass du gerade denkst: Lass mich mit der Eso-Kacke in Ruhe. Ich brauche handfeste Aktionen.

Sei dir gewiss: Die Aktionen folgen. Wir üben das auch für uns selbst. Es ist rein physiologisch absolut logisch: Wie du weißt, entsteht Angst entweder in einer direkten Bedrohungssituation oder in deinem Kopf, während du über schwierige oder schlimme Situationen nachdenkst. Dein Alarmsystem springt an und bereitet deinen Körper auf Kampf, Flucht oder Erstarrung vor. In solchen Momenten befindest du dich im Überlebensmodus. Dein inneres Alarmsystem sorgt jetzt dafür, dass du nicht denken kannst. Du musst gefühlt um dein Leben rennen. Alles andere ist unwichtig. Daher schaltet er das Denken ab. Verdauung, Schlaf. Unwichtig. Blutdruck hoch, Muskulatur aktivieren – go!

Wie viel Zeit hast du dann für strategische Pläne, Überlegungen, ob oder wie du dir Hilfe und Unterstützung suchen könntest? Richtig – keine. Dafür braucht es den Entspannungsmodus. Stell dir vor, du bist die Gazelle, die sich vor dem Angriff des Geparden gerade so retten konnte. Nach einiger Zeit wird die Gazelle grasen.

Das ist es, was auch uns Menschen wieder reguliert. Zeit der Regeration in Ruhe. Also lautet dein Mantra in künftigen Gefahrensituationen oder wenn deine Gedanken zu sehr kreisen: atmen, in dein Herz. Gern mit einer geführten Meditation – und dann Wege finden, um für dich zur Ruhe zu kommen. Gute Menschen, Sisterhood, sind auch hier einmal mehr unsere Empfehlung.

Gib dein Opfer-Diplom ab

Als Kinder sind wir fantasievolle Wesen voller Schöpferdrang und Energie. Nichts kann uns aufhalten. Dann lernen wir über Bezugspersonen Verbote und Einschränkungen kennen, manchmal auch Gewalt. Wir beobachten Gewalt bei unseren Eltern, in Filmen, in den Nachrichten.

Meine (Ruth) Mutter ist 1930 geboren und wurde Opfer von Vergewaltigung im Krieg. Das hat sie nie verwunden. Sie war einerseits eine Rebellin, die sich in ihrer Beziehung nicht alles gefallen ließ. Andererseits erhielt ich Schläge und hörte oft Sätze wie: »Aus dir wird nie etwas werden!« Oder: »Du bringst mich noch ins Grab.« Wir Frauen haben über Tausende von Jahren gelernt stillzuhalten, auszuharren – aus Angst. Aus Mangel an Vorbildern. In Zeiten kollektiver Verbundenheit über das Internet, durch Bewegungen wie *#metoo* und vielen, die daraus entstanden sind, wachen mehr und mehr Frauen aus ihrer gewohnten Haltung auf, weil sie nicht länger mit dem Unrecht oder den Ungleichgewichten einverstanden sind.

Du erinnerst dich an das Drama-Dreieck, von Täter/Verfolger, Opfer und Retterin, das wir weiter vorne besprochen haben? (Siehe Seite 174)

Häufig empfinden wir Frauen uns als Opfer der Umstände, wir finden viele Erklärungen dafür, warum wir unsere Situation nicht aktiv verändern können: die Kinder, das Geld, der Job, die eigene Hilflosigkeit und vieles mehr. Das ist sicher alles richtig so. Der massive Nachteil, wenn wir uns das einreden oder einreden lassen, ist aber: So geben wir die Macht über unser Leben ab. Ohne dass uns das bewusst ist.

Der Vorteil ist, dass wir uns nicht wirklich selbst verändern müssen, wir müssen uns auch nicht auf unbekanntes Terrain wagen, denn die Unsicherheit und Angst vor dem Neuen ist meist stärker als die alte gewohnte Scheiße. Da weiß frau wenigstens, was sie hat.

Als Opfer können wir uns darüber beklagen, wie schwer wir es haben, wie wenig uns unser Chef versteht, dass zu Hause alles an uns hängen bleibt. Dass er immer XY tut und nie Rücksicht auf uns nimmt. So bekommen wir oft Mitleid oder hoffen auf Verständnis. Das passiert unbewusst. Ob dir das guttut und du dies weiter tun willst, entscheidest du selbst. Denn was auch der Wahrheit entspricht, ist:

Ein Teil in uns fühlt sich gut in der Opferhaltung.

Ich habe früher sogar eine »Opferrente« bezogen, die exakt diesen Titel trug. Und ich fühlte mich gut, denn ich war als Kind Opfer sexualisierter Gewalt durch meinen Stiefvater geworden. Jetzt musste ich darum kämpfen, dass die Krankenkasse meine Therapie übernahm, und am Ende musste ich sie sogar in Teilen selbst bezahlen. Das empfand ich als ungerecht. Auch heute würde ich das so sehen. Aber die Tatsache, dass ich offiziell bescheinigt bekam, ein Opfer mit einer entsprechenden Rente zu sein, hat auch etwas mit mir gemacht. Es war wie ein Stempel, eine Art »Opfer-Diplom«, das ich eine Zeit lang irgendwie stolz mit mir trug. Dabei merkte ich nicht, dass mein Opferbewusstsein dadurch gestärkt wurde, meine innere Königin, die kreative, wache, wilde und zukunftsorientierte Frau in mir aber komplett Sendepause hatte. Weit weg waren Träume von mir als TV-Expertin oder Führungskräfte-Coach. Wer – ich? Zu diesem Zeitpunkt arbeitete ich in einer großen Anwaltskanzlei als Sekretärin. Das war doch auch schon was für eine, die aus einem so einfachen Stall kam wie ich, oder nicht?

Eines Tages, ich war schon etwa zwei oder drei Jahre bei ihr in Behandlung, stellte mir meine großartige Therapeutin Elke eine einfache Frage: *»Ruth, wie lange wollen Sie denn noch in der Opferrolle bleiben?«*

Der Satz hat mich getriggert, das kann ich dir sagen! Was erlaubte sich diese Person!? Sie wusste doch genau, was ich für ein beschissenes Leben hinter mir hatte. Sexueller Missbrauch, mein gewalttätiger Ex, eine Abtreibung. Sonst war sie immer so verständnisvoll – was sollte dieser Satz denn jetzt? Die muss ja völlig verrückt geworden sein, dachte ich. Nach außen lächelte ich freundlich, aber ich in mir tobte ein Vulkan. Ich und Opfer! Stinksauer fuhr ich nach Hause.

Ich musste nachdenken. Verstehen, dass sie mich nicht beleidigt hatte, sondern bewusst aus meiner Komfortzone locken wollte. Also stellte ich mir tatsächlich die Frage: Was macht es mit mir, offiziell Opferrente zu beziehen? Brauche ich das noch oder bin ich dieser Position entwachsen? Wie kann ich die nächste Entwicklungsstufe zur Schöpferin meines Lebens erreichen?

Etwa sechs Monate später hatte ich einen Weg gefunden, um die Opferrente einzustellen. Als ich das Schreiben mit der Kündigung der Opferrente in den Briefkasten warf, fühlte ich mich so befreit und leicht, und auch ein bisschen stolz!

Entscheiden macht frei!
Das war es, was ich fühlte!

Ich hatte eine Entscheidung für *mich* und *mein Leben* getroffen. Mit Elke an meiner Seite. Irgendwie würde ich mein Leben anpacken und aus dem bisherigen Mist Diamanten formen.

Nehmen wir einmal an, du hast dieses Buch gekauft, weil du ahnst, dass auch du in irgendeiner Form von Opfer-Mist steckst, dass auch du – mit den besten Ausreden der Welt – die »Schuld« auf deinen Mann oder die aktuelle Situation schiebst und zugleich das Gefühl hast: »Da muss es doch noch mehr geben! Das Leben hat noch viel mit mir vor!« Was braucht es für dich, damit du sagen kannst:

I did it! Ich habe am Honigtopf
des Lebens nicht nur geleckt –
Ich habe mein Leben mit dem
ganz großen Löffel genossen!

Viele Frauen, mit denen ich (Ruth) spreche, glauben heute noch, dass ein Trauma etwas Schlimmes ist, dass sie vielleicht »verrückt« sind. Sie schämen sich, wenn sie psychologische Hilfe in Anspruch nehmen wollen oder sollten. Dabei bedeutet Trauma per Definition nur: Etwas in meinem Leben war a) zu schnell, b) zu viel, c) zu plötzlich. Ich habe eine Situation erlebt, die mich und mein Nervensystem überfordert hat. Das kann sogar ein Sturz vom Fahrrad sein – du willst einfach nicht mehr aufsteigen.

Wir alle haben solche Traumen in unserem Leben erlebt – nur eben jeweils andere. Wenn ich merke, dass es in meinem Leben immer wieder ähnliche Situationen gibt, über die ich mich ärgere, immer wieder Beziehungen führe, die mir nicht guttun, kann ein Gang zu einer Therapeutin lebenserleichternd sein. In den USA gehört ein Therapeut zum guten Ton. Dass diese Form der direkten Lebenshilfe bei uns noch so verpönt ist, finde ich heutzutage eher wenig nachvollziehbar. Wir haben gerade in den vergangenen Jahren der Pandemie und des Klimawandels so viel erlebt, durchgemacht. Die weltweite Situation aus Krieg und Unterdrückung zeigt, dass all unsere Seelen Heilung brauchen. Und heilen können wir uns nicht allein. Es braucht gute empathische Menschen, die uns ein Stück weit an die Hand nehmen, das Prinzip Hoffnung verkörpern und uns eine Krücke sind für einen kleinen Teil unseres Wegs. Wir sind soziale Wesen, die im Miteinander über sich hinauswachsen.

Natürlich kennen wir das auch: Die Angst vor altem Schmerz ist oft riesengroß. Vielleicht willst du das nicht mehr fühlen, was du schon so lange verdrängt hast. Vielleicht hast du auch alten Schmerz lange nicht mehr gefühlt und plötzlich tauchen Bilder auf, weil du etwas im Fernsehen gesehen oder weil du mit jemandem gesprochen hast – und dieses Gespräch hat in dir etwas getriggert.

Ich möchte dir ein paar Geheimnisse über das Thema Trauma verraten und dir sagen, dass du damit nicht alleine bist. Wir alle erleben Traumen, sogar mehrfach in unserem Leben. Der wichtigste Satz, den ich dir mitgeben möchte, lautet:

Trauma ist keine psychische Störung!

Als meine Tochter acht Jahre alt war, hatte sie einmal Fieber und ich musste das Auto kurz verlassen, um Medikamente aus der Apotheke zu holen. Ich sagte ihr, ich käme gleich wieder. Es waren nur drei Minuten. Aber in dieser kurzen Zeit wurde meiner kleinen Maus fürchterlich schlecht. Sie rief nach mir. Sie wusste nicht genau, wohin ich gegangen war. Also stieg sie in Panik aus dem Auto, suchte mich und musste sich auf dem Weg zur Apotheke auf dem Bürgersteig übergeben.

Es klingt wie eine Kleinigkeit, aber für meine Tochter war es ein Trauma, dass uns noch jahrelang verfolgen sollte. Ich wusste damals selbst noch nicht viel über Trauma und die passende Behandlung. In klassischen Therapieausbildungen wie denen, die ich genossen hatte, wurde das nicht gelehrt. Was war die Folge? Von diesem Tage an durfte ich die Wohnung nie mehr ohne meine Tochter verlassen. Sie klebte an mir wie eine Klette. Ich durfte weder den Müll runterbringen noch in den Keller zur Wäsche gehen noch zwei Treppenabsätze hinunter zu unserer Nachbarin. Meine Tochter wollte immer bei mir und an mir sein. Ihre grundlegende Sicherheit war nachhaltig erschüttert. Für uns beide wurden diese Jahre zur Qual. Meine Tochter, die diese ständigen Ängste aushalten musste und nicht wusste, was es ist. Ich, die ich eine Einschränkung erfuhr, mit der ich nicht umgehen konnte und von der ich nicht wusste, wie ich sie lösen könnte. Geduld und Liebe waren das, was ich ihr damals geben konnte. Ich habe akzeptiert, dass es so ist. Mit einer gezielten traumatherapeutischen Unterstützung hätte ich diesen Weg abkürzen können.

Auch das ist Trauma. Kinder und Erwachsene können durch scheinbar kleine Ereignisse große Einschränkungen in ihrem Leben erleben.

Wissen ist der erste Schritt
zur Heilung!

Dazu erzähle ich dir eine kleine Geschichte, die ich selbst erlebt habe. Vielleicht erinnerst du dich an eine Situation, in der du dich ebenfalls überfordert gefühlt hast. Plötzlich und unerwartet. Vielleicht gab es einen Moment in deinem Leben, der viel zu schnell passiert ist.

KÖRPERSPEICHER

Mir selbst ist in einer Beziehung, die niemand als Gewaltfall bezeichnet hätte, Folgendes widerfahren: Ich führte als junge Frau eine schwierige Wochenendbeziehung. Nach einem abendlichen Streit ging jeder von uns in sein eigenes Zimmer, um zu schlafen. Plötzlich wurde ich aus dem Schlaf gerissen. Er hatte die Tür aufgestoßen, das Licht aufgedreht, das mich blendete, als ich so unvermittelt erwachte, und zerrte mich aus dem Bett. Dabei schrie und redete er auf mich ein. Dann erinnere ich mich nur noch daran, dass ich in unserem Flur in der Wohnung in Ohnmacht fiel. Es fühlte sich irgendwie schön an. Alles war auf einmal so still und friedlich. Ich hörte ihn wie durch eine dicke sanfte Wolke auf mich einreden. Dann zog er mich hoch, setzte mich an unseren Küchentisch und stellte mir eine Tasse Tee hin. Ich sollte ihn trinken. Mir war immer noch schlecht.

Was war passiert? Mein körpereigenes Alarmsystem hatte mich regelrecht abgeschaltet. Da meine Seele, mein Körper diesen gefühlten Schock, dieses plötzliche Erleben nicht verarbeiten konnten, wurde mir gewissermaßen der Stecker gezogen. Ein Trauma mit der Folge, dass ich von dieser Nacht an noch viele Jahre Probleme damit hatte, weil ich mitten in der Nacht aufwachte, ohne Wecker, ohne Grund, so zwischen zwei und vier Uhr morgens. Genau in dem Zeitraum, in dem ich damals aus dem Schlaf gerissen worden war. Auch der Tee, den ich sonst so genieße, führte lange Zeit dazu, dass mir schlecht wurde. Unser Körper speichert schreckliche Erlebnisse oft lange Zeit. Auch ohne, dass es uns kognitiv bewusst wird. Du weißt ja:

Zu viel – zu schnell –
zu plötzlich.

Heilung von Traumen ist möglich. Im Kontakt mit erfahrenden Menschen. Dem Satz: Die Zeit heilt alle Wunden, stehe ich (Ruth) skeptisch gegenüber. In sehr, sehr seltenen Fällen vielleicht. Generell geht es in einer Therapie aber darum, dass zu erkennen, was wir selbst übersehen, denn bei Menschen gilt: »Es braucht zwei, damit einer sich erkennen kann.« Aus diesem Grund habe auch ich für schwierige Situationen meinen Coach, meine Lebensberaterin. Ich weiß, dass sie von außen ohne emotionale Beteiligung und mit ihrer wertvollen Erfahrung andere Dinge sieht und erkennt. Sie kann mir neue Fragen stellen, die mich zu neuen Erkenntnissen und Handlungen in meinem Leben führen. Wir können uns eben nicht wie Münchhausen am eigenen Schopf aus dem Sumpf ziehen.

Ich empfehle dir hier, Traumatherapeutinnen mit der Zusatzausbildung *Somatic Experiencing* oder *NARM* aufzusuchen. Verzeichnisse findest du leicht im Netz. In dieser sehr sanften Form von Traumaarbeit geht es nicht darum, das Alte noch einmal hervorzuzerren und durchzukauen. Im Gegenteil. Das könnte sogar dazu führen, dass du eine Re-Traumatisierung erleidest. In dieser angenehm sanften und achtsamen Form der Traumatherapie geht es vielmehr darum, dass du lernst, deine unangenehmen Gefühle wahrzunehmen, in ganz kleinen Schritten, sie in einem Maße zu halten, dass sie dich nicht überfordern – und mehr und mehr zu dir und in deine innere Freiheit zu finden.

Das Wichtigste ist, dass du dich damit beschäftigst, was dich quält. Wir können dir zum Beispiel das Buch »Wenn die Seele nicht heilen will« von Christine Seidel empfehlen. Wenn du mehr auf Podcasts stehst, empfehle ich dir den Podcast von Katie Bohnet, die ich vor einigen Jahren über die sozialen Netzwerke kennengelernt habe. Sie hat eine wunderbar beruhigende Stimme, die mich absolut fasziniert. Und sie kann so wunderbare körperliche Dinge wie das Nervensystem einfach großartig erklären.

Ihre Arbeit findest du auch bei Instagram unter dem Titel »Helperscircle«.

Vielleicht hast du bis jetzt gedacht, du musst bestimmte Gefühle aushalten, die dich manchmal wirklich umhauen. Oder du fühlst dich ohnmächtig und denkst, das geht nie weg. Häufig fallen auch Sätze wie: »Meine Freundinnen verstehen das einfach nicht. Die sagen dann, das ist Quatsch. Sie nehmen mich nicht ernst.« Du weißt schon, viele solcher Bewertungen, die dir nichts bringen, aber dafür sorgen, dass du dich vielleicht noch schlechter fühlst.

Dein Trauma kennenzulernen bedeutet, dass es Zeit für die nächste Stufe ins Wachstum ist. Wohin? In dein glückliches Leben.

Hier findest du nun eine kleine Checkliste. Schau mal, was du schon für dich abhaken kannst!

Mega coole Checkliste für mein glückliches Leben

- Ich bin total normal und total okay, mit allem, was ist.
- Ich bin ein f...ing Wunder! Denn: Das Leben macht keine Fehler.
- Ich habe ein Recht auf ein glückliches Leben.
- Doofe Gefühle lassen sich verändern!
- Ich brauche vielleicht jemanden, der sich damit auskennt und mir den Weg zeigt.
- Ich entscheide in meiner Zeit, wann das sein darf.
- Ich suche mir Vorbilder.
- Ich hole mir Wissen.
- Ich heile Schritt für Schritt.

Die Kraft weiblicher Vorbilder

Liebe Frau, liebe Schwester, wir fühlen uns dir von ganzem Herzen nah und verbunden, weil auch wir beide diesen Weg in die Freiheit selbst gegangen sind, an dessen Anfang du vielleicht gerade stehst. Unsere beruflichen und persönlichen Erfahrungen geben wir an dich weiter. Wir möchten dich ermutigen, jeden Tag ein wenig mehr auf dich selbst zu achten und es dir selbst wert zu sein, dich von niemandem – beruflich oder privat – verletzen, demütigen oder beschimpfen zu lassen.

Niemand hat das Recht, dir körperlichen Schaden zuzufügen oder dir grundlos Schuld zuzuweisen.

Es wird höchste Zeit, dass wir Frauen mutiger nach vorne gehen und für unsere Werte einstehen. Aufgrund der erlebten männlichen Überlegenheit und der Angst, die wir als Frauen häufig vor der männlichen Stärke und Aggression haben, ist es umso wichtiger, dir gute Unterstützung zu holen, wenn du diese von zu Hause möglicherweise nicht erfahren hast.

Wenn ich vor allem über weibliche Unterstützung spreche, meine ich andere Frauen, großartige Vorbilder, Frauen, die diesen Weg schon gegangen sind. Es kann auch ein großartiger erster Schritt sein aufzuschreiben, was dir widerfährt. Vielleicht schaust du dich bei YouTube um. Es gibt zahlreiche Expertinnen, die über Narzissmus oder toxische Beziehungen referieren. Du kannst, was dir widerfährt, als Sprachnachricht an deine vertraute Freundin schicken. Gleich wie groß oder klein der Schritt ist, den du gehst, er wird dich weiterbringen. Denn in dem Augenblick, in dem du in Aktion gehst, veränderst du deine Welt und erschaffst eine neue. »Verrückt ist, immer die gleichen Dinge zu tun und andere Ergebnisse zu erwarten«, sagte Einstein einmal. Genial ist – etwas Neues zu wagen.

Stärke deinen Selbstwert

Es ist ein wichtiges Puzzleteil, deinen Selbstwert wieder aufzubauen. Du hast ihn vermutlich über Monate, wahrscheinlich sogar über Jahre, kleiner und kleiner werden lassen. Wenn du eine Entscheidung triffst, etwas in deinem Leben konstruktiv zu verändern, dann gehst du diesen Weg nicht mehr nur für dich, sondern für jede Frau. Wenn du Kinder hast, gehst du diesen Weg für deine Kinder, denn sie schauen bei dir und deinem Partner zu und lernen von euch, wie Beziehungen funktionieren. Unbewusst werden sie ihre Beziehungen eurer Beziehung später zu einer sehr hohen Wahrscheinlichkeit nachbauen. Sie werden sich so behandeln lassen, wie du es ihnen gerade vorlebst. Das muss nicht so sein. Je mehr Selbstvertrauen und Urvertrauen sowie emotionale Sicherheit wir selbst erleben und unseren Kindern schenken können, desto mehr machen wir den Weg für sie frei in ihr freies und selbstbestimmtes Leben. Das ist meine berufliche Erfahrung aus Beratungssitzungen mit Hunderten von Frauen. Wann immer wir in der Geschichte zurückschauen, wird klar, bei wem sie ihre Beziehungsmuster unbewusst abgeschaut haben.

Vielleicht bist du auch schon an dem Punkt, an dem du

den Schritt für dich selbst in deine Freiheit fast gehen könntest. Aber es fehlt noch etwas. Dann lass dir gesagt sein, wenn es dich verletzt, wenn es dich nicht nervt, wenn sich nichts verändert, dann ist die Wahrscheinlichkeit sehr hoch, dass du in dieser Beziehung immer kleiner wirst und irgendwann verschwindest.

Ich erinnere dich noch einmal daran, wie das geschieht, in kleinen Schritten, in homöopathischen Dosen, fast unmerklich. Dein Mann demütigt dich, beschimpft dich, macht dir Vorschriften – er hat Recht, du Unrecht. Er hat Gründe, du hast die Schuld. Du musst nur wieder »normal« werden, bei ihm »ist alles in Ordnung«. Und: Du hast »ihm eine Ehegelübde gegeben, da kannst du »jetzt nicht einfach so gehen«. Wenn du solche Dynamiken immer und immer wieder erlebst, fängst du irgendwann an zu glauben, dass er Recht haben könnte. Wenn vielleicht dazukommt, dass du mit den Kindern weitestgehend alleine zu Hause bist, dass du dein soziales Umfeld eingeschränkt hast, weil deine Freunde deine Geschichten und deine Beschwerden nicht mehr hören konnten, dann gibt es kein Regulativ mehr von außen.

Sieh' dich einmal in deinem Leben um! Wie viele Menschen ermutigen dich, dir nicht alles gefallen zu lassen? Woher weißt du eigentlich, dass das nicht »normal« ist, was du erlebst? Vor lauter Stress und Streit hast du gar keine Zeit, dir darüber Gedanken zu machen. Also lebst und liebst du in deinem immer heißer werdenden Wasser in dem Kochtopf vor dich hin: aber jetzt nicht mehr. Du holst dir Wissen. Du erkennst die Dynamiken.

Du verstehst, was es braucht,
um dich zu stärken.

Du verstehst: Du bist immer wieder an einer besonders sensiblen Stelle verwundet worden. Du hast möglicherweise dein Herz, deine Zukunft, deine Potenziale und deinen Wunsch nach einer intakten Familie über alles gestellt. Und das ist etwas, was total in Ordnung ist, wenn die Frauen das in einer Beziehung tun. Unter einer Bedingung: Dein Mann oder dein Partner, der Mensch, dem du am meisten vertrauen möchtest, dem du auch am meisten vertrauen können solltest, hat ähnliche Ansprüche an eure Partnerschaft.

In einer gesunden Beziehung gibt es so etwas wie einen unausgesprochenen Partnerschaftsvertrag. Einen gegenseitigen stillschweigenden Pakt der Unterstützung. Ihr geht nicht fremd, ihr wertschätzt einander. Das Wohl des anderen ist euch beiden wichtig. Von diesem unausgesprochenen Vertrag bist du möglicherweise ausgegangen. Was besagt dieser Vertrag noch? Beide sind für einander und für die Familie da, auf respektvolle Art und Weise. Respektvoll ist vielleicht ein abgedroschenes Wort mittlerweile und jeder benutzt es. Das bedeutet für mich (Ruth) allerdings, dass euch wichtig ist, euch gegenseitig nicht zu verletzen, sondern zu unterstützen. Erinnere dich noch einmal an den wichtigen Satz: *Es ist nicht deine Schuld, wenn du gerade in einer beschissenen Situation steckst.*

In einer ungesunden Beziehung, einer Beziehung voller verbaler, körperlicher oder emotionaler Aggression oder sogar Gewalt wird dieser Beziehungsvertrag gebrochen.

GEBROCHENES BÜNDNIS

Sarah und Manuel haben geheiratet. Nach einem Jahr etwa fängt er an, sie mehr und mehr für Kleinigkeiten zu kritisieren. Er ist chronisch eifersüchtig. Er fängt an, sie zu beschimpfen und zu beleidigen, aus dem Nichts. Sarah ist an sich eine selbstbewusste Frau. Sie wundert sich und sucht das Gespräch mit Manuel. Sie versucht es mit Engelszungen, immer wieder. All ihre Bemühungen scheinen ins Leere zu laufen. Sie stellt fest, dass er nicht einmal mehr freundlich ist. Gestresst, ausgebrannt, genervt. Es scheint, als würde er seinen Frust zu Hause bei ihr abladen: Sie erlebt ihn als ungeduldig, voller Vorwürfe gegen sie, Schuldzuweisungen und Beleidigungen sind an der Tagesordnung. Das geht eine ganze Weile so – dann setzt Sarah ihm ein Ultimatum: Entweder es ändert sich innerhalb der nächsten sechs Monate etwas zum Positiven und er trägt einen erheblichen Anteil dazu bei und verändert sein respektloses Verhalten, oder sie wird gehen.

Manuel reagiert aufgebracht. »Das ist ein Ultimatum«, wirft er ihr vor. »Nein«, antwortet sie ihm. »Ich sage dir nur, wie es für dich weitergeht, falls sich hier nicht massiv etwas verbessert. Ich bin mir durchaus mehr wert, als mich hier dauerhaft von dir beleidigen und beschimpfen zu lassen. Krieg das in den Griff. Ich bin gerne an deiner Seite und wir können auch gerne eine Paartherapie in Anspruch nehmen. Solltest du mich aber weiterhin behandeln wie den letzten Dreck, werde ich dich verlassen.«

Mich interessieren als Paarberaterin an dieser Stelle zwei wichtige Fragen:

1. Wie sicher ist es auf einer Skala von 1 bis 100, dass Sarah diesen Schritt auch wirklich geht?
2. Wie schafft sie es, so klar zu sein? Was hilft ihr dabei, diese Klarheit auch in schwierigen Situationen zu halten?

Zu Frage 1: Sprich solche Sätze nur aus, wenn du sicher vorhast zu gehen. Ansonsten verpuffen sie. Da du vermutlich jetzt schon nicht ernst genommen wirst, wird dein Partner deine Ernsthaftigkeit noch weiter anzweifeln. Und am schwierigsten für dich: Du verlierst den Respekt vor dir selbst. Und genau das schwächt dich.

Sarah zieht den geplanten Weg durch. Wie ist ihr das gelungen?

Sarah kommt aus einem Elternhaus, in dem sie viel Zuspruch, viel Liebe und viel innere Bindung erfahren hat. Sie wurde von ihren Eltern als Kind bestärkt, in ihren Fähigkeiten und Talenten unterstützt. Beide Elternteile waren viel für sie da, emotional verfügbar. Und das hat sie zu einer selbstbewussten Frau heranwachsen lassen.

Mit ihrer Mutter hat sie nach den ersten Anzeichen von Beleidigungen und Kontrollversuchen durch Manuel gesprochen. Ihre Mutter hat ihr keine Vorwürfe gemacht, sondern ihr ruhig zugehört und sie darin bestärkt, auf ihr Bauchgefühl zu achten.

»Liebes Kind, ich wünsche dir, dass du glücklich bist. Aber du weißt genau, dass auch ich mir von deinem Vater nicht alles habe gefallen lassen. Und ich weiß von mir, dass auch ich nicht immer einfach war. Bestimmte Dinge triggern uns einfach in einer Beziehung. Dein Vater und ich – wir haben stets einen Weg gefunden, Dinge zu besprechen. Das ist, glaube ich, unsere Stärke. Wir waren mal tagelang stinksauer aufeinander. Wir haben uns sogar eine Paartherapie gegönnt und herausgefunden, was wir beide brauchen oder vermissen. Und darüber sprechen wir bis heute regelmäßig. Ich empfehle dir, das mit Manuel auch zu tun. Vielleicht kann es helfen, wenn ihr zwei einen unabhängigen Dritten hinzuzieht. Und dann kannst du immer noch weiter schauen. Was du machst, wirst du selber entscheiden und wissen.«

Sarah folgt dem Rat ihrer Mutter. Manuel und sie kommen zu mir in die Paarberatung. Er hält das Ganze für Unsinn, kommt aber dennoch. Er kritisiert »den Quatsch« offen. Er bewertet und beschimpft Sarah in meinem Beisein. Ich lasse das eine Weile zu, damit ich die Beziehung in ihrer typischen Dynamik beobachten kann – weise aber dann darauf hin, dass Beleidigungen in meinem Raum keinen Platz haben, denn dies ist ein geschützter Ort für beide. Während Sarah selbst ruhig und sachlich über sich und ihre Gefühle spricht, wertet Manuel seine Frau immer wieder ab.

Beim Zuhören wird es für Sarah glasklar: Manuel möchte keine Veränderung und sucht die Schuld ausschließlich bei ihr. Es ist noch einmal etwas anderes, bekannte Aussagen im Beisein einer dritten, neutralen Person zu hören, die nichts mit der Beziehung zu tun hat.

Ich frage Manuel: »Fällt Ihnen auf, dass Sie unterschiedlich übereinander und auch über Ihre Familien sprechen?« Manuel hat das nicht festgestellt und schüttelt den Kopf. Aber Sarah ist es aufgefallen.

»In diesem Augenblick fiel mein Entschluss«, erzählt Sarah mir in einer späteren Beratungssitzung, die sie sich für sich selbst gönnt: »Ihre Fragen haben alle meine Zweifel, ob ich gehen oder bleiben soll, hinweggefegt. All meine Angst, allein zu sein, diese Verwirrung, ob er vielleicht doch Recht haben könnte und nur ich an mir arbeiten müsste – ich spürte auf einer tiefen Ebene, dass ich diese Ehe beenden muss, um mich zu retten.«

Ich kann selbst an dieser Stelle nur zustimmen, denn wenn ein Partner seine eigenen Anteile an einer schwierigen Beziehung nicht erkennen kann oder nicht erkennen möchte, wenn er klarmacht, dass er von seiner Seite aus nichts verändern will und wird, dann stellt sich die Frage nach Gehen oder Bleiben nicht mehr, wenn du einen gesunden Selbstwert hast. Dann ist es wichtig, deinen A*sch zu retten.

Was wäre aller Voraussicht nach passiert, wenn Sarah diesen Entschluss nicht gefasst hätte? Was sehr häufig passiert, ist, dass Verachtung und Feindlichkeit, wenn sie von Frauen dauerhaft toleriert werden, dazu führen, dass wir in einem Gewöhnungsprozess den Kontakt dazu verlieren, was wir selbst fühlen.

Wir stumpfen ab, ohne dass wir es merken. Es ist ein langsamer Gewöhnungsprozess. Der Frosch im Kochtopf, während die Temperatur steigt. Wir verlieren den Kontakt zu dem, was wir eigentlich fühlen, was noch als erträglich bezeichnet werden könnte.

Noch ein kurzes Wort zu Manuel: Warum schreibe ich nichts darüber, was seine Gründe für sein Verhalten sind? Das ist ja eine der wichtigen Fragen, wenn Frau sich in einer ungesunden oder gar toxischen Beziehung befindet. Wir können uns nicht erklären, warum wir so behandelt werden, aber wir hätten so gern eine Antwort darauf.

Diese eine Antwort, nach der viele so sehr suchen, gibt es nicht.

Und das macht es gerade für unseren Verstand so schwer – und belastet unseren Selbstwert nur noch mehr. Frauen erzählen mir, wie sehr sie diese Frage plagt – und ich könnte in den Gesang auf jeden Fall miteinstimmen.

Was auch immer es ist – *nimm den Fokus weg von ihm*

und zurück zu dir. Die Suche nach einer hilfreichen Antwort ist oft so sinnvoll wie die Schwerkraft zu fragen, warum sie wirkt. Dich wird es nicht weiterbringen. Also erinnere dich an den Fokus – und nimm ihn zu dir zurück. Immer und immer wieder. Das kann schon hundert mal am Tag sein. Egal. Sobald es dir auffällt, dass du viel über diese Frage nachdenkst – kehre liebevoll zu dir zurück.

Es ist auch für Sarahs Prozess uninteressant, dieses »Warum er so handelt oder mit ihr so umgeht«. Warum sage ich das so provokant? »Das ist ja lieblos«, könntest du empört rufen. Das geht doch nicht, wenn ich als Hypnotherapeutin und Paarberaterin so etwas sage? Es ist mein Stilmittel der Übertreibung und der Klarheit, um auf etwas sehr Wichtiges aufmerksam zu machen. Das war auch eine meiner härtesten Lektionen in meiner systemischen Ausbildung vor vielen Jahren.

Viele Frauen bringen eine Menge Verständnis für das unglaublich respektlose und herabwürdigende Verhalten ihrer Partner auf. Wir suchen und suchen nach Gründen, damit wir nur noch mehr Verständnis haben können. Und wo landen wir mit dieser Suche? Bei unserem Gegenüber, der aktuell oder generell gar nichts verändern will.

Stopp Toxic Love

Frage dich: Was genau tut er oder tut er nicht, was sagt er, um eure Beziehung zu verbessern? Was sind seine konkreten Schritte?

Natürlich hat sein Verhalten auch immer »gute Gründe«, die meist in der eigenen Kindheit zu finden sind. Das verstehe ich aus therapeutischer Sicht auf jeden Fall. Nur geht es, wenn du das hier liest, ja um dich. Um Fragen, wie du dich befreien kannst. Wie du wieder in deine Power kommen kannst.

Als erwachsene Menschen haben wir alle die Aufgabe, für unser Tun oder Unterlassen selbst Verantwortung zu übernehmen. Manche von uns schaffen das intellektuell und emotional – andere sind in ihrer persönlichen Entwicklung (noch) nicht so weit.

Du – kannst deinen Partner nicht retten, wenn er das nicht möchte. Du kannst deinen Partner nicht verändern.

Du – kannst schauen, dass du ihn unterstützt, *wenn er etwas verändern will.* Retten – könnt ihr euch gegenseitig nicht. Du selbst kannst und darfst für deine Heilung sorgen – und dein Partner ebenfalls. Jeder von euch hat das Recht, sich Hilfe und Unterstützung zu suchen in eurem Wachstumsprozess.

Wenn ihr beide mit euren Defiziten kämpft und jeder von euch beiden glaubt, den oder die andere retten zu können, dann ist das eher so, als würden sich zwei Nichtschwimmer im weiten Meer gegenseitig an Land ziehen wollen. Zieh dich selbst an Land und kümmere dich um deine Baustellen. Sei und werde deinen Kindern eine sichere Insel. Das ist deine Aufgabe.

Lenke deinen Fokus

Wenn Frauen in einer Beziehung ausharren, die schmerzhaft geworden ist, nimmt diese Schmerztoleranz mit der Zeit zu. Wir akzeptieren, schlecht behandelt zu werden. Wir fügen uns. Wir sind dankbar, wenn es kleine, »normalere« Lichtblicke gibt, und sind bereit, für diese kleinen Lichtblicke zu bleiben und unser eigenes Wohl hintanzustellen. Das hat natürlich auch etwas mit unserer eigenen Lebensgeschichte, unserer Herkunftsfamilie sehr häufig zu tun.

Aber: etwas auszuhalten um der Kinder willen? Nach meiner Erfahrung ist das alles andere als eine gute Idee. Du erinnerst dich – deine Kinder werden dir deine Beziehung irgendwann unbewusst nachleben, zumindest mit einer hohen Wahrscheinlichkeit.

Sarah hat es geschafft. Sie ist ausgestiegen. Ihr Selbstwert hat ihr geholfen, rechtzeitig die Reißleine zu ziehen, bevor sie innerlich unsichtbar oder taub wurde.

Wenn du merkst, dass du dich aus einer Beziehung lösen müsstest, dein Kopf dir aber sagt, dass du bleiben sollst, dann lenke gezielt deinen Fokus:

- Überprüfe deinen Qualitätsstandard in deiner Beziehung mithilfe von Menschen, die in glücklichen und nährenden Beziehungen leben.
- Hole dir Wissen, lies Bücher vor allen Dingen von Frauen, die den Ausstieg geschafft haben. Eine besondere Empfehlung ist neben anderen, die du im Anhang findest, das Buch der wunderbaren Jasmin Gonzales, »Wir sind die Töchter der Hexen, die ihr nicht verbrennen konntet«. Und wenn du mehr über dich und die Ursachen und Zusammenhänge menschlichen Verhaltens kennenlernen möchtest – Stefanie Stahl, »Wer wir sind.«
- Vernetze dich: Tritt Selbsthilfegruppen bei oder unterhalte dich mit Menschen, die dich stärken, die dir ehrliches Feedback geben, denen du am Herzen liegst. Das kann auch dein Chef sein oder deine Chefin, eine Trainerin oder eine alte Freundin, die du schon lange nicht mehr gesprochen hast.
- Und vor allen Dingen fang wieder an, dich mehr um dich selbst zu kümmern. Beginne damit, dir dein freies

Leben vorzustellen. Schreibe auf, wie du leben möchtest, und nimm den Fokus zurück zu dir. Du bist der wichtigste Mensch in deinem Leben. Deine Familie, vor allem dein Kind oder deine Kinder werden es dir danken. Du bist ihr Role Model, ihr Vorbild. Du bist so viel größer und stärker, als du denkst.

Lenke deinen Fokus jeden Tag ein bisschen auf das, was dich glücklich macht. Triff Menschen, die dir guttun. Geh raus! Hole dir Inspiration!

Das, worauf du deinen Fokus richtest, wird mehr!

Stopp Toxic Love

- Erobere dir dein glückliches Leben!
- Finde heraus, wer du als freie Frau in deiner Tiefe wirklich bist.
- Lerne dich selbst besser kennen.
- Nutze diese Inspirationen als deinen Weg in deine persönliche Freiheit.
- Du darfst es dir wert sein. Denn du bist groß und wild und wunderbar.
- Und das ist die *wirkliche* Wahrheit über dich!

Toxic Love Journal

Detox Diary

Schreibe dir die folgenden Sätze auf, speichere sie auf deinem Handy und sage sie dir jeden Tag laut vor:

- Ich will die sein, die ich wirklich bin.
- Meine glücklichen Beziehungen beginnen bei mir selbst.
- Ich hole mir die Macht über mein Leben zurück.
- Ich schenke der Angst keinen Raum mehr in meinem Leben.
- Ich gebe mein Opfer-Diplom ab.
- Ich heile mein Trauma.
- Ich verbünde mich mit der Kraft weiblicher Vorbilder.
- Ich stärke meinen Selbstwert.
- Ich übernehme Verantwortung.
- Ich lenke meinen Fokus.

Wir könnten an dieser Stelle noch vieles sagen. Denn nun erst fängt dein neues Leben an. Nun ist es an dir, die folgenden Kapitel selbst hinzuzufügen.

Du hast alles in dir, was es braucht.

Für uns als Autorinnen ist es wichtig, dir noch einmal zu sagen:

- Du bist wundervoll. So wie du bist.
- Du hast alles in dir, was es braucht, um dein Leben nach deinen Vorstellungen zu gestalten.
- Dein neuer Weg beginnt mit deiner Entscheidung und mit einem ersten Schritt.
- Du wirst dir tägliche mehr die beste und mitfühlendste Freundin.
- Du holst dir Hilfe, wenn du dich erschöpft oder in einer Sackgasse fühlst.
- Du bist immer stolz auf dich, wenn du neue Verhaltensweisen ausprobierst.
- Ab jetzt fällt dir auf, wann du in alte destruktive Verhaltensmuster verfällst. Du erkennst dich dafür an, anstatt dich zu verurteilen.
- Du tauschst dich aus mit Menschen, denen du vertraust.
- Du sprichst über das, was dich wirklich bewegt.
- Du machst dir bewusst: In dem Augenblick, in dem du dich wiederfindest und weißt, wer du tief in dir bist,

was dein Wert ist, wird dich nie wieder jemand schlecht behandeln.

- Das Leben, dein neues Leben, ist ein Weg. Du schenkst dir Geduld. Jeden Tag.
- Du bist zur Schöpferin deines neuen Lebens geworden, indem du schon jetzt davon träumst.
- Du weißt: Alles, was wir denken können, können wir auch erschaffen.
- Du bleibst dran. Dir ist klar: Veränderungen brauchen Zeit.
- Du erkennst destruktive Signale und unterscheidest nährende Beziehungen und Co-Abhängigkeit.
- Du veränderst dich aktiv. Dir ist bewusst, dass sich damit auch dein Umfeld aus Freunden und Bekannten verändert.
- Das ist Teil des Prozesses und gehört dazu.

Was wirst du noch sein? Welche Person bist du ab heute? Welchen ersten Schritt gehst du für dein glücklicheres und erfüllteres Leben und eine erwachsene liebevolle Beziehung?

Schreibe es dir jetzt hier auf:

Wichtig ist, dass uns der Prozess der Veränderung bewusst ist. Auch wir üben uns jeden Tag in Reflexion und innerer Ausrichtung auf das, was wir in unser Leben ziehen wollen. Und wir prüfen, ob die Menschen, mit denen wir unsere Zeit verbringen, unseren Werten, unseren Standards entsprechen. Auch wir nutzen die Hilfe und Unterstützung von Freundinnen, Coaches, Beraterinnen, um uns kontinuierlich weiterzuentwickeln, denn es braucht immer zwei, damit eine sich erkennen kann.

Und wir teilen die Aussage, die der Dalai Lama einmal so treffend getätigt hat, aus tiefstem Herzen: »Unsere wahre Aufgabe im Leben ist es, glücklich zu sein.«

So wünschen wir dir, liebe Freundin, von Herzen Erfüllung, Liebe und Freiheit in all deinen Beziehungen.

Mögest du glücklich sein.

Alles Liebe,
Ruth & Sandra

Anhang

Hilfsangebote bei Partnerschaftsgewalt

Frauenhäuser und Hilfestellen

Frauenhaus-Suche Deutschland: www.frauenhaus-suche.de/

Statista (2021): https://de.statista.com/statistik/daten/studie/1120279/umfrage/frauenhaeuser-und-frauenschutzwohnungen-in-deutschland – Frauenatlas – Statistiken über Plätze und Eröffnungsjahre S. 47; im Jahr 2017 gab es in Deutschland etwa 360 Frauenhäuser und rund 25 Frauenschutzwohnungen. Laut Schätzungen der Diakonie fliehen jedes Jahr etwa 17.000 Frauen in Deutschland in Einrichtungen dieser Art.«

Frauenhauskoordinierung e.V., www.frauenhauskoordinierung.de

Verein Autonome Österreichische Frauenhäuser, Informationsstelle gegen Gewalt – www.aoef.at

Hilfetelefon gegen Gewalt in Deutschland – 08000 116 016

Hilfetelefon für Frauen in Österreich – Frauenhelpline gegen Gewalt (0800 222 555)

Selbsthilfegruppen

Verein T.o.B.e. – Toxische Beziehungen überwinden. https://tobe-verein.de/ueber-uns/ von Svenja Beck

Facebook-Gruppe von Svenja Beck: Toxische Beziehungen und Narzisstischen Missbrauch überwinden. Hier kannst du dich direkt der Facebook-Gruppe von Svenja Beck anschließen, die das Vorwort zu diesem Buch geschrieben hat. Sie ist Gründerin der Gruppe, hat selbst zwei Femizide überlebt und führt heute mit ihrem Partner und ihren Kindern ein glückliches Leben, das sie gern auch mit der Welt ein Stück weit teilt, um anderen Frauen Mut zu machen. Jede Woche geht Svenja hierzu live, klärt auf und unterstützt Frauen dabei, sich aus Beziehungen mit stark narzisstischen Partnern zu lösen. All dies mit viel Liebe und einem großen Herzen.

Verein Narz mich nicht: www.narz-mich-nicht.de

Hilfsangebote für gewalttätige Männer

Täter- und Opfer-Initiative: www.contra-haeusliche-gewalt.de

Quellen- und Literaturverzeichnis

Abramson, Kate (2014): Turning up the lights on gaslighting in Philosophical Perspectives 28, Ethics. https://doi.org/10.1111/phpe.12046

Bohnet, Katie: Podcast. Mit Trauma wachsen – https://podcasts.apple.com/de/podcast/mit-trauma-wachsen/id1584826041

Brown, Brene (2016): Laufen lernt man nur durch Hinfallen. Wie wir zu echter innerer Stärke finden. Kailash

Bundesministerium für Familie, Senioren, Frauen und Jugend (2019): Gewalt gegen Frauen – Zahlen weiterhin hoch Ministerin Giffey startet Initiative »Stärker als Gewalt«. Pressemitteilung. www.bmfsfj.de/bmfsfj/aktuelles/presse/pressemitteilungen/gewalt-gegen-frauen-zahlen-weiterhin-hoch-ministerin-giffey-startet-initiative-staerker-als-gewalt--141688 – abgerufen am 25.11.2022

Bundesministerium für Familie, Senioren, Frauen und Jugend (2021): Formen der Gewalt erkennen – www.bmfsfj.de/bmfsfj/themen/gleichstellung/frauen-vor-gewalt-schuetzen/haeusliche-gewalt/formen-der-gewalt-erkennen-80642; abgerufen am 18. 11. 2022

Bundesministerium für Familie, Senioren, Frauen und Jugend (2021): Partnerschaftsgewalt. Kriminalstatistische Auswertung – Berichtsjahr 2021. www.bka.de/SharedDocs/Downloads/DE/Publikationen/JahresberichteUndLagebilder/Partnerschaftsgewalt/Partnerschaftsgewalt_2021.html?nn=63476 – abgerufen am 25.11.2022

Byron, Katie (2009): Wer wäre ich ohne mein Drama? Konfliktlösungen mit »The Work«, Gisela Kretzschmar (Übersetzerin). Goldmann Verlag

Gonzalez, Jasmin (2021): Wir sind die Töchter der Hexen, die ihr nicht verbrennen konntet. wild & sanft, stark & sensibel, entschlossen & frei. Goldegg Verlag

Gran, Sissel (2019): Ich verlasse dich, weil ich leben will. Verlag Herder

Job, Veronika (2017): Kleine Götter oder vernachlässigte Küken? Wie Narzissmus bei Kindern entsteht; Psychologisches Institut. Entwicklungspsychologie: Erwachsenenalter; Brummelman, E., Thomaes, S., Nelemans, S. a., Orobio de Castro, B., Overbeek, G., & Bushman, B. J. (2015). Origins of narcissism in children. Proceedings of the National Academy of Sciences, 112(12), 201420870. doi:10.1073/pnas.1420870112 – https://www.psychologie.uzh.ch/de/bereiche/dev/lifespan/erleben/berichte/narzissmus.html

Karpman, Stephen (1968): Fairy tales and script drama analysis. In: Transactional Analysis Bulletin 7 (26), S. 39–43

Klepper, Markus (2016): Liebe lernen für Paare und Singles. Ein Reiseführer durch das Land von Liebe und Partnerschaft. Tredition

Lindau, Andrea; Lindau, Veit (2021): Queen is Rising. Gräfe und Unzer

Lindau, Andrea; Lindau, Veit: Homodea: Die Wissensplattform von Andrea und Veit Lindau zur Persönlichkeitsentwicklung

Lindau, Veit (2021): Genesis: Die Befreiung der Geschlechter. Gräfe und Unzer

Moeller, Michael Lukas (1996): Die Wahrheit beginnt zu Zweit.

Moeller, Michael Lukas (2010): Die Wahrheit beginnt zu zweit: Das Paar im Gespräch | Ein Buch, das Beziehungen retten kann. Rowohlt 42. Auflage

Möller-Leimkühler, Anna Maria (2010): Psychosoziale Determinanten männlicher Aggression und Gewalt. J. Neurol Neurochir Psychiatr 2010; 11 (2): 70–7 – Psychosoziale Determinanten männlicher Aggression und Gewalt (kup.at)

Oberbauer, Harald (2013): Eifersucht. Wenn die Gefühle Amok laufen. In: Beate Dietzen (wissenschaftliche Betreuung), Nicole Simon (2013) Beitrag auf der Plattform dasgehirn.info; zuletzt abgerufen 07.11.2022 https://www.dasgehirn.info/handeln/liebe-und-triebe/eifersucht-wenn-die-gefuehle-amok-laufen#:~:text=Es%20gibt%20Menschen%2C%20die%20ihre,Deutschland%20gibt%2C%20ist%20nicht%20bekannt.

Pommer, Katharina (2022): Das Kind in mir kann mich mal. Lass dich von deiner Vergangenheit nicht tyrannisieren. Du bist unkomplizierter, als du denkst. Goldegg Verlag

Seidel, Christine (2020): Wenn die Seele nicht heilen will. Wie alte Verletzungen zu (Re-)Traumatisierung führen können und wie man sie überwindet mvg-Verlag

Stahl, Stefanie (2015) Das Kind in dir muss Heimat finden. Der Schlüssel zur Lösung (fast) aller Probleme (mit Arbeitsbuch). Kailash

Stahl, Stefanie (2022) Wer wir sind. Wie wir wahrnehmen, fühlen und lieben - Alles, was Sie über Psychologie wissen sollten

Stangl, W. (2022): Eifersucht – Online Lexikon für Psychologie und Pädagogik. https://lexikon.stangl.eu/15438/eifersucht.

Stern, Robin (2017): Der Gaslight-Effekt. Wie Sie versteckte emotionale Manipulation erkennen und abwenden. Komplett Media